Die Musik ist eine treue Begleiterin durch das Leben Frido Manns. Sein Vater Michael Mann war Bratschist und war durch seine Orchester- und Solokarriere eng mit der Musikwelt seiner Zeit verbunden. Sein Großvater Thomas Mann war ein großer Musikkenner, der die Tonkunst in seinem Roman »Doktor Faustus« ins Zentrum rückt und intellektuell durchleuchtet. Frido Mann selbst studierte Musik, er spielt Klavier und Orgel und hat sein Leben lang die Musik nicht nur in ihrer Architektur und Wirkung analysiert, sondern hat immer wieder nach der ethischen Relevanz dieser Kunst gefragt, die in ihren Anfängen so eng mit der Religion verbunden war. In seinem Essay ›An die Musik‹ reflektiert Frido Mann sein Verhältnis zu einzelnen Komponisten und ihren Werken, er revidiert frühere Urteile und kommt zu neuen Einsichten, und in dieser Auseinandersetzung entsteht wie nebenbei ein kenntnisreicher und sehr persönlicher Spaziergang durch die Musikgeschichte vom Mittelalter bis zur Gegenwart.

Frido Mann, geboren 1940 in Monterey/Kalifornien, arbeitete nach dem Studium der Musik, der Katholischen Theologie und der Psychologie viele Jahre als klinischer Psychologe in Münster, Leipzig und Prag. Er lebt heute als freier Schriftsteller in München. Zuletzt sind von ihm erschienen ›Mein Nidden. Auf der Kurischen Nehrung‹ und ›Das Versagen der Religion. Betrachtungen eines Gläubigen‹.

Weitere Informationen, auch zu E-Book-Ausgaben, finden Sie bei www.fischerverlage.de

Frido Mann

An die Musik

Ein autobiographischer Essay

*Unter beratender Mitarbeit
des Musikwissenschaftlers und
Musikredakteurs Andreas Kunz*

FISCHER Taschenbuch

2. Auflage: Februar 2016

Erschienen bei FISCHER Taschenbuch
Frankfurt am Main, Oktober 2015

Zuerst erschienen als E-Book im Diederichs Verlag, München
© 2014 Diederichs Verlag, München
In der Verlagsgruppe Random House GmbH

Satz: Pinkuin Satz und Datentechnik, Berlin
Druck und Bindung: CPI books GmbH, Leck
Printed in Germany
ISBN 978-3-596-03376-8

»Du holde Kunst, in wieviel grauen Stunden,
Wo mich des Lebens wilder Kreis umstrickt,
Hast du mein Herz zu warmer Lieb' entzunden,
Hast mich in eine bess're Welt entrückt!
Oft hat ein Seufzer, deiner Harf' entflossen,
Ein süßer, heiliger Akkord von dir
Den Himmel bess'rer Zeiten mir erschlossen,
Du holde Kunst, ich danke dir dafür!«
(Franz von Schober)

»Wenn ich an etwas glaube und eine Religion habe,
dann die, dass Musik für alle da ist.«
(Sir Simon Rattle)

Inhalt

Vorwort

Von den mehrfachen Anregungen und Impulsen aus meiner Familie ist die Musik die früheste, die stärkste und die nachhaltigste geblieben. Mein erster Berufswunsch im Alter von fünf oder sechs war, Musiker zu werden. Nach einigen Ablenkungen und Umwegen studierte ich schließlich auch Musik, wechselte dann aber nach meinem Studienabschluss zur Theologie und Psychologie und blieb nebenberuflich Zeit meines Lebens passionierter Musikhörer und Klavier- sowie zwischendurch Orgelspieler.

Im Zuge meiner späten religionsübergreifenden Auseinandersetzungen mit der Frage nach individueller und gesellschaftlicher Sinnfindung und Werteorientierung spielten die Musik und meine jahrzehntelangen persönlichen Erfahrungen mit ihr eine zentrale Rolle. Deshalb geht es, in Anlehnung an mein letztes Buch »Das Versagen der Religion. Betrachtungen eines Gläubigen«, in der vorliegenden Schrift primär um die Reflexion dieser Sinnorientierung durch die der Musik in der abendländischen Geschichte bis heute, mit einem Ausblick in die Zukunft. Bei den zur Sprache kommenden Epochen und Komponisten werden insbesondere auch die zeitgeschichtlichen, psychologischen und z. T. politischen Hintergründe mitreflektiert, die das Wirken der betreffenden, sowohl religiös gebundenen als auch areligiösen Musikschaffenden und deren Zeit mitbestimmt haben.

Dieses Buch ist keine musikwissenschaftliche Abhandlung. Es ist ein persönliches Bekenntnis meiner großen Liebe zur Musik mit dem Charakter eines mit autobiographischen Episoden angereicherten Essays, in dem die Sinn-Thematik im Vordergrund steht. Deshalb konzentriere ich mich, ohne jeden Anspruch auf Vollständigkeit, auf diejenigen Komponisten und auf deren Werke, mit denen mich besondere eigene Erfahrungen und Gedanken verbinden.

Mein besonderer Dank richtet sich an meine zahlreichen musikalischen Gesprächspartner, insbesondere den Musikwissenschaftler und Musikredakteur Andreas Kunz, der mich während der Abfassung kompetent und maßgeblich beraten hat, sowie den Geiger und Violinpädagogen Vesselin Paraschkevov, der das Ende dieser Schrift mit wesentlichen Gedanken zur Musikwiedergabe und zur Musikpädagogik bereichert hat. Weiterhin viele Hinweise und nachhaltige Anregungen erhielt ich von Klaus Schilde, Gudrun und Fritz Borchmeyer, Dirk Heißerer und der Musikwissenschaftlerin Claudia Maurer-Zenck sowie in prägender Weise von meinen früheren Musiklehrern Hans Andreae, Christian Vöchting, Franco Ferrara, Michael Wessel-Therhorn und Arwed Henking. An der Entstehung dieses Buches mitgewirkt haben ferner die vielen geduldigen Hörerinnen und Hörer, denen ich einzelne Kapitel probeweise vorlesen konnte.

München, im März 2015

Introduktion

»Den Teufel am Hintern geküsst«.
Filmische Begegnung mit dem Komponisten Norbert Schultze

Goethe-Institut in São Paulo/Brasilien im März 1995 anlässlich einer Einladung zu zwei Buchvorstellungen über die Rolle der Kultur und der Wissenschaft im Dritten Reich. Als ich am Veranstaltungsort eintreffe, hat gerade die Vorführung eines nicht angekündigten Filmdokuments begonnen, welches mich vom ersten Augenblick an fesselt. Wie ich später erfahre, sollte dieser Film anhand eines besonders empörenden Beispiels die mangelnde Bereitschaft zur Aufarbeitung der braunen Vergangenheit Deutschlands zeigen.

Der Dokumentarfilm von Arpad Bondy und Margit Knapp von 1992 ist ein biographischer Aufriss des 1911 in Braunschweig geborenen Komponisten Norbert Schultze. Der Film zeigt in chronologischer Abfolge kommentierte Auszüge aus Filmen, zu denen Schultze die Musik geschrieben hat sowie von ihm während des Zweiten Weltkriegs komponierte Musicals, Soldatenlieder und Marschmusik. Häufig eingeblendet werden ausführliche Interviews mit dem Komponisten.

Es beginnt alles völlig harmlos. Schultze komponiert, nach seinem Musikstudium in Köln und München und einigen Engagements als Dirigent und Komponist und einer Anstellung als Aufnahmeleiter bei Telefunken, ab 1936 unter verschiedenen Pseudonymen die Vertonung des Hauff-Märchens »Das kalte Herz«. Er erstellt 1943 eine Opernfassung ebenfalls eines Märchens: »Schwarzer Peter« und komponiert das Musical »Nimm mich mit Kapitän«.

Mit seiner NSDAP-Mitgliedschaft 1940 erfolgt die Wende. Schultze nimmt, mit Beginn des Krieges, von »Propagandaminister« Goebbels einen Auftrag nach dem anderen an: Einmal die Komposition des Liedes »Bomben auf Engelland« innerhalb des Propagandafilms »Feuertaufe« (mit der Demonstration von aggressivem Kampffliegergeschwader) sowie »Das Lied der Panzergruppe Kleist« (mit 1942 in Afrika vorwärtsrollenden Panzern auf der Leinwand). Er komponiert reihenweise Soldaten- und Propagandalieder und martialische Marschmusik. Beim Anblick dieser Szenen beginnt sich alles in mir zusammenzuziehen. Seine Komposition des unmittelbar vor dem Angriff auf die Sowjetunion im Sommer 1941 im Auftrag von Goebbels geschriebenen Russlandliedes »Von Finnland bis zum Schwarzen Meer« kommentiert Schultze selbst in einem Interview Anfang der neunziger Jahre. Am Klavier sitzend, berichtet er über seine Vertonung der Refrainzeile »Führer befiehl, wir folgen dir«. Er erzählt stolz, er habe die musikalische Erstfassung dieses Refrains Goebbels persönlich vorgespielt. Goebbels habe sich danach sofort neben ihn auf die Klavierbank gesetzt, die aufgeschlagenen Noten betrachtet, ihn zur Wiederholung der Passage aufgefordert und ihn dann unterbrochen, um danach selber die Alternative am Klavier vorzuführen, die dann auch die letztgültige Version wurde: die betreffende Passage jetzt mit einer zwischen »befiehl« und »wir folgen dir« demagogisch eingeschobenen halbtaktigen Kunstpause.

Mir bleibt vollends der Mund offen, als ich sehe, mit welch stumpfem Gleichmut der inzwischen Achtzigjährige diese widerwärtige Episode und seine eigene unrühmliche Rolle darin wiedergibt, so als handelte es sich um die Kommentierung einer niveauvollen Komposition.

Dann folgt der Gipfel: »Lili Marleen«. An sich eine stimmungsvolle Melodie mit gewissem melancholischem Einschlag, die Schultze 1938 zum gleichnamigen sentimentalen Gedicht vom Mädchen Lili unter der Laterne vor dem Kasernentor aus dem Bändchen »Die kleine Hafenorgel« von Hans Leip komponiert hat. Aber selbst dieses Lied lässt Schultze skrupellos zu propagandistischen Zwecken missbrauchen, wie er dies als Nächstes dem Betrachter des Films wieder am Klavier nonchalant bekennt. Er habe sich, so sagt er, 1939 von der Schallplattenfirma Electrola sagen lassen, dass »die Wehrmacht im Kommen sei« und dass deswegen das betreffende Lied »Lili Marleen« in Soldatensendern ausgestrahlt und zum »Lied eines jungen Wachtpostens« umbenannt werden solle, und zwar mit dem vorangestellten preußischen Zapfenstreich. Schultze rechtfertigt nachträglich sein Einverständnis mit diesem Vorschlag damit, dass diese Art der Wiedergabe seines Liedes im einzelnen Soldaten ein »Heimatgefühl« geweckt hätte sowie »das sittliche Gefühl, das der Mensch braucht, um überhaupt kämpfen zu können; denn das wird auch in der Musik ausgedrückt«. Schließlich müsse auch im Krieg »Unterhaltung und Kunst geboten« werden, sagt er. Tatsächlich zieht sein anfangs nur wenig beachtetes Lied ab 1941 größte Aufmerksamkeit auf sich, als zum ersten Mal der deutsche Soldatensender Belgrad die Aufnahme mit der Sängerin Lale Andersen einige Male zum Programmschluss auflegt. Text und Melodie treffen tatsächlich bald voll die Stimmung von Millionen von Soldaten aller damals kämpfenden Armeen auf beiden Seiten der Fronten. Danach avanciert »Lili Marleen« in etwa fünfzig Sprachen zu einem weltweiten musikalischen »Leitmotiv« des Zweiten Weltkriegs und zum ersten deutschen Millionenseller. Auch unter den alliierten Soldaten, vor allem den britischen Truppen in Nordafrika 1941, wird das Lied oft in englischer Übersetzung mitgesungen. Vollends zum Mythos wird Lili Marleen, wie Schultze in seinem Kommentar bestätigt, als allabendlich »ohne gegenseitige Vereinbarung« (»um zehn vor zehn«) dessen Ausstrahlung mit Riesenlautsprechern über die Fronten in alle Richtungen für einige Minuten die Waffen zum Schweigen bringt und die Soldaten auf beiden Seiten der Front voller Andacht dem Lied lauschen, bis erst »nach dem Verklingen des letzten Tons« das MG-Feuer unvermindert weitergeht.

Richtiggehende Wut kocht in mir auf, als ich gegen Ende des Filmdokuments feststellen muss, wie in diesem skandalösen Fall nicht nur der Rattenfänger Schultze, sondern in den frühen neunziger Jahren auch die deutsche Öffentlichkeit NS-Vergangenheitsbewältigung betreibt. Schultze komponiert nach dem Krieg munter weiter, so als wäre nichts gewesen. Er vertont wieder auf die Bühne gebrachte Märchen und schreibt die Musik zu einer langen Reihe betont ziviler, hausbackener Filme. Schultze wird 1961 Präsident des Verbands deutscher Bühnenschriftsteller und -komponisten und erhält, wie ich nachträglich verschiedentlich bestätigt bekomme, zwischen 1975 und 1996, also noch nach seinem Interview zu diesem Film, mehrere ehrenvolle Auszeichnungen, bevor er 2002 in Deutschland stirbt. Und als besonders pikanten Aspekt seines Kusses am Hintern des Teufels bezeichnet sich Schultze selbst an einer Stelle seines Film-Interviews auch noch als einen »unpolitischen Menschen«.

Als nach der Filmvorführung der eigentliche Teil der Abendveranstaltung beginnen soll, muss ich als Erstes am Rednerpult spontan einige Minuten lang meiner Empörung darüber Luft verschaffen, zu was für einem Verführungsinstrument der in dem Film porträtierte »Musiker« die »holde Kunst« der Musik im kultur- und menschenverachtenden System der NS-Diktatur bewusst und willig umfunktioniert hat. Danach endlich beginnen die für diesen Abend eigentlich vorgesehenen Buchpräsentationen zum Thema Kultur und Wissenschaft im Dritten Reich. Erst nach und nach wird mir richtig bewusst, dass das an jenem Abend in dem Film Gesehene beileibe kein Einzelfall ist, sondern, weit über das Beispiel des Nationalsozialismus hinaus, zu einem generellen Problem von Musikkomposition und Musikwiedergabe und zum Problem von Kunst überhaupt auswachsen kann und deshalb später in diesem Buch nochmals eigens angesprochen werden muss.

DIE AUFBAUENDE UND DIE VERFÜHRERISCHE KRAFT DER MUSIK

Ich bin immer wieder von neuem verblüfft, wie stark Musik die Seele des Menschen ergreift. Sowohl als »holde Kunst« wie auch als verführerisches Gift dringt Musik schneller, tiefer und nachhaltiger als Wort und Bild in unser Leben ein. Sie kann auch in ihrer einfachsten Form eine elementare Wirkung ausüben, beispielsweise als Trommel oder als Sologesang. Aber jede Form von Musik wirkt natürlich nie nur in sich und völlig abgehoben von unseren Lebensverhältnissen. Sie muss immer im Kontext unserer gesamten Existenz gesehen werden. Sie wirkt gewissermaßen auf uns über unseren individuellen, familiären und sozial-gesellschaftlichen Lebenskontext.

Ich bin sicher, dass meine Musikerlebnisse von frühester

Kindheit an, auch schon vor meiner Hinwendung zu christlicher Religiosität als Anfang Zwanzigjähriger, immer wieder tiefere Erlebnisschichten in mir angerührt haben, die mehr waren als das Verharren in einem unreflektiert emotionalen Zustand diffuser Sehnsucht, das Um-sich-selbst-Kreisen in einer Achterbahnfahrt der Gefühle. Sonst hätte ich nicht schon so früh, lange vor meiner Hinwendung zur Religion, Musik sogar als Beruf ausüben wollen. Ein nachhaltiges Bewusstsein darüber, was Musik mir wirklich bedeutet und wie weit sie mein Leben bestimmt, habe ich trotzdem das erste Mal während meiner intensiven Auseinandersetzung mit Richard Wagners Bühnenweihfestspiel »Parsifal« entwickeln können, als dieses während der frühen sechziger Jahre zu Ostern im Zürcher Opernhaus einstudiert wurde und ich dort als junger Volontär mitwirkte.

Ich befand mich damals in einer tiefgreifenden inneren Sinnkrise, aus der mich natürlich auch andere Impulse und Hilfestellungen wieder herausholten. Aber die Musik wirkte dabei wie eine Art Katalysator. Die Folge meiner Auseinandersetzung (nur) mit diesem einen Werk Wagners war jedenfalls ein als »Erlösung« erlebter Sinnes- oder vielmehr Sinnwandel, der schließlich über lange und vielfältige Wege zu meinem Eintritt in die römisch-katholische Kirche führte und auch ein neureflektiertes, sinnbezogenes Verhältnis von mir zur Musik erwirkte. Dieses Bewusstsein blieb über alle nachfolgenden Veränderungen meiner weltanschaulichen Position über die Jahrzehnte hinweg in mir präsent und bestimmte wie eine verlässliche Konstante und eine unverzichtbare Stütze in meinem Leben mein Verhältnis zur Musik.

Dies ist ein einzelner, individueller Lebensweg zur Musik. Letztlich dürfte es so viele Wege dazu geben wie es Individuen gibt. Deshalb will ich weit über mein eigenes autobiographisches

Beispiel hinaus der Frage nach einer Sinnfindung und Werteorientierung durch Musik ganz allgemein nachgehen und dabei auch die verschiedenen Epochen der vor allem abendländischen Musik als Ganzes in ihrem überaus spannungsvollen Entwicklungsgang verfolgen.

Wann, wo und in welcher Weise, so würde ich schließlich fragen wollen, hat vor allem die überaus vielgestaltige abendländische Musik in ihren sehr unterschiedlichen Epochen und Entwicklungsphasen dazu beitragen können, den Menschen, über jedes ästhetisches Wohlgefallen hinaus, als eine Art geistiger Kompass zu dienen, ihnen einen inneren Halt zu geben und ihre emotionale und kognitive Selbstgewissheit zu festigen? Wann und wie weit war Musik in diesem Sinn eine Quelle für eine menschlich und gesellschaftlich aufbauende Sinnerfahrung und Werteorientierung wenn nicht sogar eine Art Leitlinie für ethisches Handeln? Gibt es kulturgeschichtliche Phasen, in denen musikalisches Schaffen und die Wiedergabe von Musikwerken bei den Menschen nur wenig oder gar Schlechtes ausrichtete? War sie zu bestimmten Zeiten der besonderen Gefahr eines Missbrauchs oder einer suggestiven Manipulation der Massen ausgesetzt? Sind diese musikgeschichtlichen Schwankungen zufällig, oder sind sie abhängig von den jeweiligen Zeitströmungen unserer Geschichte, von gesellschaftlichen und politischen Gegebenheiten und Konstellationen? Und wie wirken sich wiederum diese Unterschiede nicht nur auf das Musikschaffen aus, sondern auch auf die Wiedergabe und die Rezeption von Musik?

Ausgangspunkt meiner Erörterungen wird die kirchlich religiöse Bindung der Musik im christlichen Mittelalter mit ihren fließenden Übergängen zur Neuzeit sein. Diese Neuzeit ist fast bis in die Gegenwart hinein gekennzeichnet von einer stufen-

weise erfolgenden, emanzipatorischen Loslösung der abendländischen Musik aus dem sakralen Bereich. Ihr Schwerpunkt liegt
seit der Wiener Klassik und vor allem der Romantik nicht mehr
primär in ihrer Einbettung in eine kosmisch universale, göttliche
Ordnung. Hauptmerkmal ist jetzt vielmehr ihre zunehmende
Zentrierung auf die individuell emotionale Welt des Menschen
und auf die ihn umgebende Natur sowie auf die dichterische
Sprache. Im Zuge der zunehmend skeptischen Infragestellung
des menschlichen Individuums während der bürgerlichen und
industriellen Revolution strebt die Romantik des 19. Jahrhunderts, zunehmend zwischen Licht und Schatten oszillierend, eine
Loslösung aus einer zu großen Enge menschlicher Individualität
an. Dies zeigt sich in den Bewegungen der Nationalromantik, der
Programmmusik und der musikalischen Umsetzung von kulturgeschichtlich aus der vor- und frühreligiösen Zeit stammenden
Metaphern, Mythen- und Sagenfiguren (Geister, Dämonen und
Hexen).

Eine besondere Aufmerksamkeit verdient die schrittweise
Auflösung der Tonalität, des Grundtonbezugs und der großen
musikalischen Formen beim Übergang von der Spätromantik
zur Moderne an der Schwelle zum 20. Jahrhundert mit den sowohl revolutionär aufbauenden als auch den problematischen
Erscheinungen der Moderne besonders nach dem Zweiten Weltkrieg. Im Zuge des zunehmenden Einsatzes der Massenmedien
seit dem frühen 20. Jahrhundert gehen mit dieser Entwicklung
vermehrt politische und ökonomische Formen des (verführe-
rischen!) Missbrauchs musikalischer Botschaften besonders im
Bereich der Kunstmusik einher. Bemerkenswerte hoffnungsvolle
Ansätze zu einer Rückkehr in die Tonalität auf einer neuen Ebene
finden sich dann in verschiedenen Strömungen der sogenannten
»Postmoderne« in der zweiten Hälfte des 20. Jahrhunderts bis in

die Gegenwart, wobei sich – im Gegenzug zu Beispielen eines Crossover zwischen der Musik verschiedener Kulturen sowie zwischen Kunstmusik und Pop, Rock und Jazz – immer deutlichere Tendenzen zu einer zunehmenden Aufsplitterung der Musik in lauter Einzelkonzepte zeigen, die eine Auflösung der Musik als Kunstform befürchten lassen.

Diese durchwachsene Entwicklung der Musik durch die Jahrhunderte wirft die Frage auf, ob, kulturgeschichtlich gesehen, künstlerische Tätigkeit einerseits erst nach ihrer Befreiung von institutionell vorgegebener, manchmal bevormundender religiöser Bindung hochwertige neue Impulse erhält oder ob umgekehrt auf die Dauer nicht auch, über rein ästhetische Aspekte hinaus, ein gewisses Ausmaß an stetiger, überzeugter Orientierung an inneren Werten und an einem inneren, religiösen oder auch genauso gut nichtreligiösen Sinn sowie an verantwortungsbewusstem Handeln großes künstlerisches Gelingen garantiert.

Bei all diesen Erörterungen werden in dieser Schrift nicht nur essayistische und autobiographische Aspekte eng miteinander verwoben. Zusätzlich fließen auch exemplarische Erfahrungsberichte und Gedanken ausübender Musiker und Musikpädagogen in die betreffenden Texte ein.

Musik ist schon seit Bestehen der Menschheit bestimmend für unser Leben. Neuere Untersuchungen zeigen uns, dass bereits höhere Säugetiere auf Musik reagieren. Die Wirkung auf Pflanzen oder gar Steine gehört dagegen noch weitgehend in den Bereich der Spekulation. Unbestritten dagegen ist die seelische und magische Kraft musikalischer Botschaften bei allen Naturvölkern, mit einer erheblichen Potenzierung dieser Wirkung, wenn diese Musik von Gebärden und Tanz begleitet wird und aus ihnen die Stimmen der Götter und der Dämonen zu erklingen scheinen.

Musik trifft auf ein breites Spektrum von Gefühlsregungen. Sie weckt oder verstärkt intensiv Glücksgefühle, Stolz, Lebenslust, Fröhlichkeit, Begeisterung, das Erleben von Harmonie in einer Welt kosmischer und zentraler Ordnung oder mystischer Spiritualität sowie Hingabe und Demut. Sie eröffnet aber auch den Blick in seelische Abgründe, in Zerrissenheit und inneres Chaos, Traurigkeit, Zerknirschung und Verzweiflung. »Man sagt, die Musik wirke erhebend auf die Seele. Das ist nicht wahr, das ist Unsinn! Sie wirkt, sie wirkt furchtbar – ich rede aus eigner Erfahrung –, aber keineswegs erhebend. Sie erhebt die Seele nicht, sie zerrt sie hinab, sie stachelt sie auf«, lässt Tolstoj in seiner Erzählung »Kreutzersonate« den adligen Grundbesitzer Posdnyschew sagen. So kann Musik beispielsweise auch zu Kampflust oder zu rauschhafter Hybris und triumphierendem Herrscherglück und Machtstreben antreiben, wie dies eben am Beispiel von Norbert Schultzes Nazi-Märschen und Soldatenliedern deutlich wurde. Sie kann aber auch, in Verbindung mit der uns täglich überflutenden verbalen und bildhaften Fata Morgana kommerzieller Fernseh- oder Filmwerbung, völlig banal eingesetzt werden zur gezielten Steigerung kurzlebiger Konsumbedürfnisse.

Meistens wenn Musik auch sonst gekoppelt mit fixen oder bewegten Bildern erklingt, steuert sie mit unterschwelliger und damit umso wirksamerer suggestiver Kraft die emotionalen Reaktionen auf die Bilder. So kann eine den Bildern und den gesprochenen Worten unterlegte Filmmusik die durch den Filmablauf geweckten Emotionen enorm verstärken oder, je nach Musik, auch abschwächen oder qualitativ verändern. Ich kann beim Ansehen eines Fernsehkrimis schon von vornherein voraussehen, wie massiv dessen raffiniert eingesetzte Begleitmusik mich voller Spannung in die Handlung hineinzuziehen und mich sehr viel weniger loslassen wird als derselbe Film ohne Musik.

Dies zeigt die ungeheuere Macht der Musik über unser Empfinden, Erleben und Denken.

Diese sehr unterschiedlichen Wirkungen der Musik sind auch abhängig davon, um welche Art von Musik es sich handelt. Marschmusik, Siegesfanfaren und Nationalhymnen werden eher zu Wettkämpfen, manchmal auch zu gewaltsamen politischen oder kriegerischen Auseinandersetzungen animieren als ein Streichquartett-Adagio, ein Orgelchoral, ein Gospel oder eine Osterpassion, die eher zu meditativer oder religiöser Versenkung aufruft. Hingegen können ein mitreißendes Popkonzert oder innige Volksgesänge einer hochgehaltenen nationalen Tradition ein Gemeinschaftsgefühl und das Bewusstsein friedfertiger Zusammengehörigkeit stärken. Die große Vielfalt und das enge Nebeneinander höchst unterschiedlich, ja gegensätzlich wirkender Musikformen lässt den schmalen Grat zwischen Gut und Böse in besonders scharfem Licht erscheinen. Mit Musik werden Millionen Menschen in den Krieg und in den Tod geschickt. Musik in Konzertsälen, auf Freilichtbühnen oder in Kirchen dagegen kann, besonders bei überregionaler Live-Übertragung, eine zumindest kurzfristige, manchmal sogar religiös getönte Verbrüderung zwischen den Menschen bewirken, wie ich dies in unserer eher von Anonymität und individualistischer Abgrenzung gekennzeichneten Zeit sonst nur selten beobachte. Allerdings können im selben Musikstück deren individuell-psychische und deren gesellschaftlich-kommunikative (und symbolische) Funktion erheblich auseinanderklaffen. Das Abspielen einer das Wir-Gefühl festigenden Nationalhymne wie entsprechende Gesänge im Fußballstadion oder auch Protestsongs erwecken auf der Ebene der individuellen Erbauung oder Unterhaltung oft sehr andersartige Gefühle als auf der gesellschaftlichen Ebene. Es haben mir so einige Freunde in den neuen Bundesländern versichert, dass sie heute Beethovens 9. Symphonie noch immer nicht hören mögen, weil diese seit dem Bestehen der DDR zum Ausklang sämtlicher Parteitage der SED gespielt wurde. Auch durch die Hintergrundfunktion einer unterschwellig »nebenbei« erklingenden Musik kann für den Einzelnen deren Genuss sehr unterschiedlich entweder erhöht oder auch beeinträchtigt werden. Ein Nichtkenner klassischer Musik wird durch das Erklingen der ersten Takte des himmlischen Andante in Mozarts C-Dur-Klavierkonzert KV 467 als Hintergrundmusik einer goldprickelnden Fernsehwerbung für eine bestimmte Sektmarke möglicherweise in ein seine Konsumfreude verstärkendes Hochgefühl versetzt werden, wohingegen ein Kenner oder gar ein Musiker dabei Ekelgefühle empfinden wird und sich anstrengen muss, beim nächsten Hören oder Spielen dieses unvergänglichen Satzes den schwachsinnigen Gedanken an diesen Sekt aus seinem Kopf zu verbannen.

Musik wirkt nicht nur. Sie prägt auch, besonders in der frühesten Lebensphase.

Das Erste, was ich, sehr rasch nach meiner Geburt, in unserem kleinen, hellhörigen Häuschen im kalifornischen Carmel an der Pazifikküste über Stunden täglich zu hören bekam, waren die Bratschenklänge meines als Berufsmusiker unermüdlich übenden Vaters. Dies setzte sich zwei Jahre später in Mill Valley bei San Francisco fort, wo das Kinderzimmer meines Bruders und mir in der oberen Etage zwar räumlich etwas weiter weg von dem untenliegenden »Study« meines Vaters lag. Dafür habe ich die Klänge von dort jetzt noch im Ohr. Eher diffus sind meine Erinnerungen an die häufigen Kammermusikzusammenkünfte im selben »Study«, meist Streicher-Ensembles aus dem Kollegen- und Freundeskreis und oft mit so zahlreichen Zuhörern, dass für diese Extra-Stühle aus dem gegenüberliegenden Bestattungsinstitut ausgeliehen werden mussten. Ich war wohl des Öfteren mit dabei gewesen, und mir wurde später berichtet, dass ich als Drei- oder Vierjähriger beim Zuhören gelegentlich in besorgniserregender Weise mit rhythmischem Schaukeln und verdrehten Augen in Trance geraten sein soll. Zu meinem Musikbewusstsein gehörte auch, dass mein Vater fast täglich mit dem Auto über die Golden-Gate-Brücke zur Probe oder abends ins Konzert in der San Francisco Symphony unter Pierre Monteux fuhr, wo er als jüngstes Mitglied mitwirkte. Und ich erinnere mich auch an einen Besuch eines dortigen Kinderkonzerts an einem Nachmittag, zu dem mein Vater uns Kinder mitnahm und wo wir ihn im Orchester spielen hören (und sehen!) durften. Dies alles hatte zur Folge, dass mein erster, allerdings nur ein paar Jahre anhaltender Berufswunsch während der ersten Grundschuljahre war, Musiker zu werden.

Zur klanglichen Prägung junger Menschen auch ohne Musik im Elternhaus gehört, jedenfalls in Westeuropa, das häufige Läuten von Kirchenglocken, deren eigenartige Stimmung sich in jedes Herz eingräbt, wenn im selben Glockenton gleichzeitig gnadenhafte Seligkeit und Vergänglichkeit und Tod verkündet werden und dadurch ein anrührendes Gemisch aus Feierlichkeit und Melancholie entsteht. Bis zu meinem neunten Lebensjahr in den USA fehlte mir dieses Klangerleben, weil es in den USA kaum Kirchenglockengeläut gibt. Erst in Europa zogen mich dessen Klänge in ihren Bann. Möglicherweise trugen auch sie zu meinem ersten religiösen Interesse in meinem Leben bei, nachdem ich in den USA nie diesbezügliche Anregungen erhalten hatte, weder seitens meiner Familie noch in der Schule, noch aus meinem Freundeskreis. Bei meinen ersten Kirchenbesuchen mit Freunden in Europa lernte ich auch die verschiedenen Varianten abendländischer Kirchenmusik kennen: die in den Gottesdiensten gesungenen Psalmen, Lieder, Lobgesänge, Kantaten und Motetten. Muslimische Gebetsrufe mit dem gesungenen Glaubensbekenntnis zum einen Gott und seinem Propheten bekam ich erst im fortgeschrittenen Alter um die Jahrtausendwende bei meinen kurzen, erstmaligen Besuchen in Marokko und in der Türkei zu hören. Sie sind allerdings nie tief in mein Inneres gedrungen, vielleicht, weil es dafür zu spät war und ich vorher über rein intellektuelles Interesse hinaus nie wirklich mit der Welt des Islam in Berührung gekommen bin und vieles in ihr mir bis heute fremd, ja unheimlich geblieben ist.

Physikalisch besteht Musik aus einer mehr oder weniger komplexen und strukturierten Überlagerung von Schallwellen unterschiedlichster Länge und Amplitude, die über unser Hörorgan als Töne, Klänge, Akkorde und Klangfolgen wahrgenommen werden und sich in der Regel zu kleineren Einheiten, Phrasen, Musiksätzen, kurzen Musikstücken und längeren Musikwerken zusammensetzen. Die akustische Wahrnehmung wird von uns in metaphysische Bedeutungsinhalte übersetzt. Diese wecken in uns Emotionen und Gedanken und versetzen den Hörer in einen besonderen inneren Zustand, der gegebenenfalls seine Einstellungen, seine Gesinnung, ja sein ganzes zukünftiges Leben verändern kann. Dieselben Klänge und Klangfolgen eines Musikstücks können allerdings sehr unterschiedliche Emotionen auslösen, je nach individuell und sozial unterschiedlichen Einstellungen oder auch aufgrund der politischen, religiösen oder allgemein weltanschaulichen Systeme, denen wir angehören. So ist zu erklären, dass dieselbe Musik in einem Kulturkreis hoch geschätzt, in einem anderen hingegen geächtet oder sogar verboten wird. Eines der in meinen Augen unrühmlichsten Beispiele aus jüngster Zeit ist das Verbot jüdischer Musik durch die rassistische Ideologie des deutschen Nationalsozialismus. Als nicht viel besser empfinde ich einige Jahrhunderte vorher die Verbannung jeder, auch geistlicher Musik durch den französischen Reformator Johannes Calvin sowohl aus der gottesdienstlichen Liturgie wie auch aus dem profanen Alltag des Genfer Gottesstaates, und zwar unter Androhung sowie häufiger Verhängung der Todesstrafe. Grund dafür war die angebliche Beleidigung des allmächtigen Gottes durch die schnöde Sinnlichkeit der Musik. Ähnlich, wenngleich etwas weniger drastisch, erscheint mir die Verpönung der Orgelmusik als »des Teufels Sackpfeifen« und deren konsequenter Ausschluss aus dem christlichen Gottesdienst durch die Kirchenväter während des ersten christlichen Jahrtausends, bevor diese erst im späteren Mittelalter in vorsichtigen, kleinen Schritten wieder zugelassen wurde. Im Gegensatz dazu war es für den deutschen Reformator Martin Luther ein großes Anliegen, jedem als geistlich ausgewiesenen Liedgut im Gottesdienst einen besonderen Platz einzuräumen. In beiden Fällen bleibt die Frage interessant, wieweit es bei diesen ideologisch diktierten Verboten zum Konflikt zwischen diesem Verbot und individuellen, biographischen, anerzogenen Vorlieben kommen kann. Wieweit konnte beispielsweise ein in der Weimarer Republik lebender, begeisterter Anhänger der Musik Felix Mendelssohn Bartholdys nach 1933 sich diese Vorliebe verordnungsgemäß einfach aus seinem Herzen reißen, oder wurde sie zu einer heimlichen Liebe, bis ab 1945, nach dem Ende des Spuks, das Spielen von Mendelssohns Musik wieder erlaubt war? Ich muss bei dieser Frage immer wieder an den Anfang von Jiří Weils wunderbaren Roman »Mendelssohn auf dem Dach« denken. Dort haben während der deutschen Okkupation Prags zwei Funktionäre den Befehl von »Reichsprotektor« Heydrich auszuführen, von den vielen Musikerstatuen auf dem Dach des Rudolfinum diejenige von Mendelssohn aufzusuchen und zu beseitigen. Nachdem sie die Statue nicht ausfindig machen können und die schlimmsten Strafen befürchten, kommt ein Dritter auf die Idee:»Geht noch einmal an den Statuen entlang und guckt euch genau die Nasen an. Wer die größte Nase hat, ist der Jude.« Gesagt, getan. Schließlich finden sie wirklich den mit der größten Nase, legen ihm das Seil um den Hals und ziehen, bis die Statue zu wackeln beginnt. Im letzten Augenblick entdecken die beiden jedoch zu ihrem größten Schrecken, dass es sich um die Statue von Richard Wagner handelt.

Musik weckt oder verstärkt menschliche Emotionen und Erlebnisse in allen Abstufungen und Intensitätsgraden und in allen möglichen Qualitäten. Wenn sie nicht zu inhumanem (z. B. mit Marschmusik zu gewalttätigem oder kriegerischem) oder zu banalem (mittels musikalischen Werbespots zu Konsum-) Verhalten verführt, hat ihre positive Wirkung zumindest den Charakter des Wohllauts (Gefühl musikalischer Wellness). Musik ist dann in erster Linie ein ästhetischer Genuss, der, übersteigert, in einen rauschhaften Zustand führen kann. Je differenzierter und »hochstehender« ein Musikwerk ist, als desto ästhetisch wertvoller wird es aufgenommen werden können. Zu einer eigentlichen inneren Werteorientierung und Sinnfindung an der Grenze zur Transzendenz verhilft Musik erst, wenn in ihr eine ausgeprägt menschliche, außer- oder gar übermenschliche Botschaft enthalten ist, unabhängig davon, ob es sich um »Klassik« oder gehobene Popmusik und Folklore etc. handelt. Von da ist es nicht mehr weit zur »höchsten« Stufe: Musik mit als existentiell erlebten Tiefendimensionen, die gelegentlich geradezu Offenbarungscharakter hat und starke geistige Impulse freisetzt (z. B. in den Passionen von Johann Sebastian Bach).

Kirchlich-religiöse Bindung
in Mittelalter und Barock

»Gott ist ein harmonisches Wesen. Alle Harmonie rühret von seiner weisen Ordnung und Einrichtung her ... Wo keine Übereinstimmung ist, da ist auch keine Ordnung, keine Schönheit und keine Vollkommenheit. Denn Schönheit und Vollkommenheit bestehet in der Übereinstimmung des Mannigfaltigen.«
(Georg Ventzky 1742)

»Musica colludium aeternitatis«

GREGORIANISCHER CHORAL

Larkspur, Kalifornien, im August 2000. Zum ersten Mal nach über fünfzig Jahren bin ich zu Besuch bei meiner inzwischen 90 Jahre alten und weitgehend erblindeten ersten Klavierlehrerin, Marion Winkler, auch eine Emigrantin aus Europa. Marion lebt immer noch in ihrem damaligen Haus nahe bei Mill Valley, von wo aus mich meine Mutter seit meinem fünften oder sechsten Lebensjahr, bis zu unserer Übersiedlung nach Europa zwei, drei Jahre später, wöchentlich mit dem Auto zum Klavierunterricht zu fahren pflegte. Neu in Marions Haus in Larkspur ist jetzt der Anbau, ein geräumiges, helles Wohnzimmer mit einem Konzertflügel am Fenster, wo wir heute sitzen und uns unterhalten.

Ein zentrales Thema unseres Gesprächs ist der Fortgang meiner musikalischen Entwicklung nach meinem Klavierunterricht bei ihr. Ich erzähle ihr von meinem in Europa sehr bald wieder aufgenommenen Unterricht bei Lehrern in Österreich, im Schweizer Internat, in Florenz und schließlich in Zürich während meiner Gymnasialzeit und von meinem Wunsch, Dirigent zu werden, den ich seit meinem fünfzehnten Lebensjahr hegte, als ich bei meiner Großmutter lebte.

Zu Marions Belustigung schildere ich ihr dann die ungewöhnlichen Umstände des Kontrapunkt-Unterrichts, den mein Vater mir Siebzehnjährigem während der seltenen Sommerferien mit meinen Eltern, diesmal an der amerikanischen Atlantikküste in Maine, privat erteilte, nachdem er von meinem Berufswunsch erfahren hatte und darüber alles andere als erbaut gewesen war. Er hatte nämlich gerade seinen Musikerberuf an den Nagel gehängt zugunsten eines spät aufgenommenen literarwissenschaftlichen Universitätsstudiums in Harvard bei Boston. Für meinen Kontrapunkt-Unterricht wurde das schwergewichtige Harmonium meines Vaters in unser Ferienhäuschen mitgenommen, von wo aus wir es jeden Morgen zusammen mit einem Sonnenschirm an den Strand schleppten und es möglichst nahe am Ufer postierten, wo immer eine kühlere Brise wehte. Dort hatte ich bis zum Lunch Kontrapunktsätze im Palestrina-Stil zu schreiben, die dann am Nachmittag korrigiert wurden. Diese Vorbildung kam meinem Musikstudium zwei Jahre später sehr zugute, als ich im Rahmen meiner Ausbildung zum Dirigenten einen regulären Kontrapunkt-Kurs zu absolvieren hatte.

Leider habe ich bei meinem Besuch bei Marion nicht das kleine, etwas verschwommene Schwarzweißfoto bei mir, auf welchem ich in Badehose und mit Sonnenbrille in gekrümmter Haltung am Harmonium sitze, und zwar unter dem Sonnenschirm, an dem ein im Wind wehender Fliegenleimpapierstreifen zur Abwehr der vielen Bremsen befestigt war.

Schon während meiner Kindheit in Österreich bei Gottesdienstbesuchen zusammen mit Mitschülern oder Nachbarkindern sowie Jahre später bei der Besichtigung von romanischen Kirchen in der Toskana zusammen mit meinen Eltern war, wie ich Marion weiter berichte, wiederholt der liturgische Gesang

gregorianischer Choräle in lateinischer Sprache an mein Ohr
gedrungen. Ich weiß nicht, wieweit diese frühen Erlebnisse auf
dem österreichischen Land bereits mitgewirkt haben an meiner
ersten, vorübergehenden Anwandlung als ca. Elfjähriger, katholisch werden zu wollen. Sicher erinnere ich mich jedoch daran,
dass mich die mittelalterlich wirkende Psalmodie der einstimmigen liturgischen Chorgesänge ohne Begleitung in der Messe
oder im Stundengebet mit ihren Alleluja-Melodien in den für
mich faszinierend neuartigen Kirchentonarten vorübergehend
in einen Zustand tiefer innerer Ruhe versetzte. Je länger ich diese
wundersamen Gesänge auf mich wirken ließ, desto mehr glaubte
ich mich auch in die geheimnisvolle Welt dieser stundenlang
geübten Kleriker- und Mönchgesänge und der mittelalterlichen
Klöster hineinversetzen zu können. Vor allem erstaunte mich,
wie viele Melodienfolgen auf einer einzigen Silbe oder ganz
wenigen Silben des gesungenen Bibeltextes Platz hatten. Ein
besonderes Erlebnis war auch die gelegentliche Aufteilung des
Chores in zwei sich gegenüberstehende Gruppen, wovon die
zweite Gruppe jeweils eine Sequenz der ersten entweder wiederholte oder aber gegen sie »ansang«. Sehr viel bewusster lernte
ich diesen Ablauf Jahre später verstehen, wenn meine Eltern mit
uns Kindern bei einigen Kirchenbesichtigungen in der Toskana
zufällig in einen Gottesdienst gerieten, in dem ähnliche Gesänge
erklangen. Gerne nutzte ich dort auch die Gelegenheit, in den
verglasten Fresken im Kirchenraum die gregorianische Qua-
dratnotation zu studieren. Dabei fiel mir rasch das Fehlen einer
Takteinteilung auf, was für mich eine optische Bestätigung meines akustischen Eindrucks einer gewissen Endlosigkeit der Gesänge war. Die überwiegend kleinintervalligen, manchmal fast
einschläfernden, aber mich zugleich in einen meditativen Bann
ziehenden Gesänge wiesen mich immer wieder von neuem auf

einen weit außerhalb des betreffenden Gotteshauses liegenden und doch tief in meinem Inneren spürbaren spirituell-transzendenten Bereich hin. Ich war während meines Musikstudiums immer davon ausgegangen, dass die nach dem gleichnamigen Papst Gregor dem Großen im siebten nachchristlichen Jahrhundert in Rom benannten Gesänge auch in Rom ihren Ursprung hatten, als dort die Schola cantorum gegründet wurde. Diese Auffassung gilt inzwischen jedoch als umstritten. Denn nach neueren Erkenntnissen entstanden die gregorianischen Gesänge erst im 8. Jahrhundert nördlich der Alpen im Zuge der karolingischen Liturgiereform unter Pippin dem Jüngeren, indem die aus Rom ins Frankenreich überbrachten altrömischen Gesänge umgeformt wurden.

»STILE ANTICO«

Anders als bei Kirchenbesichtigungen oder -besuchen kennengelernten gregorianischen Gesängen kam ich, wie ich Marion Winkler weiter berichte, mit der Welt des aus dem späteren Mittelalter stammenden und ebenfalls dem universalen Lob Gottes dienenden Kontrapunkt (punctus contra punctum/»Note gegen Note«) vor allem aus Büchern und Noten und im Kontrapunktunterricht meines Vaters und später im Musikstudium in Berührung. Die wichtigste und zugleich einfachste Variante des Kontrapunktstils ist immer die »Gegenstimme« einer vorgegebenen Melodie, weshalb der Begriff Kontrapunkt in seiner umfassendsten Bedeutung auch häufig gleichgesetzt wird mit Polyphonie. Die Kompositionstechnik des Kontrapunkts der Renaissance und des Barock erlebte bei Johann Sebastian Bach noch einen Höhepunkt. Eine weit darüber hinaus neue Bedeutung gewann sie schließlich auch im Werk von Johannes Brahms und Max Reger und in der Musik des 20. Jahrhunderts etwa von Anton Webern und Paul Hindemith. Trotzdem wird der Begriff Kontrapunkt in der Regel vor allem in Verbindung gebracht mit dem *stile antico* des Satzmodells der Vokalmusik (Messen, Motetten etc.) von Giovanni Pierluigi da Palestrina (ca. 1525–1594) mit ihrer melodisch, rhythmisch und harmonisch besonderen Ausgewogenheit. Zum Grundbestand des *stile antico* gehören gewisse zentrale Stimmführungsregeln wie beispielsweise die Gegenbewegung, das Verbot von Oktav- und Quintparallelenverbot sowie die Dissonanzenbehandlung. Das Ergebnis meiner mir im Studium aufgetragenen Beschäftigung damit ist noch heute vorhanden in Form einiger stark vergilbter Aufzeichnungen von schulischen Kompositionsversuchen, die wie eine botanische Sammlung zusammengepresster Schmetterlinge oder Blumen in einer blauen, zugeschnürten Notenmappe bei mir liegen. Wenn ich beim heutigen Anhören dieser Musik etwa im Radio oder auf einer CD von der geordneten Komplexität der vielen Kompositionsregeln des klassischen Kontrapunkts absehe und mich ganzheitlich in ein Werk von Giovanni Pierluigi da Palestrina versenke, dann lässt mich die systematische Ausgewogenheit der vielfach kompensatorisch und symmetrisch wirkenden Musik manchmal an die »Coincidentia oppositorum« von Nikolaus von Kues denken, bei welcher trotz der Vielfalt und der scheinbaren Gegensätzlichkeiten in unserer Welt alles auf die eine göttliche Harmonie eines tief in sich ruhenden, allgegenwärtigen Kosmos hinweist. Nur dass, im Vergleich zu den älteren einstimmigen gregorianischen Gesängen, beim Übergang zwischen Mittelalter und Neuzeit bewegtere und großflächigere und zugleich dichtere polyphone Klangstrukturen auf jene transzendente Welt hinweisen.

Mein mich vorsorglich zum Musikstudium im klassischen

Palestrina-Stil unterweisender Vater hatte nicht nur allgemein als Musiker einschlägige Kenntnisse auf diesem Gebiet. Er hatte sich vielmehr, schon etwa fünfzehn Jahre vor meinem Unterricht bei ihm, während des Krieges im kalifornischen Exil als Anfang Zwanzigjähriger besonders ausführlich damit befasst, als er seinem Vater auf dessen Wunsch eine ungefähr dreißig Seiten lange musiktheoretische Abhandlung als Material für dessen Vorstudien zum »Doktor Faustus« schickte. Neben den Grundthemen wie »Der Kanon«, die klassische Harmonielehre, »Kadenz und andere Akkordfortschreitungen«, »Die Modulation« und »Konklusionen« nahm in seiner Abhandlung auch das Thema »Strenger und freier Kontrapunkt« sowie die Fuge als verwandte Form des Kanons einen breiten Raum ein. Die vielen Anstreichungen von Thomas Mann am Seitenrand durch sämtliche Themen der Abhandlung hindurch zeigen mir nicht nur, mit welchem großen Interesse dieser die musiktheoretischen Erläuterungen seines jüngsten Sohnes in seine musiktheoretisch und musikgeschichtlich ausführlichen Recherchen für seinen Musikerroman mit aufnahm, sondern auch, wie eng die aus verschiedenen Epochen stammenden Kompositionsstile doch alle zusammengehören.

DAS MUSIKALISCHE PENDANT MARTIN LUTHER

Während meines Studiums des Schrifttums von Martin Luther und der dazugehörigen Sekundärliteratur für meine spätere theologische Dissertation über dessen Abendmahlslehre stieß ich immer wieder auf Texte, aus denen – völlig im Gegensatz zum Musikhasser Johannes Calvin – Luthers besonders intensive Beschäftigung mit Musik ersichtlich wurde. Ich spürte deutlich, welchen enormen Einfluss die Beschäftigung des deutschen Reformators mit Musik auf das Bewusstsein und auf die Kirchenpraxis der evangelischen Christen bis heute ausgeübt hat. Luther maß der Musik wie der Theologie höchste Bedeutung für das Seelenheil des Menschen zu, weil sie »den Teufeln zuwider und unerträglich sei« und »solches vermag, was nur die Theologie sonst verschafft, nämlich die Ruhe und ein fröhliches Gemüte« (so in einem Brief an Ludwig Senfl vom 1.10.1530).

Luther war selbst ein geübter Sänger, Lautenspieler und Liedkomponist, und er kannte die Werke vieler zeitgenössischer Komponisten. Da ihm an einer starken aktiven Beteiligung der Gemeinde am Gottesdienst lag, sorgte er für eine Integration möglichst vieler deutschsprachiger Gemeindelieder in den Gottesdienst, die die lateinische Messe ersetzen sollten. Als von ihm selbst verfasst sind Dutzende von Liedern und Gesängen überliefert (das vielleicht bekannteste ist »Ein feste Burg ist unser Gott«), sowie Hymnenbearbeitungen und Psalmenlieder. Darüber hinaus übersetzte er traditionelle gregorianische Hymnen und veränderte bei Bedarf deren Melodie, um sie dem Duktus der deutschen Sprache anzupassen. Er verwendete auch Melodien von Volks- und Weihnachts- sowie von Studentenliedern, »Gassenhauer, Reiter- und Bergliedlein christlich, moraliter und sittlich verändert, damit die bösen ärgerlichen Weisen, unnützen und schandbaren Liedlein auf der Gassen, Feldern, Häusern und anderswo zu singen, mit der Zeit abgehen möchten, wenn man christliche, gute, nützliche Texte und Worte darunter haben könnte«. Die Luther-Choräle erschienen erstmals 1523/24 im Achtliederbuch und 1524 in Wittenberg in einem evangelischen Gesangbuch. Sie wurden zu einer Säule des reformatorischen Gottesdienstes und prägten die Geschichte des geistlichen Liedes auf dem europäischen Kontinent in nachhaltiger Weise.

Luther sah Musik auch als notwendigen Teil der schulischen

und universitären Ausbildung. Er verlangte von allen Schulmeistern sowie von angehenden Pfarrern eine gewisse Gesangsausbildung und meinte, dass diese theoretische und praktische Fertigkeiten in der Musik mitbringen sollten. »Man muß Musicam von Noth wegen in Schulen behalten. ... Die Jugend soll man stets zu dieser Kunst gewöhnen, denn sie machet fein geschickte Leute.« (aus: Luthers Tischreden, Nr. 6248)

Universum Bach

Über die Frage der Einheit in der Vielfalt der Musik im Lauf verschiedener Epochen diskutiere ich während meines Besuchs auch mit Marion Winkler. Sie bestätigt meine Ansicht, dass die Art der Wahrnehmung und der Beurteilung verschiedener Musikstile sowie verschiedener Kunststile überhaupt sehr abhängig ist von der Perspektive der verschiedensten Rezipienten zu verschiedenen Zeiten. Als einschlägiges Beispiel erzählt sie mir eine früher nie von ihr erwähnte Begebenheit aus dem Leben ihrer Familie noch in Europa, bei der es allerdings nicht um Musik, sondern um die Malkunst ging.

Ein Onkel von ihr, so sagt sie, sei einer der behandelnden Ärzte von Vincent van Gogh in Südfrankreich gewesen. Weil van Gogh mit seinen fast nur unverkauften Bildern so arm gewesen sei, habe ihr Onkel von diesem nie ein Honorar für seine ärztlichen Bemühungen verlangt. Marion wiederum habe ihrem Onkel sein Leben lang Vorwürfe gemacht, dass er nicht anstelle eines Honorars wenigstens eines von dessen Bildern erbeten habe. Denn so wäre doch schließlich für die ganze Familie für immer ausgesorgt gewesen, und auch sie, Marion, hätte nie ihr Brot mit Klavierunterricht verdienen müssen. Ja nun, so habe daraufhin ihr Onkel jedes Mal entgegnet, er habe für die oben im Speicher massenhaft herumstehenden Bilder seines Patienten nie etwas übriggehabt. »Was in aller Welt hätte ich mit diesen Bildern anfangen sollen? Ich fand sie doch alle so hässlich«, pflegte er zu sagen.

Ich versuche Marion entgegenzuhalten, dass das unbestritten größte Musikergenie aller Zeiten, Johann Sebastian Bach, ein solches Fehlurteil wohl kaum je hätte befürchten müssen. Unbestritten?, fragt sie gleich zurück. Dann macht sie mich auf den mir an sich bekannten und für mich noch bis heute unfassbaren Tatbestand aufmerksam, dass gerade Bach zu seiner Zeit zwar als Organist und Kantor hoch angesehen war (bei der Besetzung der in Deutschland mitunter angesehensten Stelle des Kantors und Musikdirektors in Hamburg zog er seine Bewerbung zurück und ließ dem um einiges jüngeren Georg Philipp Telemann den Vortritt), aber dass zu seiner Zeit von seinen Söhnen vor allem Carl Philipp Emanuel bekannter gewesen war als er und dass gerade dieser sich nach dem Tod seines Vaters vergeblich für dessen Aufwertung einsetzte. Erst die entscheidende Wiederentdeckung Bachs anlässlich der Aufführung der Matthäus-Passion durch Felix Mendelssohn Bartholdy 1829 in der Berliner Sing-Akademie machte die Bedeutung Johann Sebastian Bachs auch als Komponist sehr viel breiteren Kennerkreisen zugänglich. Seine heutige weltweite Bedeutung errang Bach allerdings erst an der Schwelle zum 20. Jahrhundert.

Da mir Marion am Ende unseres Gesprächs zum Abschied noch ihren stattlichen Konzertflügel vorführen will, setzt sie sich an ihr Instrument und spielt, zu unserem kurzen Exkurs über Bach sehr gut passend, auswendig das Es-Dur-Präludium aus dem Ersten Band von Bachs »Wohltemperiertem Klavier«. Ich lausche entzückt ihrem wunderbaren, sanft getragenen und überzeugend authentisch klingenden Spiel. Ich muss unweigerlich an einige der letzten Schallplattenaufnahmen mit Bach-Interpreta-tionen der Cembalistin Wanda Landowska in den USA denken, die ich mir während des Winters 1954/55 in Florenz ergriffen an-gehört hatte.

Nach diesem auch musikalischen Eintauchen in das »Univer-sum Bach« fühle ich mich umso mehr dazu gedrängt, Marion nach ihrem Spiel noch ein paar Einblicke in mein über die Jahr-zehnte gewachsenes, besonderes Verhältnis gerade zu diesem Komponisten zu geben. Auch wenn ich zu Bach nie eine so intim persönliche Beziehung habe aufbauen können wie etwa zu Franz Schubert, so ist er für mich bis heute die gewaltigste Musiker-Persönlichkeit aller Zeiten geblieben, mit deren Werk ich mich selber nicht nur am Klavier, sondern auch noch spät an der Orgel versucht habe.

Einen ersten ganzheitlichen Eindruck vom gigantischen Werk Bachs bekam ich während einer längeren Unterbrechung meines Unterrichts bei Marion Winkler, als ich, zwei Jahre nach Kriegs-ende, auf unserer ersten Europareise die Sommermonate in der Schweiz verbrachte.

Schon bald nach unserer Ankunft in Zürich kurz vor Ostern 1947 nahm mich mein Vater mit in eine Aufführung von Bachs Johannes-Passion mit dem Zürcher Tonhalle-Orchester unter dessen damaligem Dirigenten Erich Schmid. Es war für mich das erste Konzerterlebnis in Europa überhaupt und die erste be-wusste Begegnung mit dem Werk Bachs. Der damals noch sehr junge und wenig bekannte Tenor Ernst Haefliger sang den Part des Evangelisten, und die Rezitative wurden am Cembalo von meinem späteren langjährigen Klavierlehrer Hans Andreae ge-spielt. Mein Vater, der neben mir saß, erläuterte mir, dem Sechs-jährigen, zwischendurch mit geradezu zwingender Eindringlich-keit den bildhaften Charakter der orchestralen Begleitung von

Gesang und Handlung – besonders eindrucksvoll bei dem nach dem Tod Jesu und der Bass-Arie »Mein teurer Heiland« folgenden Rezitativ: »Und siehe da, der Vorhang im Tempel zerriss in zwei Stück, von oben an bis unten aus«, was, wie mir mein Vater mit einer entsprechenden Handbewegung veranschaulichte, während des Zerreißens des Vorhangs mit den von Celli und Bässen gespielten, über zwei ganze Oktaven bis zum tiefsten D absteigenden Zweiunddreißigstelnoten dargestellt wird. Unmittelbar darauf folgt das von einem dreitaktigen, heftigen *tremolando* der Streicher begleitete »Und die Erde erbebte, und die Felsen zerrissen, und die Gräber taten sich auf …«.

Bis zu meinem nächsten Schritt, Bach selber am Klavier zu spielen, dauerte es noch lange. Es schien bei meinen beiden ersten Klavierlehrern in Europa eine stillschweigende Übereinkunft darüber zu bestehen, Kindern nicht zu früh Bachs Musik nahezubringen. Mein aus Neapel stammender Lehrer in Florenz, Guglielmo Rosati, war der Erste, der mir als Vierzehnjährigem eine von Bachs dreistimmigen Inventionen zum Üben aufgab. Ich erinnere mich, dass ich damals diese Aufgabe so lustlos anpackte, dass bei meinem abendlichen, halbstündigen Üben meine Mutter bald darauf aufmerksam wurde und mich mit der Bemerkung entlastete, dass der ernste Charakter der Bachschen Musik grundsätzlich sehr schwer zu verstehen sei und Kinder in der Regel zu Bach wenig Zugang hätten, und ich würde dafür sicher noch etwas Zeit benötigen.

Aber schon ein knappes Jahr später, nach meinem nächsten Wohnortswechsel von Florenz wieder nach Zürich, diesmal in das dortige Gymnasium, änderte sich dies. In meinem nebenschulischen, privaten Klavierunterricht am Zürcher Konservatorium ließ mich mein erster Zürcher Lehrer systematisch hintereinander einige von Bachs »Französischen Suiten« studieren, und ich betrieb dies jetzt mit solchem Eifer, dass der Bann bald gebrochen war und ich ab da langsam mein besonderes, bleibendes Verhältnis zu Bach aufzubauen begann.

Die intensive Beschäftigung mit Bach erfolgte jedoch erst nach meinem Abitur während meines Musikstudiums in der Klavierklasse von Hans Andreae, an dessen Mitwirkung an der denkwürdigen Aufführung der Johannes-Passion am Cembalo rund zwölf Jahre vorher in der Zürcher Tonhalle ich mich genau erinnerte. Andreae wurde für mich in der Tat ein wegweisender Experte der Interpretation des Cembalo- bzw. Klavierwerks von Johann Sebastian Bach, wobei er mir von Anfang an seine Auffassung vermittelte, dass das Klavier kein degeneriertes Cembalo sei, sondern ein selbständiges Instrument, das eine ganz eigene Wiedergabe von Bach-Werken für Tasteninstrumente verlange. Damit meinte er, dass man mit den weit über das Cembalo hinausgehenden Möglichkeiten der Anschlagtechnik des Pianoforte die nichtkirchliche Musik Bachs noch sehr viel mehr zur Entfaltung bringen könne als mit den Bach selbst bekannten Tasteninstrumenten. So studierte ich bei ihm eingehend die eine oder andere der Englischen Suiten und Partiten und insbesondere mehrere Präludien und Fugen vor allem aus dem Ersten Band des »Wohltemperierten Klaviers«. Noch heute kann ich Andreaes vielfältige und interessante Bleistifteintragungen in meine aus den vierziger Jahren stammende Klavierwerkausgabe von Hans Bischoff nachlesen oder nachspielen, und ich habe auch noch meine späteren Lehrer damit beeindrucken können. Es gab insbesondere zwei Präludien mit einer jeweils fünfstimmigen Fuge aus dem ersten Band des »Wohltemperierten Klaviers«, in die ich mich zusammen mit Andreae bis zum Auswendiglernen vertiefte und beide fünfstimmigen Fugen in ihrer diametralen Unterschiedlichkeit miteinander verglich. Obwohl ich wusste (und eigentlich nur das wusste), dass Bach ein gläubiger Protestant war, äußerte ich einmal während des Unterrichts – wie in einer Vorahnung meiner eigenen erst Jahre später erfolgenden Hinwendung zum Katholizismus –, dass die cis-Moll-Fuge nach meinem Empfinden ein typisch protestantisches Werk sei, die b-Moll-Fuge hingegen ausgesprochen »katholisch« anmute. Andreae überlegte kurz und bejahte dies dann mit einem gewissen Staunen über diesen Vergleich und lieferte sogar die Begründung dafür mit seinen eigenen Gedanken: Bei der cis-Moll-Fuge müsse man sich das Heil erst verdienen, sagte er, und bei der b-Moll-Fuge würde es einem gleich geschenkt.

Dieser Gedanke hat mich nie wieder losgelassen, und ich habe mich seitdem oft gefragt, wie Johann Sebastian Bach zu einer »katholischen« Fuge kommen konnte.

BACH UND DIE FRAGE DER RELIGION

Erst sehr viel später konnte ich unter anderem aus der großen Bach-Biographie von Christoph Wolff nachlesen, dass einem universalen Geist wie Johann Sebastian Bach ein engstirnig orthodoxes Luthertum fernliegen musste. Dazu kam, dass für Bach, anders als bei Heinrich Schütz, Jan Pieterszoon Sweelinck oder Samuel Scheidt, die Reformation schon fast hundert Jahre zurücklag und die Bindung von Bachs protestantischen Zeitgenossen an das Gedankengut der Reformation im ausgehenden Barockzeitalter sich wohl etwas gelockert hatte. Die Verbindung von künstlerisch unübertroffenem Schaffen und tiefer protestantischer Religiosität bei Johann Sebastian Bach war so einmalig, dass man – nach Martin Luthers besonderem Verdienst, über den Gottesdienst Musik zu einem zentralen Volksgut zu machen – versucht sein könnte, ihn als den zweiten Reformator nach Luther zu bezeichnen. Man kann Bachs Werk auch als Gipfelpunkt lutherischer und überhaupt christlicher Kirchenmusik betrachten und mit dem schwedischen Bischof Nathan Söderblom seine Musik als »fünftes Evangelium« bezeichnen (vgl. Birger Petersen-Mikkelsen: Praedicatio sonora. Musik und Theologie bei Johann Sebastian Bach. In: Kirchenmusik und Verkündigung – Verkündigung als Kirchenmusik. Zum Verhältnis von Theologie und Kirchenmusik. – Eutiner Beiträge zur Musikforschung, Bd. 4 – Selbstverlag, Eutin 2003, S. 45–60; S. 47 mit Anm. 5).

Johann Sebastian Bach stammt von einer geographisch weitverzweigten lutherisch-protestantischen Familie mit zahlreichen Kantoren, Organisten und Stadtpfeifern ab, die sich bis ins 16. Jahrhundert zurückverfolgen lässt. Die noch erhaltenen schriftlichen Äußerungen Bachs weisen auch ihn selbst als tiefgläubigen Lutheraner aus. Trotzdem lag gerade ihm jede Art von kleinlicher Abgrenzung von liberalprotestantischen oder auch von nichtprotestantischen Kreisen fern. Bach hatte nicht nur in Köthen eine enge persönliche Beziehung zu seinem herzoglichen Dienstherrn, obwohl dieser Calvinist war. In seiner Leipziger Zeit komponierte er für den Dresdner katholischen Hof die h-Moll-Messe, womit er einen Konflikt mit seinen konservativen theologischen Vorgesetzten, wie beispielsweise dem Leipziger Superintendenten Salomo Deyling, riskierte, zumal Bach gerade dieses Werk besonders am Herzen gelegen gewesen war. Was Bachs Zugehörigkeit zum Protestantismus betrifft, so plädiert der theologische Bach-Forscher Martin Petzold für eine differenzierte Sichtweise. Bach habe als der »Ausleger der Bibel« spätestens in seinem letzten Lebensjahrzehnt zu einer »veränderten Frömmigkeit« gefunden (M. Petzold: Bach als Ausleger der Bibel. Göttingen 1985, S. 109).

In diesem Zusammenhang ist interessant, dass Bach nach dem Zeugnis seines Sohnes Carl Philipp Emanuel als Autodidakt ohne verbürgten Kompositionsunterricht von Jugend an die Werke unterschiedlichster Komponisten studiert und aus ihnen durch Hören, Lesen, Abschreiben, Transkribieren und Bearbeiten gelernt hat.

> Der seelige hat durch eigene Zusätze seinen Geschmack gebildet … Blos eigenes Nachsinnen hat ihn schon in seiner Jugend zum reinen und starcken Fughisten gemacht … Durch die Aufführung sehr vieler starcken Musiken, … ohne systematisches Studium der Phonurgie hat er das Arrangement des Orchesters gelernt.
> *(Carl Philipp Emanuel Bach, Nekrolog 1754)*

Dabei war Bach zwar mit den Werken von protestantischen mittel- und norddeutschen Komponisten wie Johann Pachelbel, Johann Gottfried Walther, Dieterich Buxtehude und Nikolaus Bruhns und insbesondere auch mit der des Niederländers Jan Pieterszoon Sweelinck sehr vertraut, und es lässt sich auch unschwer ein Einfluss der Musik etwa von Georg Philipp Telemann und Georg Friedrich Händel auf seine Werke erkennen. Trotzdem ist bei ihm auch eine starke kompositorische Orientierung an zahlreichen seiner katholischen Kollegen in Italien wie Giovanni Pierluigi da Palestrina, Girolamo Frescobaldi, Arcangelo Corelli, Giuseppe Torelli, Alessandro Marcello, Tomaso Giovanni Albinoni und besonders an Giovanni Batista Pergolesi und Antonio Vivaldi unüberhörbar gegeben, und zu seiner Musikbibliothek gehörten auch mehrere Franzosen, darunter besonders François Couperin. Von Pergolesis bis in Mozarts »Requiem« nachwirkenden »Stabat Mater« war Bach nicht einmal zehn Jahre nach der Entstehung dieses noch unveröffentlichten Werks in Neapel so fasziniert, dass er, ausgehend von diesem, die deutsche Bearbeitung »Tilge, Höchster, meine Sünden« BWV 1083 einrichtete.

Auch nach Beendigung meines Musikstudiums in Zürich mit Klavierdiplom und praktischem Dirigierunterricht und einem daran sich anschließenden Jahresdirigentenkurs bei Franco Ferrara an der Accademia Santa Cecilia in Rom und auch Jahre später nach meiner weitgehenden inneren Abwendung von den Grundanschauungen vor allem der katholischen Religion als promovierter Theologe blieb ich mit der Musik Bachs innerlich eng verbunden. Scheinbar paradoxerweise entdeckte ich sogar während meiner »atheistischsten« Zeit in den frühen siebziger Jahren für mich das Universum des von christlicher Gläubigkeit besonders erfüllten Bachschen Orgelwerks, in welches ich mich, zusätzlich zu den Passionen und zur h-Moll-Messe, mit ausgiebigem Hören von Schallplatten und von Kassetten während oft stundenlanger Autofahrten vertiefen konnte. Als ich schließlich, nach längeren Umwegen, etwa zur Jahrtausendwende auf religionsübergreifender Ebene den Weg sehr langsam und teilweise zurück in die Theologie fand und ich damals gerade für ein von der Orgel als der »Königin der Instrumente« handelndes Romanprojekt recherchierte, wandte ich mich neben dem Klavierspiel auch der Orgel zu. Ich hatte mehrere Jahre Unterricht bei einem Kantor und eignete mir für meinen Roman auch einige Grundkenntnisse im Orgelbau an. Und wieder gab es für mich, neben den für mich spannend neuartigen Orgelwerken von Felix Mendelssohn Bartholdy, Josef Gabriel Rheinberger, Nicolaus Bruhns und Dieterich Buxtehude, um nur wenige zu nennen, letztlich immer nur wieder Bach, Bach, Bach. Ich eroberte mir dessen für mich technisch eben noch zu bewältigende Orgelwerke auf den verschiedenen Manualen und dem Pedal »meiner« diverser Orgeln und drang so immer neugieriger in die faszinierende und vom Klavier völlig verschiedenartige Welt des Orgelspiels vor allem von Johann Sebastian Bach ein.

Neben verschiedenen Orgeln in Deutschland und in der Schweiz und sogar einer in den USA gab es für mich in der kleinen romanischen Klosterkirche in Nikolausberg ein besonderes Instrument, auf dem ich zeitweise fast täglich üben durfte und auch hauptsächlich meinen Orgelunterricht bekam.

Die betreffende Orgel hatte nicht nur einen besonders edlen und starken Klang, sondern sah auch so hübsch aus, dass ich bei ihrem Anblick jedes Mal an eine Engelsorgel denken musste. Der oben auf der Empore dem Kirchenschiff und dem Altar zugewandte Prospekt bestand aus einer schlichten Holzverkleidung des Pfeifenhauptwerks mit nur spärlicher Ornamentik an dessen Spitze, und er war, abgesehen von einigen Goldverzierungen oben, mit demselben durchgehenden Blau angestrichen wie die Holzverkleidung des Spieltischs, die Orgelbank und der Pfeifenkasten des Rückpositivs. Zu Füßen der zwei Manuale war die offene Pedalklaviatur ausgebreitet.

Ich erinnere mich besonders an einen Nachmittag, an dem ich konzentriert und ganz für mich mehrere Stunden lang in der Abgeschiedenheit der an diesem Tag völlig leeren Kirche spielte, geschützt durch die balkonartige Absperrung der Empore. Mitgenommen hatte ich ausschließlich Werke von Johann Sebastian Bach: dessen »Orgelbüchlein«, die »Pastorella«, die schwer spielbaren sechs Triosonaten und die acht kleinen Präludien und Fugen, die offiziell Bach zugeschrieben werden, in Wirklichkeit jedoch von dessen Meisterschüler Johann Ludwig Krebs stammen, von seinem Lehrer »der Krebs im Bach« genannt. In Anbetracht der Vielfalt und Dichte der 45 zwar kurzen, aber wegen ihres Textbezugs sehr vielschichtigen Choralbearbeitungen des »Orgelbüchleins« begann ich lieber mit der gleichmäßiger und großräumiger angelegten »Pastorella«. Ich ließ mich von den wie endlos scheinenden, langsamen Auf- und Abwärtsbewegungen der Achtelfiguren über einem jeweils mehrtaktigen Pedalorgelpunkt im ersten Satz immer weiter wie in sehnsüchtige Fernen ziehen. Auf keinen Fall stehen bleiben, dachte ich. Nichts verstandesmäßig ergründen wollen, nichts hinterfragen, einfach weiterspielen, ohne Verzögerungen und ohne verbesserndes oder experimentierendes Wiederholen. Der melodische Duktus und die harmonische Struktur waren in sich allein tragfähig. Ich wollte auch nach Beendigung dieses ersten Satzes gleich in den nächsten übergehen, dessen Inhalt gleichermaßen in mich aufsaugen, wie ein Verdurstender. Im dritten Satz fühlte ich mich auf Anhieb in den Bann gezogen von den klagenden Sechzehnteltriolen der Oberstimme und deren wie ein Pulsschlag gleichmäßig dahintreibenden Achtelbegleitung, die ich mit der linken Hand auf dem oberen Manual des Rückpositivs mit entsprechend sanfter Registrierung spielte. Das Auffallendste in diesem Satz war die paradoxe Verbindung von Rastlosigkeit und Versenkung, die mich beim Spiel fast in eine Trance trieb. Dazu kam der einzigartige Klang des Stücks auf der Orgel. Anders als beim Klavier, erlaubte mir der weiche und runde Einsatz eines Orgeltons und dessen unveränderte Fortdauer bis zum Loslassen der Taste, besonders in der sakralen Atmosphäre eines Gotteshauses, noch tiefer in meine eigene Mitte zurückzufinden. Verstärkt wurde dies durch das räumliche Erleben des Orgelklangs, dessen verschiedene Klaviatursysteme wie Orchesterstimmen aus verschiedenen Richtungen ans Ohr drangen, das Hauptwerk von oben, das Pedalwerk seitlich und das Rückpositiv von hinten. Dadurch fühlte ich mich gleichsam im Zentrum aller Klänge, die sich von Kopf bis Fuß über mich ergossen. Nur dass ich dabei, im Unterschied zu einem Orchesterspieler, diese Klänge alle gleichzeitig selbst produzierte. Ich fühlte mich bald vollständig in eine Welt der Ruhe und der harmonischen Übereinstimmung mit mir selbst versenkt, befreit von jeder verletzenden Zerrissenheit.

Nach dem dritten Satz der »Pastorella« fühlte ich mich so reich beschenkt, dass ich eine Weile unterbrechen musste, um mich auszuruhen und die mich umgebende Stille zu genießen. Und nach einer kurzen Weile verspürte ich plötzlich Lust, aus meiner wie neu gewonnenen Ruhe und Sicherheit heraus mich auch rational-analysierend mit der Musik auseinanderzusetzen, statt mich von ihr nur passiv wie von einer Welle in die Unbeschwertheit hineintragen zu lassen.

Ich schlug das »Orgelbüchlein« auf und entschied mich gleich für den autographisch ersten Choral »Nun komm der Heiden Heiland«. Ich probierte zuerst verschiedene Register aus. Da ich die verhalten sanfte Spielversion dieses Chorals bevorzugte, beschränkte ich mich nur auf Achtfüßer im Hauptwerk, die ich ans Pedal koppelte. Dann legte ich aus dem Gedächtnis den dazugehörigen Choraltext unter und versuchte, während ich bestimmte Passagen mehrfach wiederholte, die typischen Grundmuster des Choralsatzes herauszuarbeiten. Dazu gehörten sowohl die wiegenden Figuren im Pedal für die Krippe des Kindes als auch die sich kreuzenden Sechzehntelfiguren als musikalisch-rhetorische Vorankündigung des Kreuzes bereits in der Krippe, wobei diese Ankündigung geradezu drastisch am Anfang des drittletzten Takts zum Ausdruck kam durch den Absturz des Pedals gleichsam ins Nichts aufgrund einer Sechzehntelpause aller anderen Stimmen. Ähnlich ging ich vor im Choral ›Gelobet seist du Jesus Christ‹, den ich zweimanualig spielte. Wegen dessen vergleichsweise einfacher und durchsichtiger Struktur spielte ich ›Vater unser im Himmelreich‹ gleich zweimal hintereinander ohne Unterbrechung durch, bevor ich mich wieder ausführlicher mit den komplizierten und symbolträchtigen Verzierungen in ›O Mensch, bewein dein Sünde groß‹ beschäftigte.

Irgendwann warf ich auf der beleuchteten Insel meines Spieltischs einen Blick auf die Uhr. Verblüfft bemerkte ich, wie rasch die Stunden verronnen waren. Wenigstens das F-Dur-›Adagio e dolce‹ aus der dritten Triosonate wollte ich noch zum Ausklang spielen, weil es rhythmisch und stimmungsmäßig besonders gut zum dritten Satz der ›Pastorella‹ passte, durch die ich so wunderbar zu meinem inneren Gleichgewicht zurückgefunden hatte. Als ich kurz aufstand, um die vorhin zur Seite gelegten Noten zu holen und mich umdrehte, erblickte ich plötzlich direkt unter der Empore im Kirchenschiff ein junges, bildhübsches Mädchen, welches mit großen, aufmerksam forschenden Augen zu mir hochschaute. Ich erschrak ein wenig. Ich hatte sein Kommen nicht bemerkt. Wie lange es wohl schon dastand und zuhörte? Hatten die durch das Schiff hallenden Orgelklänge eine ähnliche Wirkung auf das Mädchen gehabt wie auf mich selbst während meines eigenen Spiels? Hatte es vielleicht, wie ich, in der Kirche Ruhe gesucht, oder war es durch mein Spiel angelockt worden? Etwas scheu zog ich mich von der Brüstung zurück und begann den Satz aus Bachs Triosonate zu spielen.

Nach dem Verklingen des Schlussakkords öffnete ich das in der Holzverkleidung über mir eingebaute Türchen und betätigte den Schalter, um das Licht über dem Notenpult und das Gebläse abzuschalten. Dann packte ich meine Noten in meine Mappe, tauschte meine Orgelschuhe gegen meine Straßenschuhe aus und verließ die Empore. Ich stieg die Treppe hinunter, um unten die Tür abzuschließen. Als ich das Kirchenschiff betrat, war das Mädchen von vorhin verschwunden.

Ich denke, dass diese besondere Erfahrung gerade bei der Wiedergabe von Orgelwerken Johann Sebastian Bachs, raum-zeitliche und ästhetische Musikwahrnehmung und Musik-wiedergabe in existentielle Erlebnisdimensionen und in eine intensive geistige Verinnerlichung zu transzendieren, prägend gewirkt hat auf meine Rezeption Bachscher Werke auch auf an-deren Instrumenten.

Bachs Wirken bis in die Gegenwart

Mich hat zeitlebens nicht nur der »Ur-Bach« auf der Orgel und dem Cembalo bzw. dessen spätere Übertragung auf das Forte-piano sowie auf andere Instrumente interessiert. Gleichermaßen fasziniert haben mich auch die zahlenmäßig mit keinem ande-ren Komponisten vergleichbaren Neubearbeitungen und Adap-tionen durch Musiker verschiedenster Stilrichtungen im Lauf von Jahrhunderten bis in die Gegenwart. Die um 1810 geborene Generation romantischer Komponisten nahm sich die Werke Bachs vielfältig zum Vorbild. Für Felix Mendelssohn Bartholdy, Robert Schumann, Frédéric Chopin und sogar Franz Liszt waren sie zum Teil eine wichtige Voraussetzung für das eigene Schaffen. Vor allem Transkriptionen inspirierten Generationen von Pia-nisten und Komponisten wie Johannes Brahms, Camille Saint-Saëns, Ferruccio Busoni, Max Reger und Béla Bartók. Sie vermit-telten Bachs Musik auf einem nicht aus Bachs Zeit stammenden Instrument, nämlich auf dem Klavier. Dies gilt besonders für Franz Liszt (1811–1886), der im Geiste seiner Zeit »seinen« Bach auf »sein« Instrument brachte und damit als eigenes »Marken-zeichen« Bach zu einer individuellen Renaissance erhob. Liszt setzte sich dabei vor allem als Erster ernsthaft mit dem polyphonen Orgelspiel auseinander und veröffentlichte, als zweiten Band einer neuen Ausgabe von Bachs Orgelmusik, Klaviertranskriptionen u. a. von »Sechs Präludien und Fugen für die Orgel-Pedal und -Manual von Johann Sebastian Bach. Für das Pianoforte zu zwei Händen gesetzt von Franz Liszt.« Dort verdoppelte Liszt vor allem die Bassnoten des Pedalparts zu einem majestätischen Klang der tiefsten Stimme. Auch das Tonhaltepedal war für ihn ein Mittel sowohl zur Intensivierung der Klangfarbe als auch zum Festhalten der Töne, die auf der Orgel nach dem Loslassen verstummen. Ansonsten ergänzte Liszt bewusst Bachs Tempo- und Dynamikangaben oder Phrasierungsvorschriften nicht mit eigenen Vorschlägen, weil er die Vorlage möglichst im Original belassen wollte.

Eine bemerkenswerte und schöne Wiedergabe von Liszts Präludium und Fuge in a-Moll für Klavier nach Bachs Orgelwerk BWV 543 ist auf der mehrfach ausgezeichneten Debüt-CD der damals Anfang zwanzigjährigen georgischen Pianistin Khatia Buniatishvili aus dem Jahr 2011 mit Werken von Franz Liszt enthalten – mit Bachscher Transparenz und Klarheit in der polyphonen Stimmführung und gleichzeitig mit großer Ausdrucksintensität und Zugkraft gespielt, die jedoch nie ins Romantisieren abgleitet, sondern ganz im Sinne von Liszt dem Geiste Bachs verpflichtet bleibt.

Im 20. Jahrhundert wurden die Werke Bachs zunehmend Gegenstand historischer Aufführungspraxis. Einen grandiosen Anfang machte Wanda Landowska 1903 mit ihrem ersten öffentlichen und dann über Jahrzehnte fortgesetzten und erweiterten Cembalo-Recital. Ein weiterer Meilenstein der Bach-Interpretation sind die sich durch Klarheit und tiefes Verständnis des Kontrapunkts auszeichnenden Einspielungen des kanadischen Pianisten Glenn Gould. In meinen Augen sehr viel weniger bedeutend, aber erwähnenswert sind die vielen populären Bach-Adaptionen wie »Play Bach«, die Swingle Singers oder die aus der Bachschen Polyphonie und Fugentechnik bezogenen Anregungen von Jazz-Musikern wie Dave Brubeck oder vom Modern Jazz Quartet. Sehr viel seriöser hat sich Alban Berg in seinem Violinkonzert (1935) an einem Choral in der Bach-Kantate »O Ewigkeit, du Donnerwort« orientiert, und Arvo Pärt hat 1964 eine später von ihm zu seinem »Concerto Piccolo« erweiterte Collage über B-A-C-H verfasst. Bachs Bedeutung erstreckte sich im 20. Jahrhundert bis hin nach Brasilien mit einer allgemeinen Referenz an Bach in den »Bachianas Brasileiras« von Heitor Villa-Lobos.

Nach unserem ausführlichen Gespräch über Bach, das sich an Marion Winklers Wiedergabe von Präludium und Fuge in Es-Dur aus dem ersten Band des »Wohltemperierten Klaviers« entzündete, begleitet mich meine Gastgeberin am Ende meines Besuchs in Larkspur zur Tür. Als Erstes durchqueren wir einen kleinen, dunklen Raum im alten Teil ihres Wohnhauses.

»Erinnern Sie sich noch?«, ruft sie mir mit ihrer auch noch heute melodiös klingenden Stimme emphatisch zu und zeigt in jenem Raum auf eine Zimmerwand, die mir aufgrund ihres offenbar schon sehr lange nicht mehr erneuerten Braunanstrichs sofort irgendwie vertraut vorkommt. »Hier stand das Klavier, an dem wir gesessen haben«, sagt sie. Ja, stimmt, denke ich und nicke. Dieser Raum und diese Wand mit dem Klavier. Jetzt sehe ich vor mir auch die unscharfe Silhouette von Marions damaligem jüngerem Gesicht mit der entsprechend andersartigen Frisur, und ich höre wieder ihre immer beruhigend freundlich wirkenden Kommentare zu meinem Kinder-Geklimper.

Ich habe es zeitlebens immer als Mangel empfunden, von dem für mich größten und geheimnisvollsten aller Musiker, sozusagen dem Urheber der Gesetztafeln der Musik – von Johann Sebastian Bach also –, kaum eine Vorstellung der äußerer Erscheinung und des alltäglichen Lebens des *Menschen* Bach zu haben. Was dessen wirkliche Gesichtszüge, seinen Charakter, seine menschlich allzu menschlichen Seiten, sein Lieben und Hassen, seinen Ausdruck von Freude und Schmerz, Hoffen und Verzweifeln betrifft, so habe ich mir aus den diesbezüglich überaus blassen Andeutungen in seinen Biographien nur höchst Unscharfes über dieses einzigartige Urgestein unserer Kulturgeschichte zusammenreimen können. Ist etwa Bachs uns überlieferte Bescheidenheit, seine aus seiner geistigen Disziplin erwachsende Neigung zur Zurücknahme und Entsagung der Grund für die erschwerte Zugänglichkeit zu seiner Person und zu seinem Leben? Seine gestochen klare Notenschrift, sein winziger Namenszug, das graphologisch aufschlussreiche, millimeterweise Einrücken seiner Briefhandschrift von Zeile zu Zeile könnte ein Hinweis darauf sein. Diese Art der Entsagung mag in Bachs letzten Lebensjahren im Vordergrund gestanden haben. Für das praktische Fehlen ergiebiger Primärquellen und für die Beschränkung der Dokumentation des Menschen Bach auf ein verschwindendes Minimum gibt es jedoch noch eine weitere Erklärung, die wir im Insel-Büchlein von Wolfgang Hildesheimer (Der ferne Bach. Frankfurt am Main 1985/1994) kurz und prägnant nachlesen können.

Dass von Bach kaum ein Zeugnis seiner seelischen oder körperlichen Befindlichkeit und nichts wirklich Greifbares der inneren Beziehung zu seinen Mitmenschen vorhanden ist, liegt nach Hildesheimer in erster Linie in der Zeit des deutschen Barocks, dem jede individuelle Lebensäußerung fremd gewesen ist, sofern diese nicht in eine vorgeprägte, artifizielle Ausdrucksform eingefügt war.

Von den wenigen persönlichen Briefen Bachs ist beispielsweise der an seinen Jugendfreund Georg Erdmann mit »Euer Hochwohlgeboren gantz gehorsamst-ergebener Diener« unterschrieben. Und nur zwischen den Zeilen der zeittypischen, unaufhörlichen Bekundung gestelzter Devotion und untertäniger Ehrerbietung und der Aneinanderreihung von Floskeln und amtsüblichen Formulierungen, durchwirkt von lateinischen oder französischen Ausdrücken oder Phrasen, sind Zwischentöne der Seele und wirklich menschliche Regungen herauszuhören. Dieses Fehlen an individueller Differenzierung endet selbstverständlich nicht mit dem Ausklang des Barockzeitalters. Es zieht sich, wenngleich in zunehmend abgeschwächter Form, bis in das späte 19. Jahrhundert hinein, und Hildesheimer sagt völlig richtig, dass es so aussieht, »als sei das individuelle Seelenleben nicht älter als die Wissenschaft, die sich damit befaßt«, also die tatsächlich erst im 19. Jahrhundert entstehende wissenschaftliche Psychologie.

Das Zurücktreten des Individuums hinter dem jeweils herrschenden Weltbild und den von diesem diktierten gesellschaftlichen Normen ist im Barock besonders ausgeprägt. Leiden und Schmerzen waren unter den Lebensbedingungen des Mittelalters und der beginnenden Neuzeit vermutlich stärker und häufiger als heute, aber die Leidensfähigkeit war größer und der Schmerzsinn weniger ausgebildet. Die Seele war nicht weniger verletzlich, aber um vieles undifferenzierter. Weiter dazu Hildesheimer: »Gesetze zum Schutz von Frauen gab es weder von staatlicher noch von individuell-ethischer Seite, Frauen wurden verbraucht. Schwangerschaft war denn auch der Normalzustand der beiden Frauen Bachs ... Lebenserwartung war nicht Gegenstand disponierender Spekulation, sondern gottergebener Bescheidung. Das Lebensgefühl umfasste keine Sehnsucht nach Unerreichbarem – außer natürlich der Erlösung im religiösen Sinn – das Weltbild war enger … Es manifestierte sich … in heftigem verbalen Ausdruck und pathetischer Gebärde, in von Gestik und Mimik unterstrichener Emphase. Die Frage, ob darunter eine tiefere Erlebnisschicht gelagert war … können wir nicht mehr beantworten.« (a. a. O., S. 22 f.). Dass dies besonders gilt für das nur wenige Jahrzehnte zuvor vom Dreißigjährigen Krieg auch seelisch schwer heimgesuchte und in seiner kulturellen Entwicklung zurückgeworfene Deutschland Bachs und seiner Landsleute und dass vor allem das von der Renaissance geprägte Italien auch auf musikalischer Ebene deutlich schneller war in seiner Loslösung vom antiindividuellen Weltbild, werde ich gleich zu zeigen versuchen.

Dementsprechend ist in Deutschland zu Bachs Zeit Musik kaum unter ästhetischem und noch weniger unter kritischem Gesichtspunkt betrachtet worden, und die Qualität der Musikinterpretation war kein Gegenstand der Reflexion. Die Bachsche Kantate etwa war in erster Linie Gebrauchsmusik für den Gottesdienst, in dem die Kirchgänger, die ihre kraftschöpfende innere Orientierung nach der textlich und musikalisch vermittelten zentralen und universalen göttlichen Ordnung ausrichteten, sich selbst zu reuezerknirschten Sündern und Büßern zu machen hatten. Insgesamt war es weder bei Bach noch auch bei sonst jemandem im damaligen Deutschland üblich, Texte mit weniger tiefgründiger, aber dafür umso lebensfreundlicherer Poesie zu vertonen (a. a. O., S. 28 ff.). Ich erinnere mich noch an eine mir mündlich übermittelte Parodie Bachscher Kantatentexte durch Theodor W. Adorno, die so raffiniert ist, dass noch heute selbst eingefleischte Kirchenkantoren einige Sekunden brauchen, um den krassen Sarkasmus zu durchschauen: »Mein Herz ist vergnüget, weil mein Jesus muss leiden.« Ich kann mir jedenfalls kaum vorstellen, dass mir als damaligem Gottesdienstbesucher mit einer bei Bachs Kantaten auferlegten, selbstkasteienden Gottesfürchtigkeit wohl zumute gewesen wäre.

Musik zur Zeit Bachs und selbst noch zur Zeit Haydns war im deutschsprachigen Bereich ein breites Kommunikationsmittel. Auch in den ärmsten Hütten wurde musiziert, und praktisch jedes Kind spielte ein Instrument. Musik hatte primär eine universale und gesellschaftliche Bedeutung und Bestimmung mit vorgegebener ethisch-religiöser Tiefendimension, ohne jeden Blick für eine freie individuelle, kritische Reflektion oder Infragestellung ihrer äußeren wie inneren Struktur. Genau dies macht es für uns fast unmöglich, uns aus heutiger Sicht in die Erlebnisdimensionen des einzelnen Menschen zur Zeit des Barock hineinzuversetzen. Und genau darin liegt auch die Herausforderung, mit der sich die Schule der »historischen Aufführungspraxis« konfrontiert sieht.

Auch wenn ich die nähere Kenntnis der alltäglichen, menschlich-biographischen Seite des Lebens besonders von Johann Sebastian Bach weiter vermisse, so gilt dies weniger für den Zugang zu möglichen biographischen Hintergründen einzelner seiner Kompositionen. Denn Bachs Musik ist von einem so einmaligen Zusammenfließen künstlerischer und kompositionstechnischer Vollkommenheit und so sehr mit der Kraft universal-transzendenter Botschaften erfüllt, dass mir etwaige biographische und situativ emotionale Impulse für sein Musikschaffen sekundär erscheinen und sich mir deshalb die Frage nach dessen »Sitz im Leben« sehr viel weniger stellt als bei anderen, nicht ganz so bedeutenden Komponisten. Umso neugieriger blicke ich jetzt im Folgenden auf eine andere europäische Region musikalischen Schaffens etwa zur selben Zeit, aber mit einer sehr andersartigen kulturellen und politischen Vorgeschichte. Dieser Hintergrund hat das Verhältnis von gesellschaftlichem Bewusstsein und dem individuellen Erleben nicht nur des Musikschaffenden, sondern auch des Musikausübenden und -hörenden entsprechend anders geprägt. Es ist die Musik der späten Renaissance in Italien.

Allmähliche Zentrierung auf den Menschen: Italienische Renaissance, Klassik und Frühromantik

»Die freyen Künste, und die so schöne Wissenschaft der Composition dulden keine Handwerks-
Fesseln: Frey muß das Gemüth, und die Seele seyn,
wenn man … sich Verdienste sammeln will.«
(Joseph Haydn, 1779)

Frühe Säkularisierungsbestrebungen
in Italien und Frankreich

Die venezianische Schule:
Claudio Monteverdi (1567 – 1643)

Im Vergleich zur zentralen Ausrichtung der Musik Bachs und
der großen deutschen Meister vor ihm am Lob Gottes – dem
»harmonischen Wesen« und Garanten von Harmonie, Ordnung, Schönheit und Vollkommenheit – ist die Musik der italienischen Renaissance des 16. und 17. Jahrhunderts, also ungefähr
hundertfünfzig Jahre vor Bach, trotz ihrer großen Zahl auch sa-
kraler Werke vor allem geprägt von einer sinnlichen und bunten,
fast unbekümmerten Lebensfreude. Die dramatische Kraft der
bereits im 17. Jahrhundert zahlreich existierenden italienischen
Opernwerke sind, so wie die Musik allgemein, Ausdruck des
damaligen, sich insgesamt immer weltlicher und selbstbewusster
gebärdenden Individuums südlich der Alpen. Auch das Leben
der italienischen Musikschaffenden verläuft zu dieser Zeit kon-
turreicher, bewegter und farbiger als das ihrer nordeuropäischen
Zeitgenossen.

Unter den Varianten des italienischen Musiklebens in den
verschiedenen Städten während der italienischen Renaissance
ragt die Venezianische Schule mit ihrem ausgeprägten Kontrastreichtum in Dynamik und Klangfarbe und in der Erkundung der

Chromatik besonders heraus. Unter den bedeutendsten Komponisten der Venezianischen Schule sind hervorzuheben Cipriano de Rore, Giovanni Croce, Andrea und Giovanni Gabrieli und vor allem der Komponist, Gambist, Sänger und Priester Claudio Monteverdi aus Cremona, dessen Wirken etwa ein Jahrhundert vor Bachs Geburt einsetzte.

Nach gründlicher musikalischer Erziehung durch den Kapellmeister der Kathedrale von Cremona veröffentlicht Monteverdi bereits als Fünfzehnjähriger seine erste, noch ganz und gar geistlich geprägte Werksammlung. Aber schon zwei Jahre später folgt sein erstes Madrigalbuch bereits mit nur weltlichen Werken. Als junger Mann wirkt Monteverdi über zwanzig Jahre lang am Hof des Herzogs von Mantua als *Cantore* und Kapellmeister. Von dort aus bereist er Flandern, wo er die Meister des franko-flämischen Stils kennenlernt und von ihnen Impulse für seine harmonischen Neuerungen bezieht, die über die klassischen Regeln des Kontrapunkts hinausgehen. Wieder zurück am Hof, komponiert er weitere Madrigalbücher. Von deren monodischer Struktur (dem akkordisch begleiteten Einzelgesang) vollzieht er bald einen weiteren wichtigen Schritt zur Entwicklung der Bühnenmusik und komponiert als Auftragswerk anlässlich des jährlichen Karnevals in Mantua 1607 das üppig instrumentierte *Dramma per musica* »L'Orfeo«, sein erstes Opernwerk voller dramatischer Kraft und Emotionalität und mit ausladenden Koloraturarien. Aus dieser Zeit stammt auch die berühmte sakrale, aus monodischen und polyphonen Teilen bestehende *Marienvesper*, ein Werk, das ich in den späten siebziger oder frühen achtziger Jahren in einer Aufführung durch die von meinem Freund Dr. Hans Grüß gegründete Leipziger Capella Fidicinia in der Burg zu Meißen erleben konnte und das einen überaus bewegten Eindruck hinterließ.

Mit Monteverdis Tätigkeit Jahre später als Kapellmeister am Markusdom in Venedig folgt seine produktivste Zeit. Nach seiner Weihe zum Priester, etwa zehn Jahre vor seinem Tod, entstehen dort viele seiner bedeutendsten Vokalwerke, allerdings vor allem weltlicher Art, wobei er sich im Vorwort zu einem seiner Madrigalbücher sogar als Erfinder des sogenannten »erregten Stils« *(genere concitato)* bezeichnet, der die Musik erst »vollständig« oder »vollkommen« gemacht habe (s. Gerald Drebes: Monteverdis Kontrastprinzip, die Vorrede zu seinem 8. Madrigalbuch und das »Genere concitato«. In: Musiktheorie, Jg. 6, 1991, S. 29–42). In Venedig entstehen ca. 25 »musikdramatische Werke«, neben Balletten, Kantaten, Prologen, Intermedien und dramatischen Madrigalen sind es etwa achtzehn Opern, von denen viele verlorengegangen oder unvollständig erhalten sind; nur drei wurden vollständig überliefert. Mit diesen führt Monteverdi allerdings das von den Florentinern (vor allem Jacopo Peri) kurz vor der Jahrhundertwende als neue musikalische Form entwickelte Musikgenre der Oper zu seinem ersten Höhepunkt. Dazu gehört, für mich jedes Mal ein besonderes Klangerlebnis, sein bekanntestes, innovatives Opernwerk »L'incoronazione di Poppea«. In dessen Mittelpunkt steht die von einem Kastraten dargestellte historische Figur des römischen Kaisers Nero, dessen brutaler Charakter plakativ mit betont virtuoser Musik dargestellt wird – ein wahres Musterbeispiel der frühen venezianischen Oper.

Im deutschsprachigen Teil Europas wird die profane Musikgattung der Oper erst hundertfünfzig Jahre später, in der zweiten Hälfte des 18. Jahrhunderts, richtig Fuß fassen, nämlich mit dem 1714 geborenen »Vorklassiker« Christoph Willibald Gluck, einem entscheidenden Opernreformer aus Deutschland, der nach entscheidenden Anregungen und ersten Opernschöpfungen in

Italien seine bedeutendsten Werke in Paris schrieb, und dann natürlich, auf dem Höhepunkt der Wiener Klassik, mit Mozarts monumentalem Opernwerk.

DER FRANKO-ITALIENER JEAN-BAPTISTE LULLY (1632–1687)

Zeitlich trennt den in Florenz geborenen und im frühen Jugendalter nach Frankreich übergesiedelten Komponisten und Balletttänzer Giovanni Battista Lulli bzw. Jean-Baptiste Lully – in meinem Augen eine besonders farbige und schillernde, in gewissem Sinn tragikomische Figur – nur noch ein halbes Jahrhundert von Johann Sebastian Bach. Umso schärfer unterscheidet sich jedoch sowohl sein überwiegend weltliches, ja im galanten Stil gehaltenes Musik-Œuvre als auch sein abenteuerlich bewegtes, extravagantes Leben von dem seines vergleichsweise sesshaft gebliebenen thüringisch-sächsischen Musikerkollegen am Ende des deutschen Barock. Trotzdem sind von Lully auch einige prägende Einflüsse auf Johann Sebastian Bach und noch mehr auf Georg Friedrich Händel ausgegangen.

Im Vergleich zu Monteverdi verschieben sich bei Lully die Proportionen zwischen geistlicher und weltlicher Musik noch weiter zugunsten der weltlichen. Die nicht viel mehr als ein Dutzend *grands et petits motets* stammen praktisch alle aus Lullys zweiter Lebenshälfte. Etwa um ein Vierfaches umfangreicher sind die sich über sein ganzes Leben verteilenden weltlichen Vokalwerke sowie die fast zahllosen, überwiegend unterhaltsamen und häufig im Ballettstil verfassten komödiantischen Bühnenwerke u. a. mit Texten von Molière und Racine. Dazu kommen einige Musiktragödien aus Lullys späterer Zeit.

Der in Florenz geborene Giovanni Battista Lulli wurde im Alter von 14 Jahren von einem französischen Chevalier als »hübscher« und komödiantisch begabter Junge für die italienische Konversation mit der Herzogin von Montpensier, einer Nichte König Ludwigs XIII., ausgesucht und mit dem Einverständnis seiner Eltern nach Paris gebracht, wo er in den Tuilerien die Dame des Hauses zu unterhalten und sonst noch einige Hausdienste zu verrichten hatte. Dort freundete er sich auch bald mit dem um einige Jahre jüngeren, noch nicht regierungsfähigen zukünftigen »Sonnenkönig« Ludwig XIV. an, dessen Geschäfte noch von Kardinal Mazarin und Anna von Österreich geführt wurden. Giovanni Battista erlernte zusammen mit dem jungen König den Ballett-Tanz und die Beherrschung von Geige, Cembalo und Gitarre, und die beiden tanzten und spielten zusammen in mehreren bald von Lully selbst verfassten Ballettwerken, auch als Ludwig schon längst die Regierungsgeschäfte in seine Hand genommen hatte. Ungeachtet seiner italienischen Herkunft entwickelte Lully immer mehr einen ausgesprochen französisch geprägten Tanzstil. Er arbeitete auch jahrzehntelang eng mit Molière (mit bürgerlichem Namen Jean-Baptiste Poquelin) zusammen, vertonte dessen Texte und wurde als der eigentliche Begründer der französischen Nationaloper immer mehr zum Hofkomponisten des Sonnenkönigs, bis irgendwann aufgrund von Hofintrigen sein Niedergang einsetzte. Bei der Aufführung einer seiner Motetten mit riesiger Orchesterbesetzung verletzte er beim Taktschlagen mit einem langen, reichverzierten, schweren Stab auf den Boden einmal so unglücklich seinen Fuß, dass dieser sich mit Wundbrand infizierte und Lully bald an den Folgen starb.

Lully hat sich nicht nur in Frankreich mit seinem ausgesprochen französischen Musikstil zu seiner Zeit einer großen Anhängerschaft erfreut, sondern er prägte auch mit den suitenartigen Orchesterstücken seiner Opern und Ballette die barocken Orchestersuiten von Johann Sebastian Bach, und er beeinflusste auch die Suiten von Georg Philipp Telemann sowie Händels »Wassermusik« und »Feuerwerksmusik«.

Eine noch ganz zum Barockzeitalter gehörige, aber musikalisch und biographisch weit über Deutschlands Grenzen hinausweisende und sehr andersartige Erscheinung als Johann Sebastian Bach ist Georg Friedrich Händel (1685–1759). Im selben Jahr wie Bach und nicht sehr weit von Bachs Geburtsort Eisenach in Halle geboren, zieht es den blutjungen, von Anfang an kosmopolitisch und im Vergleich zu seinen deutschen Zeitgenossen mehr weltlich als geistlich gestimmten Musiker nach Italien, nachdem er zuvor nur wenige Jahre im Hamburger »Opern-Theatrum«, dem ersten bürgerlichen Opernhaus in Deutschland, gewirkt hat. Seine ersten noch dort komponierten Opern sind trotz aller barocken Prägung auch schon ganz im Stil seiner italienischen Zeitgenossen und deren Vorgänger verfasst und sind Vertonungen italienischer Libretti. In Italien folgen Stationen in Florenz, Rom, Neapel und Venedig mit starkem Einfluss auf sein Musikschaffen. Er komponiert eine Oper nach der anderen, die in Italien mit großem Erfolg aufgeführt werden. Nach wenigen Jahren kehrt er nach Deutschland zurück, wo er nur kurz bleibt. Dann wandert er aus nach London mit seinem ausgeprägteren öffentlichen Konzertleben und seiner geringeren Abhängigkeit von Kirche und Fürstentümern und bleibt dort, bald als englischer Staatsbürger, bis zu seinem Lebensende.

Ganz anders als seine deutschen Zeitgenossen, aber ähnlich wie seine italienischen Kollegen, legt Händel sein Hauptgewicht auf die Oper, neben vergleichsweise wenigen italienischen Kantaten, wenig Kirchenmusik, einigen Orchesterwerken sowie etwas Orgel- und Klaviermusik. In seinen 42 Opernwerken, unter denen »Giulio Cesare in Egitto« und vielleicht noch »Rinaldo« die heute bekanntesten sind, herrscht für deren Arien größtenteils immer noch das traditionell italienische Da capo-Prinzip. Die Ouvertüren sind meistens im französischen Stil Lullys langsam-schnell-langsam verfasst. Ab 1730 vollzieht sich bei Händel allmählich der Übergang von der Oper zum Oratorium auf der Grundlage alttestamentlicher Texte. Davon entstehen in London etwa 25 Werke. Zu den bekanntesten unter ihnen gehören »Israel in Egypt«, »Judas Maccabaeus«, »Saul« und »Samson«. Händels Oratorium schlechthin ist der 1741 entstandene und in Dublin vielfach aufgeführte »Messias«, dessen Einzelsätze an die Anthems und lateinischen Psalmenvertonungen Händels anknüpfen. Der Inbegriff großartig festlicher Barockmusik ist das von Trompeten und Pauken begleitete und rhythmisch stark hervorgehobene »Halleluja«, welches noch Jahrzehnte nach Händels Tod in Joseph Haydns Oratorium »Die Schöpfung« nachwirken wird.

Von der kosmischen Harmonie zum menschlichen Individuum in der Wiener Klassik

Im Vergleich zum Italien der Renaissance im 16. und 17. Jahrhundert vollzieht sich in Deutschland die Entwicklung der Musik von der überindividuell universalen Welt des Barock zu einer immer stärkeren Individualisierung mit gesteigerter emotionaler Ausdruckskraft erst zur Zeit der Aufklärung im 18. Jahrhundert. Sie beginnt mit dem Urvater der Wiener Klassik, dem 1732 geborenen Joseph Haydn, verläuft weiter über Wolfgang Amadeus Mozarts und gipfelt in der titanischen Kraft menschheitsverbindender Musikbotschaften von Ludwig van Beethoven. Zur Veranschaulichung dieser Entwicklung möchte ich meinen nachfolgenden Erörterungen ein zeitgeschichtliches Bild voranstellen, welches uns Robert Schumann kurz nach Beethovens Tod als äußere Charakterisierung der drei zur Wiener Klassik gehörenden Musikergenerationen hinterlassen hat:

Da rauschten die Menuetten Mozart's und Haydn's mit langen Schleppkleidern daher …; hier und da sah man wohl noch eine gravitätische Perücke, aber die steif vorher zusammengeschnürten Leiber bewegten sich schon um Vieles elastischer und graziöser. Bald darauf tritt der junge Beethoven herein, athemlos, verlegen und verstört, mit unordentlich herumhängenden Haaren, Brust und Stirne frei wie Hamlet, und man verwunderte sich sehr über den Sonderling; aber im Ballsaal war es ihm zu eng und langweilig,

und er stürzte lieber in's Dunkle hinaus durch Dick und Dünn und
schnob gegen die Mode und das Ceremoniell und ging dabei der
Blume aus dem Weg, um sie nicht zu zertreten.
*(Robert Schumann: Gesammelte Schriften über Musik und Musiker,
Bd. 1, 2. Aufl., Leipzig 1871, S. 331f.)*

Diese Beschreibung des Wandels der äußeren Erscheinung des
Dreigestirns Haydn, Mozart und Beethoven mag ein Indikator
sein für die parallel dazu verlaufende, schrittweise Verschiebung
auch der inneren, künstlerischen Seite: nämlich von der aus dem
Barock stammenden, überindividuellen und kosmisch religiösen
zu einer zunehmend am menschlichen Individuum orientierten,
diesseitig humanistischen Ausrichtung aller drei Tonschöpfer.

Joseph Haydn (1732 – 1809)

Bei den Kammermusikveranstaltungen meiner Familie während meiner Kindheit in Kalifornien spielte Haydn nach meiner Erinnerung eine untergeordnete Rolle. Die Musik Haydns
wurde bei uns, wenn überhaupt, nur wenig gespielt, und sie
war in der Schellack-Plattensammlung Thomas Manns gar
nicht oder kaum vertreten. Von keinem meiner Klavierlehrer
bis zum Ende meines Musikstudiums wurden mir Klavierwerke von Haydn zum Studium aufgegeben. Der Komponist
wurde abschätzig als »Papa Haydn« tituliert, und dieses über-
kommene klassische Haydn-Bild hat sich für mich spürbar erst
im Lauf der letzten dreißig, vierzig Jahre geändert, als Haydn ab
der zweiten Hälfte des 20. Jahrhunderts nur langsam seiner ver-
dienten Rezeption entgegenging.

Auch wenn sich Haydn heute trotzdem immer noch im Schatten seiner beiden großen Zeitgenossen Mozart und Beethoven

bewegt, bleibt er als der eigentliche Begründer der modernen harmonischen Musik und damit als der Initiator eines musikgeschichtlichen Paradigmenwechsels während seiner langen Lebensspanne der unumstrittene Vater der Wiener Klassik. Haydns erste Kompositionen entstanden zeitgleich mit der »Kunst der Fuge«, dem Spätwerk Johann Sebastian Bachs, und als sich Beethoven bereits auf dem Zenith seines Ruhmes befand, erlebte Haydn noch triumphale Erfolge mit Aufführungen seines Oratoriums »Die Schöpfung« 1798 in Wien unter anderem unter der Leitung von Mozarts Rivalen Antonio Salieri. Haydn war eng mit dem über zwanzig Jahre jüngeren Mozart befreundet, den er um fast zwei Jahrzehnte überlebte. Bevor der neunundzwanzigjährige Mozart in Wien seine sechs späten Streichquartette komponierte (KV 387, 421/417b, 428/421b, 458, 464, 465), hatte er sich sorgfältig mit der Kompositionstechnik Haydns, des eigentlichen Erfinders des Streichquartetts, vertraut gemacht, und er widmete die als seine »sechs Söhne« bezeichneten Werke alle »seinem lieben Freund« Haydn. Und im drittletzten Lebensjahr Haydns hatte bereits der Frühromantiker Carl Maria von Weber seine beiden berühmten Symphonien komponiert. Ein Grund dafür, dass der zu Lebzeiten hoch gefeierte Haydn danach bis tief ins 20. Jahrhundert fast der Vergessenheit anheimfiel, war vermutlich sein im Vergleich zu Mozart und Beethoven äußerlich unspektakuläres, vergleichsweise provinziell anmutendes Leben. Nach seiner Kindheit in einer dörflichen Idylle im Niederösterreichischen lebte er zuerst zwanzig Jahre lang in Wien und wirkte dann während fast drei Jahrzehnte am Hof des Fürsten Esterházy unweit von Wien in Eisenstadt. Seine beiden Aufenthalte im weltstädtischen London erfolgten erst sehr spät und erstreckten sich beide auf jeweils nur anderthalb Jahre.

Gerade das Wien des frühen 18. Jahrhunderts war nicht unbedingt der Boden für die Schöpfung revolutionärer Musik. Als Haydn im Grenzgebiet zwischen Österreich und Ungarn geboren wurde und ganz in der Nähe seiner Geburtstadt Rohrau aufwuchs, befand sich das Musikleben in der Metropole der habsburgischen Monarchie in einer Übergangsphase zwischen strengem musikalischem Barock und zwei miteinander verwandten, »modernen« Kompositionsstilen, dem »Empfindsamen Stil« von Carl Philipp Emanuel Bach, an den Haydn schon früh anknüpfte, und dem »Galanten Stil« des »Londoner« (oder auch »Mailänder«) Johann Christian Bach, an dem sich der ganz junge Mozart orientierte. Haydn, der während der ersten zwanzig Jahre seines musikalischen Schaffens in Wien seine ersten Eindrücke bezog, kannte zwar Carl Philipp Emanuel Bach nicht persönlich, weil dieser am Hof Friedrichs des Großen im fernen Berlin und danach in Hamburg wirkte. Aber bereits für seine frühen Klavierkompositionen nahm Haydn besonders die expressiven und dramatischen Instrumentalrezitative dieses zweitältesten Bach-Sohns als Vorbild für seine eigene Experimentierfreude in seine frühe, von Erforschung und Unsicherheit gekennzeichnete Wiener Schaffensperiode auf. Als Gemeinsamkeiten der Tonsprache beider können die raschen harmonischen Wendungen, scharfe motivische Kontraste, überraschende Pausen und Fermaten und der häufige abrupte Tempowechsel gelten sowie die Auflösung regelmäßiger Periodenbildung zugunsten häufiger Fragmentierungen.

Haydns Komposition seines ersten Streichquartetts mit Anfang zwanzig im Auftrag eines niederösterreichischen Barons kann als die Geburtsstunde dieser Gattung überhaupt betrachtet werden. Einige Jahre später erfolgte die hochdotierte Anstellung Haydns als Kapellmeister und Komponist am Hof des Fürsten Esterházy in Eisenstadt. Dort schuf Haydn eine Reihe geistlicher

Werke sowie die ersten Opern der Wiener Klassik. Die zunehmende Verfeinerung und Komplexität seiner Musik und sein sich immer leidenschaftlicher und kontrastreicher entwickelnder Stil bei häufiger Verwendung von Moll-Tonarten sowie seine Wiederentdeckung kontrapunktischer Formen hat dieser Schaffensperiode Haydns die Bezeichnung »Sturm und Drang« (H. C. Robbins Landon) eingetragen, wobei zu dieser Kennzeichnung auch die Einbeziehung folkloristischer Elemente in sein Werk mit beitrug. Im Zuge der Komposition einer sehr großen Zahl an Klavierwerken verlegte sich Haydn verstärkt vom Cembalo aufs Pianoforte. In diese Zeit fällt außerdem die Entstehung großer Symphonien in neuestem Stil (z. B. die geradezu sprühend feuerwerkartig klingenden, 1784/85 entstandenen »Pariser Symphonien«), als deren Erfinder Haydn genauso gelten kann wie als der Erfinder oder Vater des Streichquartetts. Insgesamt hat er 108 Symphonien komponiert (Hoboken-Verzeichnis), und in der Reihe der Streichquartette entstanden ganze 58 Werke, deren überragendes Niveau zuerst einzig Mozarts Streichquartette zu erreichen vermochten, bevor genau im Jahr 1800 Beethoven mit seinen ersten Streichquartetten auf den Plan trat, gefolgt von vielen anderen bedeutenden Kompositionen dieses Genres im 19. und 20. Jahrhundert.

Die gigantische Welt der Streichquartette Haydns lernte ich erst als Theologiestudent in München bei der dort ansässigen Familie meiner zukünftigen Frau genauer kennen. Denn im Hause des Physikers Heisenberg wurde sehr viel musiziert, und Haydns Kammermusik (auch dessen Klaviertrios) wurde ähnlich häufig und intensiv gespielt wie die großen Kammermusikwerke Mozarts, Beethovens und der früheren Romantik. Dadurch angeregt, besonders durch eine unvergesslich engagierte und überaus anrührende Wiedergabe des D-Dur-Andante aus Haydns

Quartett op. 77 Nr. 2, das einige Jahre später zum Ausklang der Hochzeitsfeier eines meiner Schwager von dessen Geschwistern gespielt wurde, begann ich mich nach und nach auch mit dem symphonischen Werk Haydns auseinanderzusetzen, vor allem mit den großen Pariser und den nur wenig später entstandenen Londoner Symphonien. Bald folgten auch die mit zu Haydns Schaffenshöhepunkt gehörenden beiden geistlichen, oder sagen wir besser: halb geistlichen und halb weltlichen Oratorien »Die Schöpfung« und »Die Jahreszeiten«.

Nach jahrzehntelangen, mehr oder weniger vorgezeichneten Diensten am fürstlichen Hof drängte es den älteren Haydn immer stärker zu einem weitreichenden Ortswechsel und zu einer entsprechend größeren persönlichen Freiheit seines Wirkens. Auf den Versuch einer 1771 in Wien gegründeten, angesehenen Tonkünstlersozietät, den schon einmal erfolgreich mit einem Werk beauftragten Komponisten zur regelmäßigen Abgabe weiterer Werke zu verpflichten, reagierte Haydn mit einer überraschend schroffen Absage: »Bester Freund! Ich bin ein Mann von zu vieler Empfindung, als dass ich ständig der Gefahr solte ausgesezet seyn cassiret zu werden.« Dann folgen die Worte des diesem Buchkapitel vorangestellten Zitats: »Die freyen Künste, und die so schöne Wissenschaft der Composition dulden keine Handwerks-Fesseln: Frey muß das Gemüth, und die Seele seyn, wenn man ... sich Verdienste sammeln will.«

Schon vor diesem eindeutigen Bescheid hatte es Haydn nach London gezogen, wo seine Musik mittlerweile gut bekannt war und wo einflussreiche Persönlichkeiten sowie mehrere Konzertorganisationen und Verleger schon lange vergeblich versucht hatten, ihn dorthin zu locken. Es mag sein, dass die frühe Wohnsitznahme des von Haydn so sehr verehrten Georg Friedrich Händel in London eine Art Vorbild für ihn wurde, als es ihn selbst immer mehr aus der Enge des Esterházy-Hofs in die Freiheit und in die Ferne drängte. Als schließlich der deutschstämmige Geiger Johann Peter Salomon aus London nach Wien kam und Haydn ein großzügiges Angebot vorlegte, welches die Verpflichtung mit einschloss, eine Oper und sechs Symphonien für London zu schreiben, brach Haydn 1790 endlich zu seiner ersten Reise dorthin auf. Anderthalb Jahre später kehrte er wieder nach Wien zurück, brach aber bald ein zweites Mal, wieder für anderthalb Jahre, in die britische Metropole auf. Mozart hatte noch vor seiner ersten Abreise versucht, seinen älteren Freund von diesem Unternehmen abzubringen. »Papa! Sie haben keine Erziehung für die große Welt gehabt, und reden zu wenige Sprachen«, und Haydn soll erwidert haben: »O! Meine Sprache verstehet man durch die ganze Welt.« (Albert Christoph Dies: Biographische Nachrichten von Joseph Haydn. Wien 1810, S. 75) Und vom letzten Treffen zwischen den beiden kurz vor Mozarts Tod überliefert der Biograph Griesinger die Worte Mozarts: »Du wirst es nicht lange aushalten, und wol bald wieder zurückkommen, denn du bist nicht mehr jung.« (Georg August Griesinger: Biographische Notizen über Joseph Haydn. Leipzig 1810, S. 35).

Die Musikmetropole London verfügte im 18. Jahrhundert, ähnlich wie Paris, aber anders als das klassisch höfische Wien, über eine Vielzahl öffentlicher und auf Subskriptionsbasis geführter Konzertgesellschaften. Fanden in Wien die wichtigsten musikalischen Ereignisse in den Hoftheatern und Adelspalästen statt, so waren es in London und Paris die öffentlichen Konzertsäle. Damit hatte dort, neben dem Hof und dem Adel, auch das reiche Bürgertum größeren Einfluss auf das kulturelle Leben als in Wien. Auch waren die Orchester, anders als in Wien, ausschließlich mit professionellen Musikern besetzt, was sich beispielsweise auf Haydns Komposition der von vornherein größer angelegten und auch technisch anspruchsvolleren Londoner Symphonien auswirkte.

Während der beiden Aufenthalte Haydns in London entstand eine Fülle neuer großer Werke; Streichquartette, Klaviersonaten, Klaviertrios, schottische Lieder und englische Kanzonetten und vor allem die zwölf Londoner Symphonien (Hob. I. 93–104). Letztere schrieb Haydn während des blutigen Höhepunkts der Französischen Revolution 1793, als Ludwig XVI. und seine Frau Marie-Antoinette guillotiniert wurden. Für mich klingt es ein bisschen so, als hätten diese Ereignisse – nicht ideologisch-politisch, aber programmatisch und atmosphärisch gesehen – auf Haydns düster-martialische »Militärsymphonie«, auf die »Symphonie mit dem Paukenwirbel« und »Die Uhr« zumindest unbewusst abgefärbt.

Während Haydns letzter Lebensjahre, nach seiner endgültigen Rückkehr aus der Weltstadt London nach Wien, entstanden als Gipfel seines Schaffens die beiden Oratorien »Die Schöpfung« und »Die Jahreszeiten«. Mozarts wie Haydns Messen waren europaweit vielfach als zu weltlich abgelehnt worden. Haydn und erst recht Mozart und schließlich Beethoven verbanden, anders als in der Musik des deutschen Barock und eher nach italienischem Vorbild, in vielen ihrer geistlichen Werke eine zum Ausdruck gebrachte Frömmigkeit mit spielerischer Musizierfreude und diesseitig menschlichen Gefühlsäußerungen. Deshalb war es (wenn man von Mozarts »Requiem« und Beethovens »Missa Solemnis« absieht) schwierig, bei allen drei Wiener Klassikern zwischen kirchlichem und weltlichem Stil klar zu unterscheiden. Vielmehr ist eine Synthese der beiden Sphären festzustellen, die dazu führte, dass die geistlichen Werke dieser Komponisten, über jede bleibende Zugehörigkeit zur kirchlichen Liturgie hinaus, zum ersten Mal auch Einzug in die Konzertsäle hielten.

Als Haydn 1795 von seinem zweiten Londoner Aufenthalt zurückkehrte und noch unter dem Eindruck eines dortigen Händel-Festivals stand, trug er ein englischsprachiges Libretto bei sich, welches ihm sein Agent Johann Peter Salomon mitgegeben hatte. Es war eine an sich für Georg Friedrich Händel bestimmte, aber von diesem nie vertonte Textzusammenstellung von einem Mann namens Lidley oder Linley, und zwar nach der Vorlage von John Miltons Epos »Paradise Lost«. Haydn ließ in Wien von dem Diplomaten und früheren Leibarzt von Kaiserin Maria Theresia, Gottfried van Swieten, eine deutsche Übersetzung des englischen Textes anfertigen. Diese fiel allerdings sehr frei aus, weil der im Titel ausgewiesene Paradiesverlust, die Schlange als Symbol des Bösen und der Sündenfall als Grund für die Macht des Bösen in van Swietens Libretto völlig fehlten und das Epos mit Adam und Eva in der Schäferidylle des Paradieses endete.

Haydns »Schöpfung« trägt mit den großen Chören unverkennbar Händelsche Züge. Dies zeigt sich vor allem in dem gewaltigen, fugenartig aufgebauten Schlusschor des zweiten Teils »Vollendet ist das große Werk«, der an die martialische Hymne von Händels »Halleluja« erinnert. Die Rezitativtexte orientieren sich erzählerisch ganz am biblischen Schöpfungsbericht des ersten Buchs Mose und die Chöre an Psalmentexten. Sehr viel weniger biblisch geht es dagegen zu bei den naturalistisch beschreibenden und lyrisch kommentierenden Arientexten mit ihrem im Vergleich zur wunderbaren Vertonung etwas schwülstigen, bisweilen kitschigen Charakter. Dass Haydn nach der Verherrlichung der mit der Erschaffung des Menschen vollendeten Schöpfung sein Oratorium im Paradies ohne Essverbot, Erkenntnisbaum, Schlange, Sünde, Gottesurteil und Vertreibung enden lässt, weist auf die einseitig optimistische Ideologie seiner Zeit hin, auf die Vorstellung von einem vernünftigen Charakter des

Universums, der Natur und des menschlichen Geistes. Sie trägt, bei aller vermutlich wenig reflektierten christlichen Gläubigkeit Haydns als treuer Sohn seiner Kirche, deutliche Züge der individualistisch-idealistischen Aufklärung des 18. Jahrhunderts und womöglich auch Merkmale des freimaurerischen Weltbilds, dem Haydn anhing. Als geradezu fröhlich und unbiblisch weltlich erscheinen während des fünften und sechsten Schöpfungstags die humorvoll drastischen Naturschilderungen, die Darstellung von Gewitterstürmen, Regen, Schnee und Hagel, von Bergen, Meeren und Flüssen und das Vorbeiziehen eines ganzen zoologischen Kabinetts von den Würmern, Insekten und Fischen bis hin zu den niederen Säugern. Schließlich vermittelt die symbolhafte Darstellung des Fruchtbarkeitsmysteriums durch die Teilung aller Streicherstimmen und deren erneute Zusammenfügung zu einem choralartigen, kleinen Satz die Vorstellung wundersamer Fülle und Sättigung.

Der Anlass, mich eingehend mit Haydns Oratorium »Die Schöpfung« zu befassen und das Werk literarisch zu verarbeiten, war dessen eindrucksvolle Aufführung an einem Sommerabend vor über fünfzehn Jahren unter freiem Himmel am Fuß der sechzig Meter »Hohen Düne« am Ende des Fischerdorfs Nidden (Nida), das im litauischen Teil der Kurischen Nehrung liegt. Die Aufführung fand in einem großen, offenen Stoffzelt statt, vor dem lange Holzbänke für die Konzertbesucher aufgereiht standen.

Gleich nach dem mächtig erklingenden Eingangs-Unisono des Orchesters bahnte sich aus dem Schalltrichter des Zelts die wie endlos vorwärtsdrängende und dissonanzenreiche Chromatik der *Vorstellung des Chaos* vor dem ersten Schöpfungstag ihren Weg ins Freie. Mir war, als passe die scheinbare Ziellosigkeit dieser musikalischen Einführung unter dem Vorzeichen des

Chaos während der zunehmenden Dämmerung immer besser zu der Endlosigkeit des Himmels über mir und zu der weiten und verwunschen wirkenden Landschaft der Kurischen Nehrung zwischen Ostsee und Kurischem Haff.

Nach der Dramatik des *Chaos* beruhigte sich alles wieder. Nach der Ablösung der Mächte der Finsternis besang der Chor die Entstehung einer neuen Welt. Am Ende der spannungsgeladenen, nur neun Takte umfassenden *Entstehung des Lichts* mit ihrer dichten und intensiven Steigerung vom Pianissimo bis zum strahlenden Choral im Fortissimo blickte ich unwillkürlich zum Himmel hoch. Dort blinkten jetzt wie bestellt die ersten Sterne auf. Die am Ende des ersten Teils zurückgekehrte Ruhe in mir bestärkte mich in meiner Zuversicht, auf diesem malerischen, aber geologisch wie auch in der jüngsten Geschichte politisch überaus fragilen Flecken Land den festen Boden unter den Füßen zu finden, den ich mir von meiner Reise hierhin erhofft hatte.

Im zweiten Teil des Werks folgten die Schilderungen der Erschaffung der Tierwelt zu Wasser und zu Lande und zuletzt die des Menschen am fünften und sechsten Tag. Bei dem glanzvollen Dankeschor mit der großen Doppelfuge »Vollendet ist das große Werk« glitt mein Blick wieder nach oben zum Himmel. Dort prangten jetzt dicht an dicht Tausende von hellfunkelnden Sternen, zum Greifen nahe, so wie sie mir sonst allenfalls aus Südeuropa, Afrika oder Brasilien bekannt waren. Dieser wunderschön geöffnete, nicht mehr abgründig gähnende, sondern bergende Himmel über der Nehrung erschien mir jetzt wie ein riesiges Buch, welches mir den Sinn unserer als göttlich bezeichneten Schöpfung mindestens so gewaltig offenbarte wie die dem freien Himmel entgegenklingende kunstvolle Vertonung des biblischen Schöpfungsberichts und einiger Psalmen durch den Musikgiganten Haydn.

Im folgenden dritten Schlussteil passten die bis zum Ende von ewiger Harmonie und von Wundern und Heil kündenden Weisen Adams und Evas in deren Glücksparadies nach meinem Empfinden nur bedingt zum hiesigen Landstrich. Sie ließen mich nicht vergessen, von welchen dramatischen Wirren der Geschichte dieser litauisch-baltische Flecken Erde, zuletzt im wechselvollen 20. Jahrhundert, immer wieder heimgesucht wurde und dass sich seit der Entstehung dieses verspielt und frohsinnig von der Schöpfung erzählenden Musikwerks im vernunft- und aufklärungsbetonten 18. Jahrhundert die Zeiten radikal geändert hatten. Dies schmälerte jedoch keineswegs den Wert und die Bedeutung der hervorragenden Idee, gerade dieses Werk mit exzellenter Besetzung an einem naturnahen Sommerabend unter dem freien, eindunkelnden und schließlich sternenklaren Himmel aufzuführen.

Wenn ich, ausgehend von diesem Werk, versuche, die Musik Haydns als des Begründers der Wiener Klassik in den geistigen Kontext seiner Zeit einzuordnen, dann sehe ich ihn mehr oder weniger zwischen der Welt der kosmischen Harmonie des Barock und der angestrebten Befreiung daraus in das Empfinden und Denken des menschlichen Individuums. Haydn lebt einerseits als loyaler Sohn der Kirche noch in den Kategorien tradierter naiver Frömmigkeit mit allerdings gleichzeitig klarem Bekenntnis zu den Idealen des Freimaurertums und der Aufklärung, neigt jedoch auch deutlich zu einer Haltung ausgeprägter Naturverbundenheit, Verspieltheit und profanem Frohsinn.

In gewissem Sinn hat Haydn angesichts der Verbundenheit zwischen ihm und Mozart besonders über deren Streichquartette, aber auch über deren gemeinsame Zugehörigkeit zu den aufklärerisch orientierten Freimaurern, den Stab der von ihm ins Leben gerufenen musikalischen Wiener Klassik an seinen jungen Kollegen und Freund weitergegeben. Dies lässt Gemeinsamkeiten zwischen den Musik-Genres beider Komponisten erwarten. Umso reizvoller erscheint es mir jedoch auch, der Frage nach den Unterschieden zwischen »Senior« Haydn und »Junior« Mozart nachzugehen. Vor allem beschäftigt mich immer wieder von neuem die sicher nicht leicht zu beantwortende Frage, worin eigentlich Mozarts Weiterentwicklung nach Haydn besteht.

Wolfgang Amadeus Mozart (1756–1791)

Im Unterschied zu Joseph Haydn war die Musik von Joannes Chrysostomus Wolfgangus Theophilus Mozart, der sich selber Wolfgang Amadè (Letzteres als Übersetzung von Theophilus) nannte, für mich schon während meiner frühesten Kindheit überaus präsent. Im Arbeitszimmer meines Vaters hing als einziges Musikerbildnis eine gerahmte Kopie des den späten Mozart abbildenden Kupferstichs von Johann Georg Mansfeld d. J. nach dem Relief von Leonhard Posch aus dem Jahr 1789. Und so wie während der häuslichen Kammermusikabende- oder -nachmittage in meinem Elternhaus Mozart-Streichquartette geprobt und gespielt wurden, bin ich sicher, dass ich auch schon bei meiner ersten Klavierlehrerin Marion Winkler kleine Klavierstückchen von Mozart zum Üben aufbekam. Das Studium seiner Klavier- und Kammermusikwerke setzte sich konsequenterweise mein Leben lang fort und förderte einen intensiven Bezug zu Mozarts Musik.

Mit Mozart hatte auch mein Großonkel, der Musiker Klaus Pringsheim, zu tun. Ich erinnere mich, dass er mir in den späten fünfziger Jahren erzählte, er sei zum zweihundertsten Geburtstag Mozarts 1956 nach Salzburg zu einer Festrede eingeladen worden. Und weil er es als unerträgliche Heuchelei empfand, dass mit Mozart ausgerechnet in seiner österreichischen Heimat jetzt so viel Aufhebens gemacht wurde, nachdem dieser dort zu Lebzeiten doch so miserabel behandelt worden war, hatte sein Festvortrag nur aus zwei Sätzen bestanden, nämlich erstens, dass der Haushofmeister des Erzbischofs von Salzburg Mozart die Treppe hinuntergeworfen habe und zweitens, dass Mozart in Wien in einem Massengrab verscharrt worden sei.

Worin unterscheidet sich Mozart in erster Linie vom Vater der Wiener Klassik, Joseph Haydn? Worin besteht die Weiterentwicklung dieser Musikepoche durch ihn? Oder kann denn bei Mozart, wie bei Haydn, überhaupt in der Kategorie musikgeschichtlicher Neuerungen gedacht werden, oder ist er nicht vielleicht eine singuläre Erscheinung, ohne Vorgänger und ohne Nachfolger innerhalb einer großen Musiktradition? Mozart ging nie bei Haydn in die »Schule«. Beide verkehrten trotz ihres großen Altersunterschieds immer auf Augenhöhe miteinander. In der Wiener Klassik, wo wir im Vergleich zum Barockzeitalter zunehmend lebendigeren und transparenteren Menschen begegnen, lässt sich vor jeder Werkbetrachtung das Leben von Haydn und Mozart auch unter biographischem Gesichtspunkt miteinander vergleichen. So fällt als Erstes auf, dass Mozarts nur halb so langes Leben ungleich bewegter verlaufen ist als das von Haydn, der sich erst mit knapp sechzig zweimal jeweils nur anderthalb Jahre lang von Wien nach London wagte. Auch dem Temperament nach, in seinem gleichbleibend freundlichen und humorvollen Umgang mit seinen Mitmenschen, war Haydn eine völlig andersartige Persönlichkeit. Im Vergleich zu Mozart und vor allem Beethoven sind uns heftige oder gar unberechenbar wechselhafte Gefühlsäußerungen Haydns kaum überliefert. Mag sein, dass der noch am ehesten vom Barockzeitalter geprägte Joseph Haydn der rationalste unter den drei Komponisten gewesen ist und sicherlich auch der intellektuellere als Mozart.

Angeregt durch seinen Vater, beginnt Mozart in einem Alter Musikstücke zu schreiben, in dem die meisten Kinder kaum in der Lage sind, ganze Sätze zu sprechen. Er hat einen besonderen Sinn für Zahlen, lernt leicht Sprachen und hat früh Spaß an kindlichen Spielen und Späßen. Schon als Wunderkind befindet sich Mozart fast ständig auf Reisen. Zusammen mit seiner um viereinhalb Jahre älteren, auch hochbegabten (aber von ihren Eltern überhaupt nicht geförderten) Schwester Maria Anna, genannt »Nannerl«, nimmt ihn sein Vater Leopold, zusammen mit einem Diener, bereits als Siebenjährigen mit auf eine Tournee, die im Reisewagen fast dreieinhalb Jahre quer durch Europa führt. Die Familie besucht alle großen deutschen Städte, wo nahezu ununterbrochen konzertiert wird. In Frankfurt erinnert sich Goethe später »des kleinen Mannes in seiner Frisur und Degen noch ganz deutlich« (Mozart: Die Dokumente seines Lebens, hg. v. Otto-Erich Deutsch. Kassel/Basel 1961/1978, S. 470). Weiter geht es nach Brüssel, Versailles und nach England, wo die Familie Mozart von König George III. empfangen wird. Dann folgt noch Lausanne in der Schweiz. Überall wird das Wunderkind Wolfgang Amadeus als Pianist, Geiger, Organist, Improvisator, Komponist und als musikalischer Zauberkünstler präsentiert. Er ist perfekter Partiturspieler, vermag improvisativ Orchesterstimmen für Klavier und Singstimme umzusetzen und komponiert auch während seiner ausgedehnten Reisen. Auf diesen lernt er verschiedene Stile kennen und wird besonders in London mit der italienischen Symphonie und Oper vertraut gemacht. Dort lernt er zudem Johann Christian Bach kennen, dessen Kompositionsweise er sich zum besonderen Vorbild nimmt. Seine nächste längere Reise von Salzburg unternimmt er als Dreizehnjähriger allein mit seinem Vater nach Italien (worum ihn seine Schwester überaus beneidet). Dort geht es vor allem nach Verona, Mailand, Bologna, Florenz, Rom, Neapel und Venedig, wo der junge Mozart mit der Vorstellung seiner Kompositionen besonderes Aufsehen erregt. Auch danach nimmt die Reiserei kein Ende.

Der inzwischen Zwanzigjährige schreibt Kirchenmusik, Symphonien, Serenaden, Konzerte, Streichquartette und Klaviersonaten, alles in allem über hundert sehr bald aufgeführte Werke.

Als Ausgleich zu seinem hochkonzentrierten Musikschaffen sucht Mozart Zerstreuung und körperlichen Ausgleich durch Reiten, Kegeln und vor allem Billardspiel, welches ihn allerdings des Öfteren wieder so weit neu zu inspirieren scheint, dass er in den Pausen zur Notenfeder greift. Zu seinen leidenschaftlichen Vergnügungen gehören Tanz und Maskerade. Er treibt Schabernack und spielt mit allerlei gewagtem und oft schockierendem Unsinn den Narren, unterbricht plötzlich seine Improvisationen am Klavier und springt, wie eine Katze miauend, über Tische und Stühle und schlägt Purzelbäume. Seine geselligen Scherze schlagen sich gelegentlich auch kompositorisch nieder in irgendeinem witzigen Kanon oder in sonstigen musikalischen Späßen. Von meinem Vater habe ich noch die Kopie einer angeblich von Mozart verfassten »Anleitung zum Componiren von Walzern, so viele man will, mittels zweier Würfel«, welche aus lauter aneinandergereihten, bezifferten Einzeltakten besteht, die je nach Würfelzahl zusammengesetzt werden.

Für Mozarts Temperament ist die extreme Mischung aus kindlicher Torheit und Weisheit charakteristisch. Er unterliegt starken Stimmungsschwankungen sowie einem extremen Wechsel seines Verhaltens. Restlose Begeisterung und entschiedene Ablehnung, Ungeduld und Resignation sowie besessenes Arbeiten und völlige Untätigkeit pflegen einander rasch abzulösen. Emotionale Situationen können ihn aus der Bahn werfen. Mozarts Frau Constanze erinnert sich, dass ihr Mann beim gemeinsamen Gesang eines Quartetts aus seiner eigenen Oper »Idomeneo« so heftig von Gemütsbewegungen übermannt wurde, dass er in Tränen ausbrach und das Zimmer verlassen musste und lange Zeit brauchte, um sich wieder zu beruhigen (Vincent und Mary Novello: Eine Wallfahrt zu Mozart. Hg. v. Nerina Medici di Marignano und Rosemary Hughes. Bonn 1959, S. 110 f.). Auch wenn wir aus Mozarts Leben sehr viel mehr wissen als über Bach, so ist trotzdem Vorsicht geboten mit Versuchen einer Etikettierung seines Verhaltens durch psychiatrische Diagnosen. So mag Mozarts Unruhe und innere Zerrissenheit sein auffälliges, offenbar unkontrolliertes verbales und sonstiges Verhalten schon seit früher Kindheit Symptome zeigen (Hyperkinesien, verbale Tics etc.), die laut Vermutungen von Fachpsychiatern auf ein genetisch verankertes »Tourette-Syndrom« hinweisen – es sei denn, man nimmt ganz unverbildet an, Mozarts überbordende Energie, die andauernd wie ein Feuerball in ihm tobte und so viel Wunderbares hervorbrachte, hätte sich laufend solch drastische Ventile suchen müssen.

Von Mozart selber ist brieflich verschiedentlich übermittelt, dass sich in ihm schon früh im Leben Gedanken über den Tod einnisteten. Zur Unvorhersehbarkeit seiner Gefühle und Handlungen passt auch, dass seine Umgangsformen oder auch gewisse Formulierungen in seinen Briefen (die seine Frau nach seinem Tod zu retuschieren suchte) oft seine Mitmenschen schockieren. In diesem Sinn ist das miserable Verhältnis zwischen Mozart und dem Salzburger Erzbischof Hieronymus Graf Colloredo vermutlich nicht einseitig auf die Arroganz und Borniertheit des Kirchenfürsten zurückzuführen. Mozarts definitiver Bruch mit ihm und das Ende seiner mehrjährigen, aber länger unterbrochenen Anstellungen in Salzburg, wo er als Konzertmeister an der Hofkapelle und später als Hoforganist engagiert war, führt diesen für die letzten zehn Jahre seines Lebens als freischaffenden Komponisten nach Wien.

Dort heiratet er Constanze, gemeinsam haben sie sechs Kinder, von denen nur der Zweitälteste, Karl Thomas, und der Jüngste, Franz Xaver Wolfgang, die Kinderzeit überleben. In Wien arbeitet er fast nur noch wie besessen, als ahnte er, dass er nicht mehr viel Zeit hat. »Ich arbeite weiter, weil mich das Komponieren weniger anstrengt als das Ausruhen«, schreibt er wenige Monate vor seinem Tod an seinen Librettisten Lorenzo da Ponte. Als unabhängiger Komponist, von den Salzburger Fesseln befreit und ständig auf der Suche nach Auftraggebern und Klavierschülern, verfasst er besonders in den letzten fünf, sechs Jahren seines Lebens seine bedeutendsten Symphonien und die »Kleine Nachtmusik«, mehrere seiner großen, von ihm selbst brillant gespielten Klavierkonzerte, die schönsten Streichquintette und -quartette, Klaviertrios und fast alle seine bekanntesten Opern. Mit deren teilweise gesellschaftskritischem Unterton überfordert er allerdings das konservative Wiener Publikum, besonders den Adel so weit, dass man sich allgemein langsam von ihm zurückzieht. Dies geschieht mit den ersten Aufführungen von »Le Nozze di Figaro« (»Figaros Hochzeit«), wo er die verwickelten Beziehungen zwischen verschiedenen sozialen Klassen porträtiert. Ähnlich ergeht es ihm mit »Don Giovanni« und der Dämonisierung des Titelhelden, die von seinen Wiener Hörern leicht als personifizierte Anarchie und Sinnbild des Abstiegs eines überlebten Systems empfunden werden konnte. Interessant ist, dass der dämonische und leidenschaftliche Charakter des »Don Giovanni« in der fast zeitgleich komponierten »Prager

Symphonie« geradezu kongenial düster und markant zum Ausdruck kommt. Letztlich trifft Mozarts Neigung zur gesellschaftskritischen Färbung seiner letzten großen Opernwerke auch auf *Die Zauberflöte* mit ihren freimauererischen Attributen zu. Bei der abnehmenden öffentlichen Resonanz gerade auf die späten Werke Mozarts, die wie ein Wendepunkt in seinem späten Leben auch zu finanziellen Engpässen in seinem Alltag führt, mag auch seine Mitgliedschaft in gleich zwei Wiener Freimaurerlogen seit 1784 eine Rolle gespielt haben.

Ich habe mich oft gefragt, wie es kommt, dass die von Haydn verfassten Opern bezüglich Qualität und Erfolg nicht im Geringsten mithalten können mit denjenigen Mozarts. Denn Haydn war auch ein Meister der Dramatik und der überraschenden Modulation, außerdem ein Liebhaber des Theatercoups. Aber Mozart hatte als international agierender Virtuose größere Erfahrung und lernte, anders als Haydn, bereits als Wunderkind die italienische Operntradition gut kennen. Er war auch ein ausgesprochener Theatermensch, der das Verkleiden liebte und dessen besondere Vorliebe für wildes Karnevalstreiben bekannt war. Die wichtigste Erklärung für diesen Unterschied liegt jedoch möglicherweise tiefer. Sie hängt vielleicht mit der Frage zusammen, wieweit sich Mozarts Unruhe, Zerrissenheit und Widersprüchlichkeit und die extreme Wechselhaftigkeit seines Verhaltens ganz allgemein in seiner Musik niederschlägt und diese dementsprechend anders ausfallen lässt als diejenige Haydns. Bei der unglaublichen Inspiriertheit und Genialität dieser Musik wird man vermutlich keine klare Antwort auf diese Frage finden. Trotzdem sehe ich deutliche Unterschiede: Haydn entwickelt zwar schon früh, durch Carl Philipp Emanuel Bach inspiriert, einen expressiven und dramatischen Kompositionsstil, und während seiner Sturm-und-Drang-Periode am Hof des

Fürsten Esterházy erhöht sich der Kontrastreichtum seiner Kompositionen und die zunehmende Leidenschaft des musikalischen Ausdrucks, besonders zur Entstehungszeit der großangelegten, affektvollen Pariser Symphonien während der späten achtziger Jahre. Bei Mozart empfinde ich diesen Kontrastreichtum angesichts der Fülle seiner uns Hörer in Atem haltenden Eingebungen und angesichts des Feuerwerks beseelter und beglückender Einfälle jedoch als deutlich stärker ausgeprägt als bei Haydn. Mozarts noch viel geballterer Wechsel zwischen schwebender Leichtigkeit, übermenschlicher Vergeistigung, sprühendem Witz und abgründiger Traurigkeit in oft nur kurzen Abständen kann für den, der sich auf diese Musik einlässt, gelegentlich fast zu einer inneren Zerreißprobe werden – für den Mozart-Interpreten wahrscheinlich eine noch größere Herausforderung als für den Hörer. Mozarts größere Individualisierung zeigt sich nicht erst in seinem Opernwerk. Auch die Solopartien in den Klavierkonzerten haben bei Mozart oft den Charakter ausdrucksstarker Arien. Haydn wirkt mitreißend, großartig, belebend. Gänsehaut bekomme ich wesentlich häufiger bei Mozart.

Hier kurz erwähnt sei eine eigene Erfahrung nach der Einstudierung und Aufführung unter anderem von Mozarts kurz vor seinem beschwerlichen Wechsel nach Wien geschriebenen »Sinfonia Concertante« für Violine, Viola und Orchester in Es-Dur, KV 364. Einer meiner Schwager spielte Geige, und ein Freund von ihm übernahm den Bratschenpart, begleitet von einem aus Liebhabern zusammengestellten, von mir dirigierten Kammerorchester im Rahmen einer Hausmusik bei meinen Schwiegereltern kurz nach meinem Wechsel vom Musikerberuf zum akademischen Theologiestudium. Danach schickte ich eine Schallplatte mit dem dort aufgezeichneten Konzert an meinen Vater nach Kalifornien, besonders in der Erinnerung daran, dass er, als ich im Alter von zehn und elf mit meinen Eltern im österreichischen Salzkammergut lebte, öffentlich mit dem Salzburger Mozarteum-Orchester unter Bernhard Paumgartner und mit dem den Violinpart übernehmenden Konzertmeister des Orchesters den Bratschenpart gespielt hatte. Auf meine Schallplattensendung erhielt ich von meinem Vater eine interessante briefliche Rückmeldung. Auch wenn ihm die Aufnahme insgesamt gefallen hatte, so wandte er trotzdem ein, dass das c-Moll-Andante eine Spur zu rasch geraten sei. Denn besonders die Trauer und Sehnsucht ausdrückende Zwiesprache zwischen Violine und Viola im Andante hätte Mozart ganz unter dem Eindruck des kürzlichen, als Schicksalsschlag empfundenen Todes seiner Mutter während seiner zusammen mit ihr angetretenen Paris-Reise geschrieben (»wie aus einer Seele« nannte später die Geigerin Anne-Sophie Mutter dieses Zwiesprache-Andante). Dazu kam, dass diese Reise, im Ausblick auf die Rückkehr zu seiner verhassten Arbeitsstelle am Salzburger erzbischöflichen Hof, ohnehin überwiegend von Unglück und Misserfolg bestimmt gewesen war.

Bewusstseinsmäßig dem Tod am nächsten befindet sich Mozart bei der Komposition seines unvollendeten »Requiems«. Hier, wie auch bei allen von ihm komponierten Messen und seiner Kirchenmusik überhaupt, stellt sich, noch entschiedener als beim naiv gläubigen und bei aller Verspieltheit letztlich doch auch religiösen Menschen Haydn, die Frage, wieweit man bei Mozarts »Requiem«, geschrieben von einem so facettenreichen und durch psychische Auffälligkeiten belasteten Genie mit all seinen Extremen und Abgründigkeiten und trotz aller in seinem »Schwanengesang« zum Ausdruck kommenden Entrücktheit und Transzendenz, wirklich von einem religiösen Werk sprechen kann. Damit stellt sich auch die Frage nach Mozarts Religiosität überhaupt. Der Mozart-Biograph Wolfgang Hildesheimer gibt darauf eine Antwort, die dazu passt, dass, wie bereits erwähnt, Haydns und wohl erst recht Mozarts geistliche Werke europaweit vielfach als zu weltlich abgelehnt wurden. »Seine Messen mögen bei Gläubigen religiöse Inbrunst hervorrufen, sie waren bewusst darauf angelegt, doch nicht von Glauben eingegeben, sondern vom Willen, ihn darzustellen« (Wolfgang Hildesheimer: Mozart. Frankfurt am Main 1982, S. 374). Auch dürfen wir uns Mozarts oft als irritierend, mitunter dämonisch empfundene Ausstrahlung nicht als grandios-dämonisch vorstellen, sondern, wieder mit Hildesheimer, eher als »clownhaft-dämonisch« und in diesem Sinn erst recht dunkel und rätselhaft bei seiner bei den Mitmenschen Fremdheitsgefühle erzeugenden, göttlichen Eingebungskraft (ebd. S. 285).

Gerade was Mozarts »Requiem« betrifft, so scheint mir über Mozarts Willen und über seine Fähigkeit hinaus, religiöse Inbrunst musikalisch darzustellen, noch ein anderes Merkmal vorherrschend. Nach meinem sicher sehr subjektiven Empfinden spricht überall aus diesem Werk eine elementare, unbestimmte Angst, die ihn zwar ganz am Ende seines Krankheitszustands, vor allem während seiner Bettlägerigkeit während der letzten vierzehn Tage, besonders stark beherrscht. Aber ich höre, vielleicht sogar als wichtigstes Merkmal, auch aus seinem »Don Giovanni« diese Angst heraus – eine Angst auch vor der übermächtigen Autorität des strafenden »Steinernen Gastes«, der möglicherweise stellvertretend für den eigenen Vater oder gar für Gott steht.

Als kreativer Meister war Mozart in zweierlei Hinsicht herausragend. Er schuf bleibende Werke und erweiterte dabei das klassische Repertoire von mehr als einem Dutzend Musikgattungen, von Kammermusik, Symphonien, Tänzen, Serenaden, Opern,

Messen, Oratorien und Requiems. Aber er perfektionierte dieses Repertoire lediglich durch deren besonderen Ausbau und deren einmalige Vertiefung, ohne, wie Haydn, neue Musikgattungen zu »erfinden«. Bei der Komposition etwa seiner Streichquartette und seines großen symphonischen und sonstigen Orchesterwerks orientierte er sich an seinem Lehrmeister Haydn. Er nahm seinen Platz in der Kontinuität der von Haydn begründeten Ordnung der modernen harmonischen Musik ein, die in ihrer nachbarocken Ausrichtung eine unermessliche Skala menschlicher Lebens-, Ideen- und Gefühlsäußerungen entwickelte. Er führte diese Ordnung jedoch nicht mit einem von ihm begründeten, qualitativ neuen Musikkonzept weiter, sondern vertiefte und vollendete sie mit seinem unvergänglichen, unübertroffen genialen Schaffen. Damit legte er paradoxerweise das Fundament für die dann von Beethoven und dessen romantischen Nachfolgern geschaffenen, qualitativ wirklich neuartigen kompositorischen Ansätze (vgl. Howard Gardner: Kreative Intelligenz. Was wir mit Mozart, Freud, Woolf und Gandhi gemeinsam haben. München/ Zürich 1997, S. 79–87).

Haydns Musikschaffen, das sich noch weitgehend zwischen nachbarocker, göttlich harmonischer Ordnung und neuzeitlicher Hinwendung zum Menschen bewegt, verschiebt sich bei dem seiner Kirche eher distanziert gegenüberstehenden Mozart deutlich auf die Seite des menschlich allzu menschlichen Künstlers, welcher seine gnadenvolle, um nicht zu sagen gottähnliche, aber doch von vorgegebener Religiosität weitgehend freie, verschwenderische Menge an Eingebungen in Töne umzusetzen versteht. Von einer Religiosität im Sinne eines demutsvollen Ringens um ein auch nur halbwegs tragbares Gottesverständnis ist bei ihm letztlich sogar weniger zu spüren als bei dem späten, unter Krankheit und Einsamkeit leidenden Beethoven, der in seiner Lebensweise und seinem humanistischen und politischen Freiheitsideal von Kirchlichkeit noch viel weiter entfernt ist als Mozart.

Ludwig van Beethoven (1770 – 1827)

Zu meinen ersten Langspielplatten während meiner Zeit als Gymnasiast und leidenschaftlicher Musikliebhaber in Zürich gehörte eine Aufnahme des Mozart-Klavierkonzerts in d-Moll, KV 466, gespielt von Rudolf Serkin und begleitet von Eugene Ormandy mit dem Philadelphia-Orchester. Als besonders reizvoll empfand ich die beiden berühmten, von Beethoven stammenden Kadenzen im ersten und im dritten Satz, auf die ich mich beim Anhören immer wieder von neuem freute. Denn sie rissen mich jedes Mal schlagartig aus Mozarts wunderbarer Aura hinaus in die völlig andersartige, nicht weniger faszinierende Klangwelt Ludwig van Beethovens. Ich liebte es auch besonders, diese Schallplatte Freunden oder Gästen des Hauses vorzuführen und diese auch auf das Erleben des Kontrasts zwischen Konzert und Kadenzen vorzubereiten. Einer der Gäste fühlte sich nach dem Ende des Konzerts tatsächlich zu einem Kommentar veranlasst, als er meinte: »Konzert und Kadenzen prallen hier wirklich aufeinander. Bei Mozart fühlt man sich wie in einem Kerzenschein, aber bei Beethoven verwandelt sich dieser Kerzenschein plötzlich in eine Petroleumlampe.«

Bei einem Vergleich zwischen den drei Wiener Klassikern musste ich oft an dieses tendenziell sicherlich treffende Bild denken. Es zeigt jedenfalls, dass Beethoven als Komponist sich schon früh weit über die Musik Mozarts hinaus auf einen völlig eigenen, nach vorn in die Zukunft weisenden Weg begeben hat.

Beethoven ist insofern nicht nur ein Vollender der Wiener Klassik, sondern auch ein Wegbereiter der Romantik. Aber auch als Vollender der Wiener Klassik knüpft Beethoven nicht eindeutig an dem ihm generationsmäßig näher stehenden Mozart an, sondern eher an Haydn, vor allem hinsichtlich der schroffen Kontraste und des oft derben musikalischen Humors (bei Mozart würde ich weniger von Humor sprechen als von parodistischem, musikalischem Spaß oder Witz). Das heißt natürlich nicht, dass Beethoven sich nicht mit Mozart beschäftigt hat. So hat sich Beethoven, seinen Notizen zur Sterbeszene des Komturs am Anfang des »Don Giovanni« zufolge, offenbar von dieser Szene für den ersten Satz seiner »Mondscheinsonate« inspirieren lassen.

Als Sohn eines Tenors am Kurfürstlichen Hof in Bonn und Enkel eines aus Mechelen in Brabant eingewanderten flämischen Bassisten und späteren Hofkapellmeisters auch mit dem Vornamen Ludwig (der für dessen Enkel zeitlebens eine Art Identifikationsfigur geblieben ist), wird Ludwig van Beethoven nach einer fundierten und vielseitigen musikalischen Ausbildung in Bonn bereits im Alter von vierzehn zu einer ersten Studienreise nach Wien eingeladen. Dort soll er Unterricht bei Mozart erhalten, aber der Aufenthalt fällt zur allgemeinen Enttäuschung seiner Förderer sehr kurz und erfolglos aus, und es gibt keinerlei Hinweise auf eine Begegnung des jungen Beethoven mit Mozart. Erst 1792, im Alter von 22, bricht der inzwischen durch seine ersten Kompositionen bekannt gewordene Beethoven erneut nach Wien auf, nachdem Haydn auf der Rückkehr von einer seiner London-Reisen in Bonn haltgemacht und sich nachhaltig für einen zweiten Wiener Studienaufenthalt Beethovens eingesetzt hat. Da Mozart ein halbes Jahr vorher verstarb, erhält Beethoven jetzt in Wien zwei Jahre lang Unterricht bei Joseph Haydn, aber auch bei anderen Lehrern, darunter Antonio Salieri. Einer der großen adeligen Förderer Beethovens, der aus Wien stammende Graf Ferdinand Ernst von Waldstein, der Beethoven zu einigen Kompositionen angeregt hat, hat Beethovens Schritt in die Obhut Haydns in einem Eintrag in Beethovens Stammbuch als »Mozart's Geist aus Haydens Händen« kommentiert (Die Stammbücher Beethovens und der Babette Koch, hg. v. Max Braubach. Bonn 1970, S. 19).

Das Verhältnis von Lehrer und Schüler erweist sich jedoch als sehr schwierig und konfliktreich (Haydn beurteilte beispielsweise Beethovens später berühmt gewordenes Klaviertrio op. 1, Nr. 3 zum großen Unwillen seines Schülers als »zu schwer verständlich«). Aber auch wenn Beethoven über seinen Lehrer gesagt haben soll, er habe »nie etwas von ihm gelernt«, so ist sein Kompositionsstil von Anfang an demjenigen von Haydn ähnlicher und von diesem nachhaltiger geprägt als von Mozart, vor allem auf dem Gebiet der Symphonie und der Kammermusik. Einen ausgesprochen Mozartschen Charakter tragen nur einige seiner herausragenden Werke. Dazu gehört vor allem das noch vor Beethovens Begegnung mit Haydn entstandene 2. Klavierkonzert in B-Dur op. 19, mit welchem Beethoven an Mozarts letztes Klavierkonzert KV 595 in derselben Tonart anknüpft. Und auch für Beethovens frühe Klavierquartette sollen einige von Mozarts Violinsonaten Pate gestanden haben.

Aber noch viel entscheidender ist das spezifisch Neue und Eigene an Beethoven. Da Beethoven nicht mehr, wie seine Musikerkollegen im Barock oder am Anfang der Wiener Klassik (Haydn), im Elfenbeinturm ihrer adeligen Arbeitgeber und abgeschieden vom großen politischen Geschehen seine Werke schafft, ist er, noch stärker und sehr viel früher als Mozart in seinen gesellschaftskritisch gefärbten letzten großen Opern oder als der von der Aufklärung beeinflusste, alternde Haydn in seiner »Schöpfung«, ein ausgesprochen politisch oder sagen wir besser: philosophisch-politisch orientierter Komponist. Seine Werke sind stark von den großen humanistischen Ideen der Aufklärung, des deutschen Idealismus und der Französischen Revolution getragen. Musik entwickelt sich bei Beethoven schon früh verstärkt zu einer Musik, die nicht in erster Linie als Spielwerk unterhält und Ausdruck von Affekten und Empfindungen ist. Sie ist vielmehr musikalisch umgesetzter Geist und tönende Philosophie, die Anteil nimmt an den Ideen und Strömungen ihrer Zeit (Martin Geck: Ludwig van Beethoven. Reinbek 1996, S. 71 f.). Musik bedeutet bei Beethoven im durchaus »faustischen« Sinn »rastlose Suche nach der Wahrheit, Selbstprüfung, Kampf mit dem Schicksal, Leid, Überwindung, Vergeistigung« (ebd., S. 134).

Das erste für Beethoven schicksalshafte Ereignis während seiner zweiten Studienreise nach Wien ist, nach dem baldigen Tod seines Vaters, die Besetzung des heimatlichen Rheinlandes durch französische Truppen 1794 und die dadurch erzwungene Flucht des kurfürstlichen Hofs. Dadurch wird dem jungen Beethoven der Boden für die Rückkehr nach Bonn entzogen, und auch die Gehaltszahlungen des Kurfürsten enden, so dass Beethoven umso mehr von seinen adeligen Förderern in Wien abhängig wird. Die Stadt wird zu seinem Wohnsitz bis ans Lebensende, und bald übersiedeln auch Ludwigs beide Brüder Kaspar Karl und Johann nach Wien.

Eine neue Dimension des subjektiven Ausdrucks, des pathetisch gesteigerten Schmerzes und des persönlichen Bekenntnisses, der gleichzeitig einen politischen Akzent setzt in der revolutionär gestimmten Regentschaft Napoleons, stellt die 1798 entstandene und dem Fürsten Karl von Lichnowsky gewidmete Klaviersonate Nr. 8 in c-Moll op. 13 dar, die von Beethoven selbst als »Grande Sonate Pathétique« bezeichnet und unter dem Namen »Pathétique« bekannt wurde. Fachkreise deuten dieses Werk als Durchbruch zu einem neuen Ausdrucksstil. Durch viele seiner Symphonien hallt das Echo der Französischen Revolution. Allgemein bekannt ist Beethovens Umbenennung seiner ursprünglich Napoleon gewidmeten 3. Symphonie in Es-Dur zur »Eroica« aus Wut und Enttäuschung darüber, dass der von ihm als Erfüller der Freiheitsideale der Französischen Revolution so sehr bewunderte Napoleon Bonaparte im Dezember 1804 in Paris sich selbst die Kaiserkrone aufs Haupt gesetzt hat. Drei Jahre vorher vertont Beethoven das Libretto »Die Geschöpfe des Prometheus« von Salvatore Viganò. Wieder ist die Hauptgestalt des Werks ein Lichtbringer und Schöpfer eines neuen Menschengeschlechts. Beethoven schafft aus dem Prometheus-Text ein dann im Wiener Hofburgtheater uraufgeführtes Ballett, mit einer häufig gespielten Ouvertüre davor (Adagio und Allegro con brio). Kurz nach der Uraufführung der »Eroica« folgt 1805 diejenige von Beethovens einziger Oper »Fidelio« und einige Jahre später die im Auftrag des Wiener Burgtheaters komponierte Bühnenmusik zu Goethes im unterdrückten Flandern spielenden Drama »Egmont«.

Bei Beethovens Oper »Fidelio« muss ich kurz innehalten. Von allen Opern, mit denen ich mich vor allem während meines Musikstudiums intensiv beschäftigt habe, ist diese für mich vor allem wegen ihrer doppelten Botschaft des Triumphes der Gerechtigkeit über Tyrannenwillkür und der menschlich anrührenden, opferbereiten Gattenliebe bisher immer das wichtigste Opernwerk geblieben, sogar noch mehr als Mozarts von mir so sehr geliebter »Don Giovanni« oder Verdis »Don Carlos«. Als einmalig empfinde ich im »Fidelio« auch die großangelegte Entwicklung innerhalb der Oper selbst. Haben deren erste Arien vor der großen Leonoren-Arie einen noch schlichten und singspiel-haften Charakter, so baut sich das Gesamtwerk im Lauf seiner beiden Akte zunehmend zu einem hochdramatischen Opern-werk auf. Von den vielen von mir studierten Klavierauszügen habe ich mir noch als Musiker keinen so oft vorgenommen wie denjenigen von »Fidelio«, und mein entsprechend abgegriffenes und zerzaustes Exemplar von damals liegt immer noch wie ein Heiligtum in meinem Notenschrank.

Deshalb erinnere ich mich auch besonders an eine herausra-gende »Fidelio«-Einstudierung für die Juni-Festwochen in der Zürcher Oper während der frühen sechziger Jahre. Die musika-lische Leitung hatte Otto Klemperer, dessen damalige Opern- und Orchesteraufnahmen ich allgemein wegen ihrer unprätentiösen, unerbittlich werktreuen und markant kraftvollen Interpretation noch heute als hochmodern und mitreißend empfinde – ähn-lich wie übrigens seinen konzertanten »Don Giovanni« eben-falls aus den sechziger Jahren mit dem Philharmonia-Orchester London. Unvergesslich geblieben ist mir bei jener »Fidelio«-Ein-studierung eine szenische Klavierprobe auf der Hauptbühne des Opernhauses während einer noch frühen Arbeitsphase mit der österreichisch-jugoslawischen Opernsängerin Sena Jurinac als Leonore. Klemperer saß auf der Bühne am Rande des Orchester-grabens, während der Korrepetitor die neben ihm am Klavier stehende Sopranistin bei ihrer großen Leonoren-Arie im ersten Akt begleitete. Plötzlich erhob sich Klemperer und trat mit sei-ner mächtigen Gestalt ein paar Schritte nach vorn in die Nähe der Sopranistin und begann ihren Gesang mit seinen ausladend schüttelnden Dirigierbewegungen zu begleiten. Im selben Au-genblick ging wie durch einen Stromschlag eine heftige Bewe-gung durch den sich straffenden Körper der Sängerin, und ihre Stimme bekam plötzlich ein so klangvolles Strahlen und eine so erfüllte Leidenschaft, dass eine ungeheure Spannung den Raum erfüllte, von der ich mich richtig elektrisiert fühlte. Bald hörte ich gar nicht mehr die Klavierbegleitung, sondern ich glaubte mich bereits als Mithörer irgendwo vom Bühnenrand aus in der baldigen, glanzvollen Festaufführung mit großem Orchester zu befinden.

Dass Beethovens Musik von der Freiheitsidee der Französischen Revolution und der Aufklärung und vom Grundgedanken des Einsatzes des einzelnen Individuums zum Wohl des menschheitsumgreifenden Ganzen geradezu beherrscht ist, mag in diesem Ausmaß als eine herausragende kompositorische Neuheit gelten. Man sollte jedoch nicht vergessen, dass der Gedanke einer aufrührerisch rebellischen Aufklärung auch im Werk der beiden Freimaurer Haydn und Mozart zumindest angelegt ist. Dies zeigt sich, wie bereits erwähnt, in Haydns Oratorium »Die Schöpfung« sowie in Mozarts Opern »Die Zauberflöte«, »Figaros Hochzeit« und »Don Giovanni«, wo es am Ende des ersten Aktes sogar (allerdings eher libertinistisch als politisch gemeint) »Es lebe die Freiheit!« heißt. In diesem Sinne finden die aufklärerischen Ideale Haydns und Mozarts bei Beethoven eine verstärkte Fortführung und eine Aufgipfelung im eigentlich revolutionären Sinn.

Ein weiteres, den Hörer und den Interpreten genauso fesselndes neues Merkmal bei Beethoven ist ein menschlich immer wieder zutiefst anrührendes Moment. Es ist der Ausdruck des Leidens, der Klage, des Schreis nach Liebe und Geborgenheit, der Dankbarkeit und der Hoffnung, der in so vielen vor allem langsamen Sätzen das ganze Werk Beethovens durchzieht und uns immer wieder in die Welt des zerrissen und zweigesichtig Menschlich-Allzumenschlichen entrückt. Dieses Grundmerkmal von Beethovens Musik entspringt alltäglichen Lebenserfahrungen bereits des jungen Komponisten kurz nach seinem

Wechsel nach Wien, besonders als sich um 1800 herum bei dem erst Dreißigjährigen erste Anzeichen seines Gehörverlusts zeigen und er sich, während sein Werk und sein Ruhm unaufhörlich wachsen, zunehmend aus dem öffentlichen Leben in die Einsamkeit zurückzieht. Sein Leben konzentriert sich immer mehr auf die Kraft der Musik, mit der zusammen er dem Schicksal die Stirn bieten zu wollen scheint.

Bei Frauen hat Beethoven zeitlebens wenig Glück. Schon in jungen Jahren wird ein Heiratsantrag von ihm abgewiesen, angeblich weil er zu »hässlich« und »halb verrückt« sei. Und eine andere, seine Werke spielende Musikliebhaberin erinnert sich: »Er war klein und unscheinbar, mit einem hässlichen rothen Gesicht voll Pockennarben … wie überhaupt sein Wesen nichts von äußerer Bildung verriet, vielmehr unmanierlich in seinem ganzen Gebahren und Benehmen war.« (Ludwig Nohl: Beethoven. Nach den Schilderungen seiner Zeitgenossen. Stuttgart 1877, S. 19 f.). In Wien wechselt der für einen soliden Haushalt wenig geschaffene Junggeselle an die fünfundzwanzigmal seine Wohnung, und er schreibt, knapp zweiunddreißigjährig und nach erneuten Enttäuschungen in der Liebe (zunehmend auch aufgrund seines Gehörleidens), bereits sein »Heiligenstädter Testament«, in dem er die durch seine Musik so häufig ausgedrückte, unerfüllte Sehnsucht nach Zuwendung und Liebe auch mit Worten ausspricht. Die letzten zehn Lebensjahre des weitgehend Vereinsamten sind von tendenzieller äußerer Verwahrlosung und von sich häufenden Erkrankungen gekennzeichnet. Von meinem Vater kenne ich die anrührende Geschichte von Beethovens Wirtschaftsbüchlein, in dem er penibel über sämtliche Einkäufe und häusliche Anschaffungen Buch geführt hat. Eine seiner Eintragungen lautete: »und ein Bürstchen zum Schuhe Reinigen, wenn jemand kommt«.

Ganz im Gegensatz zur Trostlosigkeit seines Alltagslebens im fortschreitenden Alter steht die Großartigkeit und Tiefe von Beethovens Spätwerk. Dazu gehören die letzten Klaviersonaten, dann die schon 1815 begonnene, aber erst 1824 vollendete und uraufgeführte 9. Symphonie und schließlich die nach seiner völligen Ertaubung geschriebenen letzten Streichquartette mit ihrer immer tiefer nach innen gewendeten Maßlosigkeit und Eigenwilligkeit der seufzend drängenden Klagen einer gequälten Kreatur. Kompositionstechnisch kommt in einigen ihrer Sätze Bachs Fugentechnik zur Anwendung, aber nicht rückwärtsgewandt, sondern immer nach vorn in die Zukunft weisend. Unter diesen unübertroffenen Streichquartetten sei besonders der zweite Adagio-Satz des Quartetts in a-Moll op. 132 mit der Überschrift »Heiliger Dankgesang eines Genesenden an die Gottheit, in der lydischen Tonart« erwähnt. Dieses Adagio beginnt mit einem Orgelchoral, wechselt dann unter der Überschrift »Neue Kraft fühlend« in eine überraschend moderne Tonsprache mit einer Mischung aus Energie und Zartheit, in deren wortlosen Gesang eine übermenschliche Kraft und das wunderartige Wirken des Geistes in einem von Krankheit und von Schwächung ausgezehrten Körper zum Ausdruck gebracht wird, das mich bei jedem Hören neu ergreift. In dem marschmäßig, rezitativisch beginnenden Schlusssatz erklingt schließlich die »Arie« eines bis zum Ende von höchster, nicht zu bändigender Unruhe und ungestillter Leidenschaft erfüllten Allegro appassionato ohne den leisesten Anklang falscher oder unehrlicher Harmonisierung (vgl. Martin Geck, a. a. O., S. 125 f.).

Hier sei zuletzt eine dritte und letzte Eigenheit in Beethovens Musik angesprochen: sein in der Musik ausgedrücktes besonderes Verhältnis zur Religion oder besser gesagt zu einem für Beethoven kaum erreichbaren, fernen Gott – unter den drei großen Wiener Klassikern wieder mit einer ganz eigenen, neuen Note.

Meines Wissens hat Beethoven während seines ganzen Lebens keinen besonderen Bezug zu den christlichen Kirchen gehabt, sondern zeigte, etwa mit der Vertonung von Christian Fürchtegott Gellerts Gedicht »Die Ehre Gottes aus der Natur« eher eine pantheistische Sichtweise, ohne sich damals schon mit dieser Frage explizit auseinanderzusetzen. Dies ändert sich jedoch während der Jahre seiner Vereinsamung und der Konzentration auf das Spätwerk um 1816. Damals beginnt er Tagebuch zu führen, in dem er sich zunehmend dem Thema Schicksalsergebenheit, Verzicht und Entsagung und, deutlicher als früher, der Frage nach Gott zuwendet. Hier mag die politische Zäsur des Wiener Kongresses von 1814/1815 auch zu einer Zäsur in Beethovens Leben geworden sein. Die alten Mächte haben die Herrschaft so weit wieder in die Hand genommen, dass Beethoven seine revolutionär-politischen Hoffnungen endgültig begraben zu müssen glaubt. Dazu kommen Desillusionierungen im Privaten, der Streit um seinen Neffen Karl und die endgültige Resignation im Hinblick auf seine Hoffnung, eine Partnerin fürs Leben zu finden, sowie die völlige Ertaubung. Auch beginnt sein Stern in der Öffentlichkeit zu sinken.

Ergebenheit, innigste Ergebenheit in dein Schicksal, nur diese kann dir die Opfer --- zu dem Dienstgeschäft geben – o harter Kampf! … Du darfst nicht Mensch seyn, für dich nicht, nur für andre; für dich gibt's kein Glück mehr als in dir selbst in deiner Kunst – o Gott! gib mir Kraft, mich zu besiegen, mich darf ja nichts an das Leben fesseln.
(Maynard Solomon: Beethovens Tagebuch, hg. von Sieghard Brandenburg. Mainz 1990, S. 39)

Beethoven sucht, wie in seiner Bibliothek in Abschriften oder frei formulierten Textauszügen deutlich wird, Anregung und Trost bei den großen Denkern nicht nur des Abendlandes, sondern auch Ägyptens und Indiens. Er befasst sich mit den griechischen Klassikern und mit Herder, Schiller und Kant, vor allem mit dessen »Kritik der praktischen Vernunft«. Mit zunehmender Intensität ringt Beethoven um die Erkenntnis Gottes. Ab 1818 beginnt er mit seinem großen Alterswerk voll von gefühlsgewaltigem, bekenntnishaftem Pathos und humanitärem Ernst: der »Missa Solemnis«. Dabei hält er sich, wie Mozart fast dreißig Jahre vorher in seinem »Requiem«, streng an den tradierten Text der kirchlichen Liturgie, in der festen Absicht, die er mit einem Hinweis nach Fertigstellung des Werkes 1824 kundtut, nämlich dass es seine »Hauptabsicht war, sowohl bey den Singenden als bey den Zuhörenden, Religiöse Gefühle zu erwecken und dauernd zu machen«. (Beethoven: Briefe, hg. v. Sieghard Brandenburg. München und Bonn 1996, Nr. 1238). Das auf der ersten Seite der autographen Partitur über dem »Kyrie« eingetragene Motto »Von Herzen – Möge es wieder – Zu Herzen gehen!« bestätigt dies in besonderer Weise. In den ersten Teilen des Werks dominieren Feuer, ekstatischer Klang und wuchtige Bildhaftigkeit, und im »Sanctus« und »Benedictus« überrascht uns, verbunden mit einem langen Violinsolo, tiefe und schmerzlich demutsvolle Innerlichkeit. Nach der Uraufführung nur von Teilen des Werks 1824 bei der Philharmonischen Gesellschaft in Sankt Petersburg und kurz darauf im k. k. Kärntnertortheater in Wien kommt es erst 1830, also nach Beethovens Tod, zu einer Uraufführung der gesamten Messe in Warnsdorf, diesmal in liturgischem Rahmen.

In einem bisher noch nicht erwähnten Punkt besteht eine interessante Gemeinsamkeit zwischen allen drei Wiener Klassikern. Diese Gemeinsamkeit hat sich im Zuge der sich sehr langsam anbahnenden Loslösung der Musik von einem kosmisch religiösen Ordnungsdenken hin zu einer anthropozentrischen und einer natur- und lebenszentrierten Orientierung schon Jahrzehnte, ja vereinzelt sogar Jahrhunderte vorher angebahnt: Es sind die ersten Anzeichen der Auflösung der Tonalität und der klassischen Harmonie in der Musik, wie sie dann vor allem in der Spätromantik und erst recht beim Übergang zur Moderne deutlich überhandnimmt.

Bei der Erörterung der Vorboten einer im späten 19. Jahrhundert sich immer deutlicher artikulierenden Tonalitätsauflösung werde ich mit der Skizzierung erster Ansätze dazu in der Wiener Klassik beginnen, um dann in die Vergangenheit über Johann Sebastian Bachs Werk bis hin zur völlig verblüffenden Erscheinung des Neapolitaners Carlo Gesualdo im 16. Jahrhundert zurückzugehen, dessen Musik, kaum zu glauben, deutlich Züge der Chromatik von Richard Wagners »Tristan und Isolde«, ja von Schönbergs Zwölftonmusik, schon etwa dreihundert Jahre vorwegnimmt.

Revolutionäre Vorboten
der Tonalitätsauflösung

Frühe Durchbrechungen

Die in der in der frühchristlichen Liturgie und dann vom frühen Mittelalter bis zum 16. Jahrhundert verwendeten Kirchentonarten oder auch Kirchentöne (mit den aus der altgriechischen Musiklehre stammenden Bezeichnungen ionisch, dorisch, phrygisch, mixolydisch, äolisch und lokrisch) waren im 16. Jahrhundert langsam durch die zwölf Dur- und zwölf Molltonarten abgelöst worden. Diese stellten ein neues System der Harmonik mit hierarchischen Tonhöhebeziehungen dar, die alle auf den Grundton (Zentrum) der jeweiligen Tonleiter bezogen waren. Dieses System beherrschte als neues tonales Ordnungsprinzip die abendländische Musik bis ins späte 19. Jahrhundert. Beethoven hatte seinen bereits erwähnten zweiten Satz des späten Streichquartetts op. 132 zwar noch oder wieder, entsprechend seiner Überschrift, der lydischen Kirchentonart zugeordnet. Aber derselbe Beethoven war zeitlebens in der Nachfolge Haydns durch und durch ein Vertreter des neuen tonalen Systems geblieben. Sein Spätwerk weist jedoch darüber hinaus deutliche Tendenzen zur Fragmentierung oder Dissoziation größerer tonaler Zusammenhänge auf. Dies gilt besonders von dem in Sonatenform geschriebenen, aber von Sprödigkeit und Durchbrechungen geprägten ersten Satz seines letzten Streichquartetts op. 135 in F-Dur, wo gleich nach Beginn die einzelnen Instrumente die in der Exposition vorgestellten drei Motivteile einander zuspielen. Theodor W. Adorno spricht von einer »Dissoziation der verschiedenen Materialschichten voneinander« und begründet dies biographisch mit dem Hinweis: »Vom Tode berührt, gibt die meisterliche Hand die Stoffmassen frei, die sie zuvor formte; die Risse und Sprünge darin, Zeugnis der endlichen Ohnmacht des Ichs vom Seienden, sind ihr letztes Werk« (Theodor W. Adorno: Beethoven. Nachgelassene Schriften, Abt. 1, Bd. 1. Frankfurt am Main 1993. S. 271 und 183).

Diese Art der Durchbrechung des klassischen tonalen und harmonischen Ordnungsprinzips deutet sich in Beethovens letzten Werken aus den angeführten Gründen je später desto unüberhörbarer an. Aber auch bei den beiden anderen Großen der Wiener Klassik, Mozart und Haydn, treffen wir, allerdings ohne die bei Beethoven erkennbaren biographischen Hintergründe, an wenigen Stellen im Spätwerk aus ihrer sonstigen durchgehend tonalen Struktur herausragende, scharf dissonante Akkorde und dissonante Intervalle an (Sekunden, Septimen und alle übermäßigen und verminderten Intervalle), die dann jedoch umso drängender in eine akkordische (harmonische) und tonale Konsonanz (Prim, Oktav, Quart, Quint) zurückstreben. Im Vergleich zu Beethovens späten, ebenfalls radikalen Abweichungen von der Tonalität sind diese Dissonanzen in Mozarts und Haydns Werk nicht unbedingt stärker, sondern fallen vielleicht nur deutlicher aus dem Rahmen von deren Schaffen und deren Zeit.

Auch wenn man am Höhepunkt der dämonischen Wucht der Geisterszene am Ende von Mozarts »Don Giovanni« nicht von eigentlichen Dissonanzen sprechen kann, so wirken doch die harmonisch irrlichternden Läufe am Anfang und dann erst recht im »Più stretto«, unmittelbar vor Don Giovannis Höllenfahrt, die Chromatik der abgehackten Ja-Nein-Ausrufe der beiden Kontrahenten Komtur und Don Giovanni und anschließend die ganztaktigen Abwärtssprünge einer verminderten Septime und dann eines Tritonus nur von einem Halbton höher wie hart an der Tonalitätsgrenze.

In seinem 1785 in Wien komponierten, ausdrücklich als »Dissonanzenquartett« bezeichneten Streichquartett in C-Dur KV 465 (dem letzten der sechs Haydn gewidmeten Streichquartette) konfrontiert Mozart den Hörer des einleitenden, knapp zwei Minuten dauernden Adagio mit Querständen (auf zwei Stimmen verteilten Halbtonschritten, Tritonusintervallen), die für diese Zeit ungewöhnlich schneidend sind und sich erst kurz vor dem Übergang zum Allegro langsam wieder auflösen.

Was Mozarts drei Jahre später vollendete letzte Symphonie Nr. 41 (»Jupiter«), ebenfalls in C-Dur, betrifft, muss ich an eine Situation während meiner Gymnasialzeit zurückdenken, in der mein gerade wieder einmal anwesender (und von meinen Musikerberufsplänen wenig erbauter) Vater anhand einer Schallplattenaufnahme der Jupiter-Symphonie meine Fähigkeiten im Partiturlesen testete und gegebenenfalls zu korrigieren suchte. Der in Sonatenform geschriebene letzte Satz »Molto Allegro« enthält mit seinen fünf (!) Motiven eine herausragend kontrapunktisch polyphone Struktur. Nachdem ich die Partitur Satz für Satz und Seite für Seite mitgelesen hatte und fast am Ende des Satzes bei der Reprise angelangt war, machte mich mein Vater auf die plötzlich auftauchenden und sich nur über acht bis neun Takte erstreckenden, geradezu verblüffenden tritonischen Dissonanzen aufmerksam. Diese ergeben sich – von Takt 244 bis Takt 252 – durch die kompromisslos nicht mehr auf Harmonien achtende, polyphone Verschränkung zwischen dem von den Streichern gespielten choralartig ganztaktigen Hauptmotiv und dem von den Holzbläsern übernommenen, chromatisch aufsteigenden Halbtonmotiv. Mein Vater quittierte staunend die Tatsache, dass Mozart nur an dieser einen kurzen Stelle der Jupiter-Symphonie aus der Tonalität seiner Zeit in wirklich überraschender Weise »ausgebrochen« sei.

Zuletzt möchte ich nochmals auf Haydns Spätwerk »Die Schöpfung« und die darin enthaltenen Dissonanzen verweisen, die allerdings nicht nur musikalisch, sondern in Anbetracht von dessen Libretto auch programmatisch zu verstehen sind. Ausgerechnet Haydn als der Begründer der Wiener Klassik hat im Vergleich zu Mozart und Beethoven in diesem Werk den längsten, voller Dissonanzen steckenden Abschnitt geschrieben, welcher sogar die eben vorher genannten kühnen Stellen in Mozarts und Beethovens Werk an Disharmonie fast übertrifft und überdies chromatische Strukturen aufweist. Es ist die musikalisch konsequent umgesetzte »Vorstellung des Chaos« vor dem Beginn des ersten Schöpfungstags. Die schon im dritten Takt einsetzende, seufzende Chromatik hört sich bereits wie eine Sehnsucht nach der Erlösung aus dem Nichts durch die göttliche Schöpfung an. Durch das ganze Orchestervorspiel hindurch zieht sich das Grundmuster eines wie Ebbe und Flut symmetrisch auf- und absteigenden und an- und abschwellenden, düster klagenden Motivs bis zum verblüffenden Abschluss in Takt fünfzig. Dort plötzlich lassen Oboe und Klarinette in einem abrupt einsetzenden Pianissimo abwechselnd in absteigenden Sequenzen das Thema in geradezu subversiver, chromatischer Verdichtung mit dem Ausdruck abgründiger Traurigkeit erklingen. Man kann sich kaum gegen die Vermutung wehren, dass diese Schlusstakte Richard Wagner für sein chromatisches Tristan-Motiv zumindest mit inspiriert haben.

Die hier erörterte Form der Auflösung oder Durchbrechung des Grundtonbezugs klassischer Harmonik sind dissonante Klänge. Was die andere Form betrifft, die jede Tonalität durchgehend fragmentiert, nämlich die Chromatik, so lässt sich musikgeschichtlich hinter die Wiener Klassik bis in die Zeit des Barock zurückgehen. Dort möchte ich kurz bei einem einzigartigen und für diese Zeit vielleicht noch erstaunlicheren Werk verweilen, nämlich bei Johann Sebastian Bachs »Chromatischer Phantasie und Fuge« in d-Moll (BWV 903) für Cembalo bzw. Klavier.

Wie vorhin für die Zeit des Barock allgemein hervorgehoben, lässt sich auch für dieses besondere Werk Bachs kein »Sitz im Leben« finden, der uns über die Motive und die näheren biographischen Hintergründe Auskunft geben könnte. Die chromatische Fantasie und Fuge mit ihrer bis zum letzten Takt konsequent durchgehaltenen chromatischen Struktur ist jedoch keinesfalls eine schrille musikalische Entgegnung auf die von tiefster protestantischer Religiosität durchdrungene »Übereinstimmung des Mannigfaltigen« mit der universalen Harmonie der göttlichen Ordnung, Schönheit und Vollkommenheit, welche wie ein Grundcredo Bachs ganzes Leben und sein ganzes musikalisches Schaffen durchzieht. Es ist keine Infragestellung oder Umwertung der klassischen Harmonie wie viel später in der wirren und scheinbar bezugslosen Chromatik vor allem spätromantischer oder moderner Musikwerke. Am ehesten wird man Bachs Vorgehen hier mit seiner reinen Experimentierfreude begründen können, in diesem Werk überwiegend mit Halbtonintervallen zu operieren.

Die Fantasie beginnt als Toccata mit schnellen, auf- und abwogenden Läufen in Zweiunddreißigsteln und mit gebrochenen Akkorden in Sechzehnteltriolen mit chromatisch aneinandergereihten, verminderten Septakkorden. Es folgen frei modulierende, arpeggierende Akkorde. Das dritte »Rezitativ« beginnt mit einer verzierungsreichen, expressiven Melodienführung, mit einigen auffälligen enharmonischen Verwechslungen (Umdeutungen von gleich hohen Tönen zu nur verschieden genannten Tönen wie beispielsweise Fis als Ges oder His als C) im Sinne der wohltemperierten Stimmung der Tasteninstrumente zu Bachs Köthener Zeit, vor seinem Wechsel nach Leipzig. Das Rezitativ schließt mit chromatisch absinkenden, verminderten Septakkorden über einem Orgelpunkt.

Das Thema der Fuge besteht aus einer chromatisch aufsteigenden Linie von der Terz zur Quinte der zu d-Moll parallelen Tonart F-Dur (also von a nach c). Die Grundtonart des ganzen Werks d-Moll bleibt zwar grundsätzlich von Anfang bis Ende der beiden Teilwerke Fantasie und Fuge bestehen. Diese Grundtonart wird jedoch sehr viel häufiger als in nicht primär chromatischen Werken dadurch durchbrochen, dass in beiden Werkteilen aufgrund der ständigen Bewegung in Halbtonschritten praktisch alle zwölf Halbtonarten in sehr viel schnellerer Folge als sonst durchlaufen werden. Aufgrund dieses Charakteristikums erhielt das Werk später den nicht von Bach selbst stammenden Namenszusatz »chromatisch«. Diese Kompositionstechnik ist zwar in diesem Werk Bachs besonders stark ausgeprägt. Wir treffen sie aber in sehr viel kürzeren Abschnitten auch in mehreren anderen seiner Werke besonders für Tasteninstrumente, einschließlich der Orgel, an.

Bach gehört zwar zu den frühesten Komponisten, die kühn und um Jahrhunderte vorausschauend mit Halbtonschritten experimentierten. Aber er ist beileibe nicht der erste mit Chromatik oder schrägen Dissonanzen arbeitende Tonsetzer.

Das Phänomen Carlo Gesualdo (1566–1613)

Eine in der Musikgeschichte überaus schillernde Figur, der in Neapel geborene Komponist und seit 1586 in der Erbfolge nach seinem Bruder regierende Fürst von Venosa, Carlo Gesualdo, war mir bis vor kurzem kaum bekannt. Als ich spät mit einigen seiner höchst ungewöhnlichen Werke in Berührung kam, war ich auf Anhieb davon fasziniert, vor allem als ich Kenntnis erhielt von den biographischen Überlagerungen seines musikalischen Schaffens. So wird uns eine für mehrere Personen tödliche Eifersuchtstragödie überliefert, an der der vierundzwanzigjährige Komponist aktiv beteiligt gewesen sein soll. Nachdem dieser, der betreffenden Legende zufolge, eines Tages von der Affäre seiner jungen Ehefrau Maria d'Avalos erfuhr, gab er zusammen mit seinen Vertrauten vor, sich auf einen Jagdausflug zu begeben. Als er noch am selben Abend heimlich zurückkehrte, ertappte er das Liebespaar in flagranti. Gesualdos Frau, ihr Liebhaber und eine kleine Tochter mit ungeklärter Vaterschaft kamen in dieser Nacht durch Dolchstiche um, vermutlich zumindest Gesualdos Frau durch die Hand ihres Mannes. Da Ehrenmorde unter Adeligen nicht bestraft wurden, hatte Gesualdo keine rechtlichen Folgen zu tragen. Trotzdem flüchtete er, von schwerer Reue gepackt und aus Angst vor der Blutrache seitens der Familie der Opfer, und versteckte sich über Jahre im Familienschloss Gesualdo.

Gesualdos erste vier Madrigalbücher entstanden erst, nachdem er zum zweiten Mal geheiratet hatte und zusammen mit seiner Frau in Ferrara lebte. Nach dem Tod seines einzigen Kindes aus zweiter Ehe, wieder einige Jahre später, verstärkten sich Gesualdos schwere Depressionen. Er schrieb mehrere geistliche Werke und veröffentlichte seine letzten Kompositionen erst etwa zwei Jahre vor seinem Tod.

Gesualdos Schaffen umfasst eine Reihe geistlicher Werke, darunter Responsorien, Motetten und vor allem sechs Bücher mit meist fünfstimmigen Madrigalen. Im Übergang von der Renaissance zum Barock steht sein Stil in der Tradition der Vokalpolyphonie des 16. Jahrhunderts, besonders von Claudio Monteverdi und Luca Marenzio. Besonders kennzeichnend für Gesualdos Werk ist jedoch der zunehmende Einsatz dichter chromatischer Strukturen, scharfer Dissonanzen und unerwarteter Tonartenwechsel. Diese sind zwar im Werk etwa seines Zeitgenossen Marenzio durchaus auch in kühner Weise angelegt, aber die Extreme, denen wir in Gesualdos letzten Madrigalen begegnen, sind in der Tat einzigartig. Gesualdos Werk, welches bis in die Mitte des 17. Jahrhunderts in höfisch-akademischen Kreisen bekannt war, verschwand danach weitgehend, als die neue Gattung der Oper in den Vordergrund der Musikrezeption trat.

Das Bild Gesualdos oszilliert bis heute zwischen historischer Wahrheit und Legendenbildung. Nach meinem Empfinden wird dieses zwiespältige Bild zusätzlich von der besonderen Faszination genährt, welche von den zwischen 1594 und 1611 verfassten sechs Madrigalbüchern des Komponisten ausgeht, besonders dann, wenn ich die aus dieser ungewöhnlichen Musik bezogenen Eindrücke mit den düsteren Vorstellungen von der makabren Biographie des Fürsten von Venosa verbinde.

Bei der Einschätzung der Madrigalkunst Gesualdos in den unterschiedlichsten Quellen des 16. und 17. Jahrhunderts werden am häufigsten außerordentliche Schönheit, intensiver Gefühlsausdruck und meisterhafte Beherrschung des Kontrapunkts und anderer musikalischer Kunstgriffe als Haupteigenschaften seines Schaffens genannt. Beim Hören des sechsten Madrigalbuchs in einer neuen, wunderbaren Aufnahme der Compagnia del Madrigale kann ich die in der dazugehörigen »Glossa« zitierten Beurteilungen von Gesualdos Zeitgenossen besonders gut nachvollziehen. So soll der etwas jüngere römische Adelige Pietro della Valle diese Madrigale vor allem wegen ihres »mitleiderregenden und bedauernswürdigen Affekts« geschätzt und diese Musik allgemein als »das Werk eines Wahnsinnigen« bezeichnet haben. Und beim Genuesen Simone Molinaro (1565–1615), dem Schöpfer des außerordentlichen Nachdrucks aller sechs Madrigalbücher Gesualdos, stoßen wir auf einen Vergleich von Gesualdos Werken mit »klingenden Perlen, die aus dem Becken der ewigen Schönheit der Strahlen des Fürsten von Venosa hervorgingen« (siehe Begleittext zu Gesualdo, Sesto Libro di Madrigali 1611. La Compagnia del Madrigale. Glossa Music 2013, S. 21–24).

Musikwissenschaftler aus jüngerer Zeit wie Alfred Einstein sehen in den oft fast durchgehend erklingenden scharfen Dissonanzen vor allem in den letzten Madrigalen Gesualdos eine Vorwegnahme nicht nur der Wagnerschen Chromatik etwa in der »Walküre« oder im »Tristan«, sondern sogar der Atonalität Schönbergs (u. a. Alfred Einstein: The Italian Madrigal. Princeton 1949; Cecil Gray & Philip Heseltine: Carlo Gesualdo, Musician and Murderer. London 1926).

Besonders hervorzuheben ist, dass dem Hörer bereits im ersten Madrigal des sechsten Buchs, »Se la mia morte …«, eine drastische Gegenüberstellung von Leben und Tod begegnet, geradezu im Sinn einer Besessenheit vom Tode – ähnlich wie von Liebe (amore) und Schmerz (dolore). Ich weiß nicht, in welchem abendländischen Werk ich je einer so engen Verbindung von schmerzlichem Ausdruck und schrillem, eisigem Klang mit einer unglaublichen innigen Expressivität begegnet bin wie gerade in diesen Madrigalen. Im Zusammenhang mit Gesualdos extremer Biographie und seiner Musik stellt sich mir die Frage auch nach der Rolle der Religion im Leben des Komponisten. Ist dieser doch immerhin zusammen mit zwei Onkeln aufgewachsen, welche berühmte und einflussreiche Kardinäle waren, der eine von ihnen der 1610 heiliggesprochene Kardinal Carlo Borromeo. Die Frage, ob sein religiöses Empfinden im Zusammenhang mit der zeitlebens an seinem Inneren zehrenden, mehrfach tödlichen Eifersuchtstragödie seiner jungen Jahre gesehen werden muss, neige ich eher zu bejahen, besonders wenn ich bedenke, dass während seiner letzten Lebensphase die Religiosität tatsächlich im Zentrum seines Denkens gestanden hat. Ich halte es jedenfalls beim Anhören von Gesualdos Musik für einseitig, diese lediglich als das Werk eines durch Wahnsinn verdunkelnden Geistes abzutun. Eher würde ich die exzentrischen und visionären Ansätze auch als Folge gelegentlicher mystischer Anwandlungen sehen, die sich mit dem Schmerz seiner Reue unkenntlich mischen. Es mag sein, dass der Künstler Gesualdo mit seiner Musik auch an die Tradition der chromatischen Musik der griechischen Antike angeknüpft hat, gleichzeitig aber auch neue Harmonien schaffen und zukünftige Musikstile gar mit überirdischem Einschlag vorwegnehmen wollte.

Wie bereits aus meiner vorangegangenen Skizzierung der sehr andersartigen Musik von Gesualdos Zeitgenossen in Italien, Monteverdi und später Lully, ersichtlich werden kann, ist Carlo Gesualdo ein herausragendes Einzelphänomen. In gewisser Weise ist er bis heute eine geniale und faszinierende und mit vielen Fragezeichen behaftete, einmalige Erscheinung innerhalb der ganzen italienischen Musik vor und nach ihm geblieben. Denn interessanterweise war das Italien der Spätrenaissance in seiner musikalischen Entwicklung, besonders bezüglich der Loslösung von kirchlich-religiösen Bindungen, zwar der deutschen Musik derselben Zeit weit voraus. Aber die Musik in Italien hat in den folgenden Jahrhunderten, trotz der unvergänglichen Größe eines

Verdi, eines Puccini oder Busoni und trotz der immer expansiver werdenden Melodik im Reich der Oper, nie die gigantischen Entwicklungen vollzogen, die in Deutschland zwischen Johann Sebastian Bach und der Moderne des 20. Jahrhunderts vor allem in der Harmonik zu verzeichnen sind. Denn kaum hatte die Musik auch im deutschsprachigen Raum, rund hundert Jahre später als die der italienischen Renaissance, die ersten erkennbaren Schritte in Richtung Säkularisierung getan, überholte sie, bereits während der Wiener Klassik und ansatzweise auch schon mit Johann Sebastian Bach, die italienische Tradition mit der Schaffung völlig neuer Formen. Dazu gehörte besonders die langsame und schrittweise Auflösung des Grundtonbezugs und der großen musikalischen Formen seit der Hoch- und Spätromantik und deren Übergang zur Moderne. Frankreich zog dann (sofern man Chopins Musik vor allem der polnischen Kultur und dem polnischen und nicht dem französischen Geist zugehörig sieht) noch sehr viel später, nach Hector Berlioz und Gabriel Fauré, mit den kühnen und grundlegenden Neuerungen vor allem durch Claude Debussy nach.

Die Auflösung der Tonalität ist jedoch besonders ein Phänomen, das sich in der Folge der Wiener Klassik vor allem in der deutschen Musik des 19. Jahrhunderts entwickelte. Die Zentrierung der Wiener Klassik auf das menschliche Individuum und in ersten Ansätzen auf die Natur, die den Menschen umgibt, wird sich als Nächstes besonders in der Romantik Franz Schuberts, Robert Schumanns und Johannes Brahms' fortsetzen. Dafür kennzeichnend ist die weitere Auslotung des menschlichen Seelenlabyrinths aufwühlender Gefühlsbewegungen, Stimmungen und Ahnungen. Dabei findet die Empfindsamkeit des Menschen, gewissermaßen in der Fortsetzung von Haydns idyllischen Naturschilderungen in der »Schöpfung« und von Beethovens Naturdramatik in der 6. »Pastoral«-Symphonie, vor allem in den musikalisch geschilderten landschaftlichen Schönheiten und in belebenden Naturgegebenheiten ihren Ausdruck. Bei all diesen musikalischen Darstellungen begegnen wir bei den Romantikern zusätzlich auch einer stärkeren Verschränkung von Musik und Sprache. Es ist vor allem die Verbindung von Musik und beschaulicher Poesie, wie sie sich in der breitangelegten Liedkultur für die Hausmusik des gehobenen Bürgertums ausdrückt. Mehr noch als ansatzweise bereits in der Wiener Klassik und davor, kommen in den Musikwerken vor allem der Spätromantik zunehmend auch dunkle und schrille Seiten zum Vorschein, mit denen sich die abendländische Musik noch weiter von ihrer ursprünglichen christlich-religiösen Ausrichtung zu entfernen scheint.

Betrachtet man diese musik- und kulturgeschichtlichen Bewegungen, so scheint mir die Bezeichnung der verschiedenen Phasen und gegenseitigen Ablösungen als »Paradigmenwechsel« zu undifferenziert. Aufgrund des Ineinanders von frühen Vorbahnungen, schrittweisen Veränderungen und Verschiebungen und dann manchmal sehr viel später erfolgenden »restaurativen« Rückbindungen halte ich es angemessener, von musik- und kulturgeschichtlichen Paradigmenverschränkungen zu sprechen.

Zunehmende Zentrierung
auf Mensch, Natur und Sprache
in der deutschen Romantik

FRANZ SCHUBERT (1797 – 1828)

Wenn ich anfangs sagte, ich hätte unter allen Komponisten zu Franz Schubert das intimste Verhältnis, dann heißt das, dass ich seine Musik ziemlich früh bewusst und sehr persönlich aufgenommen habe, und zwar ohne die überwältigende Ehrfurcht, die mich als Kind von dem Riesen Bach ziemlich lange ferngehalten hatte. Unvergesslich ist mir beispielsweise geblieben, wie ich mich als Elfjähriger, als ich mich, allein ohne Eltern und in meiner Trauer um unseren gerade verstorbenen Hund Micky, an einem Sonntagvormittag in mein Bett verkroch und mich bei der Radioübertragung der Zwischenaktmusik von Schuberts »Rosamunde« in so tiefen Schmerz hüllte, dass ich überhaupt nicht mehr aufstehen wollte. Seitdem bildete ich mir während meiner ganzen Kindheit ein, aus einem gewissen Vertrautheitsgefühl heraus beim Erraten der Herkunft von mir unbekannten Musikstücken immer am raschesten die Charakteristik von Schuberts Stil heraushören zu können. Als ich als Sechzehnjähriger in unserem Gymnasium von dem Lehrer, der das dortige Schülerorchester leitete, einmal die Erlaubnis bekam, mir zum ersten Austesten meines für die Zukunft erträumten Dirigentenberufs »sein« Orchester für eine Probe zu übernehmen, suchte ich mir dafür das volksliedartig lyrische Andante, den zweiten Satz der 6. »kleinen« C-Dur Symphonie von Schubert aus. Als gleich zu Anfang zu meiner Verblüffung und Irritation mein erster Einsatz völlig misslang und ich nur äußerst langsam in meine Orchesterleiterrolle hineinfand, musste ich mir erst einmal klarmachen, wie groß der Unterschied ist zwischen dem Verfolgen einer Orchesterleitung von außen und der Übernahme dieser Leitung am Pult – ähnlich wie ich es sehr viel später erlebte, als ich bei meinem ersten Reitversuch ein Pferd bestieg und dieses mich dann gleich abzuwerfen drohte. Immerhin brachte ich die »Einstudierung« mit meinen musizierenden Mitschülern noch irgendwie zu Ende. Umso unauslöschlicher blieb mir dabei gerade dieser Symphoniesatz Schuberts und die ganze Symphonie gegenwärtig – ganz im Sinn des sogenannten Zeigarnik-Effekts in der psychologischen Forschung, wonach sich unbewältigte oder unterbrochene Aufgaben stärker und nachhaltiger einprägen als bewältigte. Das Umgekehrte passierte mir, als mir mein Vater zur selben Zeit, als er sich von seinem Musikerberuf verabschiedete, ab und zu Besonderheiten klassischer Kompositionskunst vorführte und als Beispiel für unübertroffene harmonische Modulationen zahlreiche Stellen in Schuberts »Die schöne Müllerin« und »Die Winterreise« analysierte. Er tat dies jedoch so eindringlich streng und impulsiv, dass ich, ziemlich verwirrt und entmutigt, für längere Zeit gar keinen Blick mehr frei hatte für die wundervolle und tiefe Ausdrucksprache dieser beiden ganz besonderen Werke Franz Schuberts.

Erst sehr viel später, nach meinem eigenen Wechsel von der Musik zum akademischen Theologiestudium, nahm ich mir umso häufiger vor allem die Noten der »Winterreise« wieder vor und versenkte mich Lied für Lied in den seelischen Schmerz des jungen Wanderers, der nach einem unglücklich endenden Liebeserlebnis (»Fremd bin ich eingezogen, fremd zieh' ich wieder aus«) ohne Ziel und Hoffnung in die Winternacht tritt und sich dann auf einem langen, passionsgleichen Weg seinen starken Stimmungsgegensätzen zwischen überschwänglicher Freude und hoffnungsloser Verzweiflung aussetzt, bevor er nach und nach ganz von anhaltend düsterer Stimmung ergriffen wird. Am Ende seiner Reise trifft er den Leiermann, der frierend seine Leier dreht, aber von niemandem gehört wird. Die Schlussfrage »Willst zu meinen Liedern deine Leier dreh'n?« hört sich an wie eine Deutung der Kunst als letzter Zuflucht, es sei denn, dass der Leiermann den Tod verkörpert oder dass die ewige Leier Ausdruck der Qual eines hoffnungslosen, aber immer fortdauernden Lebens ist. In Anbetracht dieser erstarrten Hoffnungslosigkeit am Ende der »Winterreise« empfinde ich gerade den »Leiermann« wegen seiner eingängig monotonen Schlichtheit als eines der anrührendsten Lieder des ganzen Zyklus. Gleichwohl bin ich im Lauf meiner Studien immer eindeutiger zu der Gewissheit gelangt, dass die Stimmung dieses abschließenden Liedes sowie zuvor der von Tod, Einsamkeit und vom Zwang zum unentwegten Weiterwandern sprechenden Lieder »Der Wegweiser« und »Das Wirtshaus« (»Auf einen Totenacker …«) eine Art textmusikalisches Gleichnis ist für Schuberts Erleben seiner eigenen von Krankheit, Erschöpfung und oft Einsamkeit gekennzeichneten letzten Jahre, vielleicht sogar ein Gleichnis seines ganzen wie im Zeitraffertempo vorüberziehenden Lebens von nur einunddreißig Jahren, das damit sogar knapp fünf Jahre kürzer ist als das von Mozart. Umso unglaublicher und bewundernswerter die riesige Fülle an Meisterwerken im Bereich der Klavier- und Kammermusik, der Liedkunst und der Orchester- und Vokalmusik, alles in allem an die tausend (!) Werke, die

Schubert seinem flüchtig kurzen, stark belasteten und auch mit vielen anderen Dingen ausgefüllten Leben abgetrotzt hat.

Inzwischen konnte ich in einem Bericht eines Freundes von Schubert nachlesen, dass Schubert, bereits von langer und schwerer Krankheit gezeichnet und körperlich stark angegriffen, ihm eines Tages ankündigte: »Komm heute zu Schober, ich werde Euch einen Kranz schauerlicher Lieder vorsingen.« Mit bewegter Stimme soll er dann »Die Winterreise« vorgetragen haben, so dass seine Freunde alle tief ergriffen waren und spürten, dass dies wohl sein Schwanengesang wäre. Ein anderer seiner Weggefährten erzählte später, dass Schubert noch eine Woche vor seinem Tod von einer Oper gesprochen habe. »Und ... völlig neue Harmonien gingen ihm im Kopfe herum ... mit diesen ist er eingeschlummert« (Schubert im Freundeskreis. Briefe, Erinnerungen, Tagebücher, hg. von Felix Braun. Leipzig 1951, S. 77 f.). Und in einem verlorengegangenen Tagebuch lesen wir am 27. März 1824, kurz nachdem Schuberts schwere Krankheit zum ersten Mal ausgebrochen war, den verzweifelten Ausruf des Einsamen:

Keiner, der den Schmerz des Anderen, und Keiner, der die Freude des Anderen versteht! Man glaubt immer, zu einander zu gehen, und man geht nur neben einander. Oh Qual für den, der das erkennt (ebd., S. 39).

Auch eine andere, etwas frühere Komposition, das Streichquartett »Der Tod und das Mädchen«, hört sich für mich an wie eine sich durch alle Sätze hindurchziehende Stimmung eines dem Tod ins Auge Blickenden. Diese Art von verinnerlichtem Leiden, Verzweiflung und makabrem Grauen empfinde ich besonders in Schuberts drei letzten, lange im Schatten der späten

Klaviersonaten Beethovens unbeachtet gebliebenen, posthum erschienenen Klaviersonaten D 958–960. Die c-Moll-Sonate, düster, leidenschaftlich, abgründig, mit ausgeprägt Beethovenschen Zügen, und die eisige Stimmung im zweiten Satz oft an die »Winterreise« erinnernd. Die zweitletzte A-Dur-Sonate ist sehr vielfältig, mit hellen und mit tiefdunklen Seiten. Die schauerliche Monotonie von deren langsamem fis-Moll-Satz mit dem beharrlichen cis fast in jedem Takt erinnert mich an den »Leiermann« aus der (fast gleichzeitig komponierten) »Winterreise«. Aber dann im Mittelteil ergießt sich überraschend, wie in wild aufwühlendem Kontrast dazu, eine Kaskade wüst chaotischer Dissonanzen mit auf Unter- und Oberstimme verteilten ganztaktigen, chromatischen Zweiunddreißigstelfiguren, so ungestüm aufschreiend, wie mir dies in keinem der anderen Werke Schuberts bekannt ist. Und dann ist schließlich die letzte B-Dur-Sonate: die mich am stärksten anrührende und bewegende von allen dreien. In ihrem langsamen cis-Moll-Satz folgt auf das Hoffnungslosigkeit und Ausweglosigkeit ausdrückende rhythmische und melodische Ostinato am Anfang ein bewegter, an einen unheimlichen Mönchsgesang erinnernder Mittelteil, der dann wieder auf das Anfangsmotiv zurückführt. Das Werk endet im letzten Satz mit einer bereits jenseitig abgehobenen Fröhlichkeit, ein bisschen nach der Devise »hoffnungslos, aber nicht ernst«. Der unübertroffene Schubert-Klavierinterpret Alfred Brendel hat einmal gesagt, Schubert habe das Fieber in der Musik erfunden. Die Grundstimmung der drei in Schuberts Todesjahr komponierten Sonaten kündigt sich auch an in dem von ihm 1824 komponierten Oktett in F-Dur (einer Art Gegenstück zu Beethovens ziemlich früh komponiertem, frisch schwungvollem Septett in Es-Dur op. 20 mit seinen unverkennbaren Haydnschen Zügen, von dem Beethoven selbst mit Blick auf sei-

nen Lehrer stolz gesagt haben soll, dies sei *seine* »Schöpfung«).
Auch Schuberts wenig früher entstandene Arpeggione-Sonate
und schließlich die erst 1839 uraufgeführte, markante C-Dur-
Symphonie kommt ebenfalls nicht ganz an dieser Einschätzung
vorbei. Praktisch alle diese Spätwerke haben darüber hinaus
noch eine Eigenschaft gemeinsam, besonders herausragend in
den letzten drei posthumen Klaviersonaten und in der großen
C-Dur-Symphonie: nämlich die motivische Verdichtung einerseits und die Tendenz zu fast ziellos wirkender Weitschweifig-
keit und zu innerer Expansion der klassischen Sonatenform in
unterschiedliche Ausdrucksbereiche und Klangräume hinein,
manchmal mit Wiederholungen anstelle thematischer Weiter-
verarbeitung. Es sind die in Schuberts spätem Werk legendär
gewordenen, von Schumann apostrophierten »himmlischen
Längen«, die für viele Hörer oder auch Interpreten grenzwertig
sein mögen, aber letztlich durchgehend als eine nicht endenwol-
lende Bereicherung empfunden werden. Umso unglaublicher,
dass derselbe Schubert in seinem verzweifelten Zustand noch
ganz kurz vor seinem Tod uns sein von so viel Heiterkeit und
Frohsinn erfülltes, berühmtes Lied »Der Hirt auf dem Felsen«
geschenkt hat.

Dass Schubert in seiner Bescheidenheit die Wirkung seiner
im inneren Schmerz der Todesnähe geschriebenen Musik ver-
kannt hat, zeigen seine folgenden Worte:

Meine Erzeugnisse sind durch den Verstand für Musik und durch
meinen Schmerz vorhanden. Jene, welche der Schmerz allein er-
zeugt hat, scheinen am wenigsten die Welt zu erfreuen. (ebd.)

Franz Schuberts kurze, praktisch ausschließlich in Wien spielende Biographie steht allerdings nicht nur für Leiden und Einsam-

keit. Vor allem der frühe Schubert wird uns von seinen Freunden als ausgesprochen geselliger Mensch geschildert, umgeben von dem vorhin erwähnten, sehr großen und vielfältigen, ihn materiell wie seelisch und sozial unterstützenden Freundeskreis, zu dem übrigens auch der Dichter und Librettist Franz von Schober, der Verfasser des Gedichts »An die Musik« gehört. Mit diesem wird an zahlreichen Abenden in den zeitweise sogar wöchentlich stattfindenden sogenannten »Schubertiaden« gemeinsam vokal und instrumental musiziert. Über das gemeinsame Musizieren hinaus wird, wo Schubert sich dies finanziell leisten kann, auch in Postwagen oder Einspännern quer durch Österreich gereist, ungeachtet der damals wenig bequemen Fortbewegungsmöglichkeiten auf den schlecht befestigten und staubigen Straßen. Es werden Landpartien unternommen, verbunden mit gelegentlichen Wanderungen beispielsweise in der Steiermark (a. a. O. S. 72 f.). Dort fehlt es gewiss nicht an Eindrücken und Anregungen für eine Vertonung der vielen auch Schubert zur Verfügung stehenden Gedichte, die voller Poesie für die Schönheiten unserer Natur schwärmen und die geradezu dafür gemacht sind, auch eigene Naturerlebnisse in Töne umzusetzen.

Dies ist nach dem Zeitalter des Barock und der Wiener Klassik eine neue Komponente musikalischen Schaffens. Mit der langsamen Hinwendung weg vom universalen Kosmos und dem Lob Gottes zum Gefühlsleben des Individuums einher geht auch das erwachende Interesse an der den Menschen umgebenden Natur. Joseph Haydn würde ich diesbezüglich als einen für seine Zeit noch eher untypischen Vorläufer ansehen. Er besingt nicht erst in seinen beiden späten Oratorien »Die Schöpfung« und »Die Jahreszeiten« gottvertrauend heiter und unbefangen die Idylle der Natur, der er große Bewunderung und Liebe abgewinnt. Schon in einigen späteren Symphonien (»Die [Kuckucks-] Uhr«,

»Die Henne« und »Der Bär«) und vor allem in mehreren seiner zahlreichen Streichquartette imitiert er (z. B. im »Vogelquartett«, im »Lerchenquartett« und im »Froschquartett«) die entsprechenden Tierstimmen, und im »Sonnenaufgangs-Quartett« huldigt er, ähnlich wie in seiner D-Dur Symphonie Nr. 6 »Le Matin«, dem betreffenden Naturschauspiel. Ob allerdings Haydn (wie auch Mozart) ein passionierter Wanderer gewesen ist und sich so seinen offensichtlichen Sinn für die Natur erobert hat, wissen wir nicht. Der erste »Romantiker« in diesem Sinn ist ansatzweise Beethoven, der nicht nur seine besondere Liebe zur Natur, verbunden mit einer pantheistischen Glaubensvorstellung, in der Vertonung von Gellerts Gedicht »Die Ehre Gottes aus der Natur« zum Ausdruck gebracht hat. Er unternahm vor allem auch gerne lange Spaziergänge vor den Toren Wiens und ließ sich dabei beispielsweise zur »Szene am Bach« in seiner 6. »Pastorale«-Symphonie inspirieren. Bei Schubert und den späteren Romantikern tritt dieser Bezug zur Natur dann noch viel ausgeprägter hervor. Am deutlichsten spürt man Schuberts besondere Naturverbundenheit und die Erweiterung seines Lebenshorizonts durch das sinnhaft bereichernde Naturerleben in seinen zahlreichen, durch sämtliche Zyklen hindurch verstreuten Liedern. Selbst die eisige, fremde, ja tödliche Natur in der »Winterreise« wird heraufbeschworen: die erinnerungsträchtigen Zweige und die Rinde des Lindenbaums am Brunnen vor dem Tore, Eisblumen am Fenster, der gefrorene Fluss, Felsengründe, die wunderliche Krähe, bellende Hunde und der Himmel am stürmischen Morgen. Bei der um einiges früheren Vertonung der »Schönen Müllerin« vom selben Dichter Wilhelm Müller tritt dies einerseits, der sommerlichen Jahreszeit entsprechend, noch viel prägnanter in Erscheinung: die Mühle, das wiederholt rauschende Bächlein und die überall blühenden Blumen. Aber auch hier, eine Reihe von Jahren vor der Vertonung der »Winterreise«, ist die Natur eine Kulisse, ja ein Dialogpartner menschlicher Tragödie. Der auf seiner Wanderschaft dem Lauf des Baches folgende junge Müllergeselle verliebt sich unglücklich in die Tochter seines neuen Meisters und ertränkt sich schließlich im Bach. Dieser Bach nimmt im Liederzyklus die Rolle einer teilnehmenden Figur an. Im vorletzten Lied (»Der Müller und der Bach«) singen beide im Wechsel, und im letzten »Des Baches Wiegenlied« singt der Bach ein wehmütiges Schlaf- und Todeslied für den in ihm wie im Totenbett ruhenden Müller. Dieses Miteinander von idyllischer Natur und menschlicher Wehmut und Todessehnsucht ist ebenfalls charakteristisch für den Liederzyklus »Schwanengesang« sowie für andere, zum Teil auch frühere Lieder Schuberts, ob es Goethes »Heidenröslein« ist oder Klopstocks »Das Rosenband«, Uhlands »Frühlingsglaube«, Schubarts »Forelle«, »An die Nachtigall« von Claudius oder das melancholische Sehnsuchtslied »Der Wanderer« (nach dem Gedicht »Des Fremdlings Abendlied«).

Damit wird deutlich, dass in den romantischen Gefühlsschilderungen und in der Verherrlichung von Naturgegebenheiten Musik und Sprache noch viel enger zusammenwachsen als in der Klassik oder gar im Barock. Ich werde bei Schumann und Brahms nochmals darauf zurückkommen.

Zuletzt stellt sich mir im Zuge der weltanschaulichen Verschiebungen in der Musik vom göttlichen Universum zu dem mehr »säkulären Wunder« der Natur und des individuell menschlichen Seelenlebens in der Zeit zwischen Barock, Rokoko und Romantik auch die Frage nach Schuberts Haltung gegenüber der Religion. In seiner Schubert-Monographie (Reinbek 1997) berührt Ernst Hilmar auch dieses Thema: »Unkonventionell war seine Entscheidung auch in Glaubensfragen, was ihm den Vorwurf einer mangelnden Religiosität einbrachte … Damit in Zusammenhang wurde das Fehlen der Textpassage: ›Credo in unam sanctam et apostolicam ecclesiam‹ in seinen Messen gesehen … Die sorgfältige Eliminierung dieser Textpassage in allen seinen Kirchenwerken war aber keine Frage der Religiosität, sondern als Kritik an der Kirche und ihren Praktiken zu verstehen, das heißt an ihrem weltlichen Verhalten und ihrer Bigotterie. Die Phrasen der kirchlichen Dogmen wurden von Schubert schlichtweg abgelehnt.« (S. 111) Auf diesem Hintergrund ist es schwer auszumachen, welche Vorstellungen Schubert bei seiner Vertonung von Franz von Schobers Gedicht »An die Musik« mit den Worten »… in eine bess're Welt entrückt« oder »den Himmel bess'rer Zeiten mir erschlossen« verbunden hat. Ich vermute jedenfalls, dass seine (wie auch von Schobers) Vorstellung trotz des Wortes »Himmel« abweicht von der überirdisch religiösen Anschauung von Komponisten und Dichtern der Barockzeit. Selbst wenn bei Schubert dieser transzendent überirdische Aspekt noch mitschwingen mag, so dürfte das Hauptgewicht wohl eher auf der menschlich-seelischen Entrückung und Verzückung liegen (es ist schließlich nicht vom Himmel an sich die Rede, sondern vom »Himmel bess'rer Zeiten«). Ein Schubert zugeschriebener Aphorismus könnte ein weiterer Hinweis sein auf seinen kritischen Umgang mit den aus der religiösen Tradition überlieferten verschiedenen Gottesbildern. »Wir glauben immer, dass Gott uns selbst ähnlich sei: die Nachsichtigen verkünden ihn als nachsichtig, die Hasserfüllten predigen, dass er furchtbar sei.«

Schuberts Oppositionshaltung zur Kirche und zu kirchlicher Frömmigkeit passt auch zur politischen Opposition des »Dissidentenvereins« innerhalb Schuberts Freundeskreis. Dieser übte Kritik am herrschenden System der reaktionären Restauration unter Kanzler Metternich. Schubert, der enge Kontakte zu den Kreisen der Opposition unterhielt, galt durch seine exponierte

Begabung als wichtiges Sprachrohr der Intellektuellen. Einer Razzia beim Dissidentenverein seiner Freunde im Jahr 1826 entging Schubert nur durch eine frühzeitige Warnung. Die 1822 verbotene Leipziger Literaturzeitschrift »Urania« mit den Texten des Dichters Wilhelm Müller für die »Winterreise« hatte sich Schubert illegal besorgt. In diesem Zusammenhang gibt es dementsprechend auch eine politische Deutungsebene der »Winterreise« – etwa bei der Vertonung von Zeilen wie »Hie und da ist an den Bäumen manches bunte Blatt zu seh'n« (»Letzte Hoffnung«) oder im darauffolgenden Lied »Im Dorfe«, wo »Es bellen die Hunde, es rasseln die Ketten …« ebenfalls für diese Interpretation spricht (vgl. Reinhold Brinkmann: Musikalische Lyrik, politische Allegorie und die »heil'ge Kunst«, in: Archiv für Musikwissenschaft 62 (2005), S. 75–97).

Somit ist es interessant zu beobachten, wie sich nach der Wiener Klassik, deren unvergänglichen Musikschöpfungen sich stärker am menschlichen Individuum als an religiösen oder gar kirchlichen Bindungen orientierte, die Tendenz in der romantischen Epoche nicht nur weiter in Richtung Mensch verschiebt, sondern auch in die den Menschen umgebende Natur und dann, später bei Robert Schumann, auch in die sich mit der Musik immer enger verbindende Poesie und Sprache.

Die für Schuberts knapp bemessene Lebenszeit in erstaunlicher Weise zum Ausdruck kommende vielseitige Persönlichkeit – sein noch in den dunkelsten Augenblicken überquellendes musikalisches Genie, aber auch seine humoristisch frohsinnige Geselligkeit, Reisefreudigkeit, Naturverbundenheit und seine ihm von seinen Freunden nachgesagte Bescheidenheit und Scheu, aber gelegentlich auch Verschrobenheit und Unbeholfenheit und später seine durch Krankheit, Leiden und Todesnähe bedingte tiefe Einsamkeit, die Schubert fast bis zum letzten

Atemzug in ausdrucksintensive, traurig düstere Töne umzusetzen vermag – mag ein Spiegel seiner Zeit sein. Denn der früher in seiner kirchlich reglementierten, höfischen Schutzburg eingemauerte Künstler scheint jetzt sehr viel mehr dem öffentlichen, zunehmend säkularisierten und politisch bewegten Leben ausgesetzt zu sein, und er hat sich in dessen Stürmen vor allem aus eigener Kraft zu behaupten.

Schuberts Zeit, das Biedermeier, lässt sich mentalitätsgeschichtlich genau definieren. Es ist die Epoche eines bewegten Aufbruchs in ein besonders gefühlvolles, individuelles Seelenleben. Es erscheint mir deshalb noch heute nachvollziehbar, dass mein Vater einmal am Ende einer bewegenden Soiree mit Schubert-Liedern, die im ebenfalls musizierfreudigen Haus meiner Großeltern mütterlicherseits in der Schweiz in den frühen sechziger Jahren stattfand, sich nach dem zuletzt erklungenen Lied vor Ergriffenheit kurz in das Halbdunkel des offenen Nebenraums zurückzog und, nachdem er sich rasch wieder gefangen hatte, sich hervorwagte und mit schwankender Stimme rief: »Ja, damals durfte man noch traurig sein.«

Robert Schumann (1810–1856)

Da die Biographien und teilweise auch der Musikstil von Robert Schumann und Johannes Brahms eng miteinander verbunden sind, möchte ich gleich zu Anfang eine bedenkenswerte Bemerkung wiedergeben, die eine Tante von mir etwa zur selben Zeit wie das eben geschilderte Musikereignis im Hause meiner Großeltern mütterlicherseits machte, nachdem sie einmal an einem Nachmittag am selben Flügel eine Zeitlang allein für sich Schumann-Klavierwerke gespielt hatte. Beim Verlassen des Musikzimmers sagte sie mir, noch recht bewegt, Schumann sei doch eigentlich als Komponist bedeutender als Brahms.

Ich habe über diese Beurteilung bis heute immer wieder nachdenken müssen. Obwohl ich mich mit Schumann weit weniger intensiv befasst habe als etwa mit dem Werk Schuberts, habe ich darüber doch immer wieder mit verschiedenen Musikern und Musikliebhabern gesprochen. Ich weiß bis heute nicht recht, ob die Beurteilung meiner Tante vielleicht nur dann haltbar ist, wenn vorher die Definition von »bedeutend« ausreichend geklärt wurde, oder ob man ihr in jedem Fall zustimmen oder im Gegenteil widersprechen sollte. Ich werde nach meinen Ausführungen über die Gemeinsamkeiten und dann besonders über die Unterschiede zwischen Schumann und Brahms diese Frage nochmals aufgreifen.

In diesem Sinne möchte ich als Erstes sowohl an dem augenscheinlich Gemeinsamen zwischen Schumann und Schubert anknüpfen als auch Unterschiede sowie Ansätze einer Weiterentwicklung in Schumanns Musik suchen. Aber noch wichtiger für mich ist es, der Frage nachzugehen, warum ich der Musik und der Persönlichkeit Robert Schumanns nicht dasselbe Gefühl innerer Verbundenheit entgegenbringen kann wie Franz Schubert. Ich kann es zwar nachvollziehen, dass für viele Menschen, ja ganze Vereinigungen, Schumanns Musik das Nonplusultra ist, und auch ich empfinde viele seiner Werke, auf die ich noch zurückkommen werde, als nachhaltig wichtig. Trotzdem erscheint mir Schumanns Musik über lange Strecken als fremd und undurchdringlich, manchmal aber im Gegenteil auch als ängstigend übertransparent, weil aus ihr, trotz oder vielleicht auch wegen ihrer immer wieder erhebenden und zugleich tief berührenden Zugkraft, fast durchgehend allzu deutlich das tiefe Leiden herauszuhören ist, welches praktisch das ganze Leben und

Empfinden dieses tiefunglücklichen und ständig gesundheitlich beeinträchtigten Menschen bestimmt hat. Diese Einschätzung will ich mit der folgenden Skizzierung seiner musikalischen Entwicklung etwas näher begründen.

Robert Schumann, in eher ärmlichen Verhältnissen in Zwickau geboren, verbringt dort seine Kindheit und Jugend. Der Vater, ein glückloser Literat und Kleinverleger, stirbt früh, und die musikbegeisterte Mutter sorgt für einen soliden Klavier- und Orgelunterricht ihres jüngsten Lieblings Robert, während die drei älteren Brüder alle Buchhändler und Verleger werden. Robert selbst gründet bereits mit fünfzehn Jahren ein Jugendorchester und einen literarischen Verein, in dem er mit von ihm selbst entworfenen Programmen von »musikalisch deklamatorischen Abendunterhaltungen« bereits als Halbwüchsiger sein Familienerbe der engen Verbindung zwischen Musik und Literatur verwirklicht. Seine musikalische Ausbildung hingegen bleibt, etwa im Vergleich zum gleichaltrigen Felix Mendelssohn, bis zum Alter von achtzehn eher dilettantisch und provinziell. Seine ersten Liedkompositionen und Polonaisen entstehen, er lernt die Musik Schuberts kennen und spielt sie selbst leidenschaftlich gern. Er schreibt Gedichte, und aus dem Tagebuch des Halbwüchsigen sprechen bereits quälende Einsamkeitsgefühle, Angstanfälle und eine starke Neigung zur Melancholie, verbunden mit Träumen vom Ertrinken (die an seinem Lebensende fast wahr werden). Ein besonderer Lichtblick für ihn kurz nach seinem Abitur bleibt seine persönliche Begegnung mit dem Dichter Heinrich Heine in München, dessen Texte er später in seinem Liederzyklus »Dichterliebe« vertonen wird.

Äußerst widerwillig und nach erheblichen Widerständen gegen seine Familie, besonders die Mutter, beginnt er mit achtzehn in Leipzig ein Jurastudium. Er fühlt sich in dieser Stadt unwohl, äußert sich verächtlich über die Burschenschaften an der Universität und lenkt sich von seinem tristen Alltag mit dem intensiven Studium der Schriften der großen Philosophen und Dichter seiner Zeit ab. Diese inspirieren ihn zur Abfassung eigener schöngeistiger Werke, darunter romantische Naturschilderungen als Seelengemälde eines empfindsamen Erzählers. Er vertont Gedichte und pflegt Kontakte zu Kunstliebhabern, Musikern, mit denen er gern zusammen musiziert, mit Theaterleuten und Musikredakteuren. Bei dieser Gelegenheit kommt es zur schicksalshaften Begegnung mit dem Musiker und Musikpädagogen Friedrich Wieck, dessen Klavierschüler er bald wird und mit dessen Hilfe er hofft, die technischen Defizite seines Klavierspiels zu beseitigen. Wiecks Tochter, seine zukünftige Frau Clara, ist damals neun Jahre alt und hat eben im Gewandhaus ihr Klavier-Debüt gegeben. Als den achtzehnjährigen Schumann im November 1828 die Nachricht vom Tod Schuberts erreicht, hört ihn ein Zimmernachbar »die ganze Nacht schluchzen«. Bald wechselt er für zwei Semester nach Heidelberg, was ihn zwar studienmäßig nicht weiterbringt, von wo aus er jedoch abwechslungsreiche Reisen nach Italien unternimmt. Dort interessiert ihn die bildende Kunst nur wenig, und er bekommt auch, trotz eines eindrucksvollen Musikerlebnisses in der Mailänder Scala, keinen rechten Zugang zur italienischen Musik, so wie er auch die literarische Ignoranz der Italiener beklagt. Vor allem angetan ist er jedoch von der Natur und dem dortigen Leben, den südlichen Blumen und Früchten und deren Düften, den Wäldern und den weißglänzenden Städten, den Sonnenuntergängen und Sternennächten und nicht zuletzt auch von den »Italiänerinnen mit den feurig-schmachtenden Augen«. Nach seiner Rückkehr nach Leipzig fasst er, mit angeregt durch die Freiheitsbewegungen des Sommers 1830 in der

Folge der Julirevolution, den gegen den Widerstand der Mutter, von seinem Lehrer Wieck unterstützten Entschluss, sein Jurastudium aufzugeben und den Musikerberuf zu ergreifen, was er als ungeheure Befreiung erlebt. In seiner Euphorie über die bewegten politischen Ereignisse schreibt er ins Tagebuch eine Übersetzung des »Französischen Vaterunsers«.

> Unser gewesener König, der du bist ein Halunke; dein Name werde verwünscht; ... gib uns heute die 46 Millionen zurück, die du schuldig bist.
> *(Robert Schumann: Tagebücher, Bd. I (1827–1838), hg. v. Georg Eismann. Leipzig 1971, S. 323)*

Noch zehn Jahre später bezeichnet Schumann in einem Brief an Clara diesen Einschnitt als Beginn seines eigentlichen Lebens.

Dieselbe Clara ist 1830 inzwischen elf Jahre alt. Schumann geht im Hause Wieck wieder ein und aus. Abends erzählt er den Kindern Märchen und Geschichten von Doppelgängern, lässt sie Scharaden raten und spielt mit ihnen, als Gespenst verkleidet, »Fürchtenmachen«, wie er später eine seiner »Kinderszenen« nennen wird, die er nur ein Jahr nach seiner Verlobung mit Clara 1838 komponiert hat. Auch das »Gespenstermärchen« in den 1848 in Dresden entstandenen vierhändigen Klavierstücken »für kleine und große Kinder«, op. 85, basiert wohl auf Reminiszenzen an diese Abende mit Friedrich Wiecks drei Kindern. Dass Schumann einen besonderen Sinn für Maskeraden hegt, schlägt sich auch in seiner frühen Klaviermusik nieder. In den gerade um 1830 herum geschriebenen »Papillons« op. 2 ist der Hauptinhalt letztlich nicht die Flüchtigkeit der Schmetterlinge, sondern nach Schumanns eigenem Zeugnis die gespenstische Ballszene aus Jean Pauls »Flegeljahren«. Von Schumanns Maskeradenleidenschaft zeugt auch der wenige Jahre später entstandene »Carnaval. Scènes mignonnes composées pour le Pianoforte sur quatre notes«. Weitläufig unter diese Rubrik fällt auch das Zwiegespräch zwischen den beiden von ihm phantasierten Doppelgängern Eusebius und Florestan in den »Davidsbündlertänzen«.

Schumann, der schon früh und stärker noch als Schubert in seinem künstlerischen Wirken die Grenzen zwischen den Kunstgattungen, vor allem zwischen Musik und Literatur, für sich als fließend ansieht, gründet 1834 zusammen mit Friedrich Wieck die »Neue Leipziger Zeitschrift für Musik«, in der er sich häufig selber zu Wort meldet und beispielsweise seine beiden von ihm überaus geschätzten Zeitgenossen Chopin und Berlioz als »ermutigende Wegbereiter der poetischen Zeit« bezeichnet. Nur vier Jahre später, als Leipzig dank der Einstellung von Felix Mendelssohn Bartholdy als Gewandhausdirektor zu einem bedeutenden Musikzentrum geworden ist, verfügt die Zeitschrift über 450 Abonnenten. Es ist die Zeit der Verlobung und der baldigen, gegen den energischen Widerstand Friedrich Wiecks gerichtlich erstrittenen Heirat mit Clara 1840, nachdem beide seit 1835, sie inzwischen im Alter von sechzehn, einander immer nähergekommen waren und vor allem heimlich in leidenschaftlichem Briefkontakt gestanden hatten. Nach Robert Schumanns bereits erwähnten ersten gedruckten Kompositionen von 1831 und den ein Jahr später komponierten »Papillons« op. 2 und bald danach dem »Carnaval« entstehen während der sich festigenden Beziehung mit Clara die großen Klavierwerke. Es sind die »Davidsbündlertänze«, die Chopin gewidmeten »Kreisleriana«, die stark von seiner Beziehung zu Clara inspirierte und tonal und harmonisch neue Bahnen schlagende (Franz Liszt gewidmete) Klavierfantasie op. 17 und die bereits erwähnten »Kinderszenen«. Alle diese Klavierkompositionen sind, wie Dieter Hildebrandt in seinem »Pianoforte. Roman des Klaviers« (München

1985, S. 173) treffend urteilt, »eine große Phantasmagorie der neuen von der Romantik freigelegten (inneren) Spielräume des Instruments. Die Tastatur wird, mehr denn je zuvor, zur Fantasiewelt, zum Klanglaboratorium, zu einem Widerhallwerkzeug der ›Hölle unter der Schädeldecke‹ (Walt Whitman) … Wie nie zuvor kommt Körperliches ins Spiel«.

1840 kommt es zu einer Begegnung mit Franz Liszt, die Schumann faszinierte, aber auch ernüchterte, als dieser in Leipzig am Klavier Schumanns »Karnevalsszenen« vorträgt. Schumann urteilt entsprechend in einem Brief an Clara Wieck vom 18. März 1840:

> »Diese Welt ist meine nicht mehr … auch etwas Flitterwesen ist dabei.«
> *(Robert Schumann: Jugendbriefe, hg. v. Clara Schumann. Leipzig 1885, S. 310)*

Als Zeichen für seine ausgeprägte Vorliebe, von Leidenschaft erfüllte Dichtung in poetisch empfindsame Musik umzusetzen, komponiert Schumann im Jahr seiner Heirat nicht nur seine bedeutendsten Liederzyklen »Dichterliebe« (Heine), »Frauenliebe und -leben« (Chamisso) und »Liederkreis« (Eichendorff), sondern auch eine unglaubliche Fülle anderweitiger Vertonungen von Gedichttexten für Solo- und für Chorstimmen. Im Jahr darauf folgt die »Frühlingssymphonie« und ein Satz des a-Moll-Klavierkonzerts sowie einige wichtige Kammermusikwerke, darunter das Clara gewidmete Klavierquintett in Es-Dur op. 44 mit dem an Beethovens »Eroica« erinnernden Trauermarsch sowie das Klavierquartett op. 47, ebenfalls in Es-Dur.

Schon mit vierunddreißig im Jahr 1844 erleidet Schumann seinen ersten Zusammenbruch, angeblich nach einer Infizierung mit Syphilis Jahre vor seiner engeren Beziehung mit Clara. Seine Schaffenskraft lässt für längere Zeit deutlich nach, und er stellt auch seine Musikzeitschrift ein. Hatte er doch noch Jahre vorher Clara geschrieben, diese Zeitschrift wäre ihm zwar Lieb wie ein selbstgepflanzter Baum, gleichzeitig jedoch vorausgeahnt, dass sie für ihn niemals wirklich das sein könne, wofür er eigentlich *ausgesucht* worden wäre.

> Ach. Ich fühl es so schmerzlich, dass ich in meinem Leben nichts anderes als Musik hätte treiben sollen. Das Andere ist doch alles unwürdig.
> *(Clara und Robert Schumann: Briefwechsel. Kritische Gesamtausgabe, 3 Bde., hg. v. Eva Weissweiler. Basel/Frankfurt am Main 1984–2001, S. 247, 1053)*

Das Ehepaar und seine ersten beiden Kinder Marie und Elise ziehen 1844 nach Dresden um. Die dortigen sechs Jahre sind gekennzeichnet von andauernder Krankheit und schweren Depressionen, Angst- und Schwächezuständen Schumanns. Dazu kommt ein entmutigend geringer Publikumserfolg bei der teilweise von ihm selbst geleiteten Aufführung eigener Werke wie beispielsweise der Uraufführung des a-Moll-Klavierkonzerts. Daraus resultieren für die Familie vorübergehend gewisse wirtschaftliche Unsicherheiten. Im Dezember 1845 kommt es zu einer Begegnung mit Richard Wagner, über die Schumann verhalten und im Grund nicht sehr erfreut urteilt.

> Er besitzt eine enorme Suade, steckt voller sich erdrückender Gedanken; man kann ihm nicht lange zuhören.
> *(Robert Schumann: Tagebücher, Bd. II (1836–1854), hg. v. Gerd Neuhaus. Basel/Frankfurt am Main 1987, S. 398 [17. März 1846])*

Schumann komponiert weiter, während Clara auf seinen Wunsch hin ihre Konzerttätigkeit schon länger eingestellt hat und die meisten der sieben Kinder in Dresden zur Welt bringt. Vermutlich hat die von Clara in ihrem Tagebuch beklagte beispiellose Brutalität des Militärs bei der Niederschlagung der Mai-Unruhen von 1849 in der Stadt mit eine Rolle gespielt, dass ein Jahr später die insgesamt wenig erfreuliche Dresdner Existenz der Schumanns ein Ende nimmt, indem der Komponist als Musikdirektor nach Düsseldorf berufen wird. Jedenfalls ziehen sie jetzt fast Hals über Kopf um an den Rhein, so als hätte es für sie die Stadt mit den italienischen Türmen, Kirchen und Schlössern und deren im Vergleich zu Leipzig aristokratische Kultur mit den berühmten Kunstsammlungen und den baulich großzügigen Anlagen nie gegeben.

Die durchweg freundliche Aufnahme mit einem offiziellen Festakt in der damaligen Kleinstadt Düsseldorf beschert Schumann, der zuletzt mit beruflichen Erfolgen nicht gerade verwöhnt war, einen kurzen euphorischen Aufschwung. Die Familie genießt hier jetzt ein besonderes Ansehen und verkehrt gern in den gehobenen, vor allem künstlerischen und musikalischen Kreisen der Stadt. In Schumann erwachen große, neue schöpferische Kräfte. Er komponiert ununterbrochen. Beinahe jeden Monat entsteht ein neues Werk, das Cellokonzert in nur zwei Wochen. Die »Rheinische« Symphonie, die von den neuartigen Eindrücken der weiten Rheinauen und von dem noch im Bau befindlichen Kölner Dom mit inspiriert war, beendet er bereits nach einem Monat, die Skizze des ersten Satzes sogar nach einem nur zwei Tage dauernden Schaffensrausch. Barbara Meier schildert in ihrer Schumann-Monographie treffend die Widerspiegelung von Schumanns damaliger Hochstimmung in diesem höchst seltenen und kurzen kompositorischen Zeugnis von Enthusiasmus, Lebensfreude und Lebensmut: »Bestimmend für den Charakter des Aufbruchs ist die Signalwirkung der Quart, die, auch zur Sept und Oktave gedehnt, als treibender Impuls der ganzen Sinfonie immer wieder in Bläserfanfaren herausgestellt wird und die Themen aller Sätze – außer dem Dritten – prägt ... So nachdrücklich wie in keinem anderen sinfonischen Werk Schumanns behauptet das erste Thema seinen eigenen Bewegungsimpuls gegen die Herrschaft des Taktes ...« (Barbara Meier: Robert Schumann. Reinbek 2010, S. 141) Nach den drei sehr viel kürzeren Mittelsätzen – einem Scherzo im Ländlerstil, den verhaltenen Klängen einer Idylle im dritten Satz von beschaulich kammermusikalischem Charakter und dem sakral eine Zeremonie im Kölner Dom beschreibenden »Feierlich« in orgelähnlicher Klangfarbe und von drei Posaunen unterstützt – knüpft das Finale mit einer Fülle an Themen und Motiven überschwänglich an die Glücksstimmung des Anfangssatzes an. Gegen Ende der Durchführung erreicht das Finale seinen Höhepunkt »... mit einem neuen fanfarenartigen Thema in H-Dur, das wie eine Utopie für einen Moment auftaucht, in Tonart und Gestus einer Wendung aus den Revolutionsmärschen op. 76 ... verwandt.« (ebd., S. 142)

Aber schon bald ändert sich Schumanns mit so viel Optimismus begonnene berufliche Situation. Man wirft dem neuen Musikdirektor mangelnde Autorität bei seiner Chor- und Orchesterleitung vor, die durch seine zunehmenden psychischen Beeinträchtigungen (affektive und Kontaktstörungen, starre Mimik usw.) und Beschwerden (Gehörtäuschungen und Sprechorganschwäche) bedingt erscheinen. Er komponiert zahlreiche Gesangswerke und schreibt die bereits 1841 komponierte, ursprünglich aus einem Satz bestehende »Sinfonische Fantasie für großes Orchester« um zu den vier Sätzen der heutigen 4. Symphonie in d-Moll. Es folgen die »Märchenbilder« für Viola und Klavier. Nach und nach sinkt sein Ansehen jetzt auch beim Konzertpublikum. Als ihm einige Vertreter des Gesangsvereinskomitees schriftlich den Rücktritt nahelegen, hegt er wieder Fortzugspläne. 1853 erleidet er nach einer Reise nach Bonn seinen schwersten Zusammenbruch, bei dem ärztlich ein Gehirnleiden diagnostiziert wird. Er schirmt sich immer weiter ab und verhält sich immer sonderbarer. Wie eine kurze Rettung erscheint der Besuch des Geigers Joseph Joachim, der Schumanns neue Violinkompositionen zu dessen besonderer Zufriedenheit spielt und mit dem Schumann sich so eng anfreundet, dass Joachim den damals zwanzigjährigen Johannes Brahms ermutigt, Schumann ebenfalls aufzusuchen. Schumanns Tochter Eugenie erinnert sich später an den »genialen, jungen Morgenbesucher«, einen »blutjungen, bildhübschen Jüngling mit langen, blonden Haaren« (E. Schumann: Robert Schumann. Ein Lebensbild meines Vaters. Leipzig 1931, S. 357). Auch mit ihm geht die Familie rasch eine enge Freundschaft ein. Brahms kommt fast täglich und beeindruckt durch sein Klavierspiel. Schumann schreibt als eines seiner letzten Werke die »Märchenerzählungen« für Klarinette, Viola und Klavier, deren trauriger und bizarrer Charakter seinen nur ein halbes Jahr später erfolgenden letzten großen Zusammenbruch erahnen lässt. Schumanns Gehörstäuschungen verschlimmern sich rapide. Sie schlagen immer häufiger in einen inneren Höllenlärm um, so dass der Gepeinigte vor Schmerzen schreit und in unerträgliche Angstzustände gerät. Unter dem Eindruck der ihm zuletzt von dem Geist Schuberts und Mendelssohns vorgesungenen wunderschönen Themen mit Offenbarungscharakter, die jedoch immer wieder von bedrohlich grässlicher Musik durchkreuzt wird, schreibt Schumann im Februar 1854 sein letztes Werk, die »Geistervariationen«. Diese unterbricht er während einer Attacke besonders bedrängender Halluzinationen, wahrscheinlich nach der vierten Variation, und stürzt sich von der Schiffsbrücke in den eiskalten Rhein. Er wird gerettet und nach Hause gebracht, wo er nach notdürftiger Erholung während der nächsten Tage das Werk abschließt und sich dann in das Sanatorium Dr. Richarz in Endenich bei Bonn einliefern lässt, wo er zwei Jahre später geistig umnachtet stirbt (vgl. Wolf-Dieter Seiffert, Vorwort zur Publikation von »Thema mit Variationen« von Robert Schumann. München 1995).

Mit Schumanns eben skizzierter Musik ist es mir zeitlebens ähnlich ergangen wie mit den Romanen Dostojewskis. Schumanns Musik bleibt für mich in ihrer Faszination vielfach höchst anziehend und bewegend, aber ich vermag sein geniales, aber zugleich auch von Krankheit und Leiden gezeichnetes Werk nur sehr dosiert und in Maßen aufzunehmen, ähnlich wie das von Morbidität durchsetzte Werk des ebenfalls an seiner Überbegabung zerbrochenen, großen russischen Romanciers. Natürlich gehörten zu meinem frühen Klavierunterricht die »Kinderszenen«, und als Gymnasiast berauschte ich mich gern am Flügel am Klavierkonzert in a-Moll, auch wenn ich technisch über dessen Anfänge kaum hinauskam. Es folgte für mich eine lange Zeit weitgehender Abstinenz von Schumanns Werk. Auch meine diversen Klavierlehrer kamen aus irgendeinem Grund nie auf die Idee, mir Klaviermusik von Schumann zum Studium aufzugeben. Trotzdem gibt es einige wenige Werke, die ich früh liebgewonnen habe. Dazu gehört, seit einem unvergesslichen Hörerlebnis mit Wilhelm Kempff in der Zürcher Tonhalle noch als Kind in den späten vierziger Jahren, das eben erwähnte a-Moll-Klavierkonzert. Für mich zeitlebens bedeutsam geblieben ist auch die 4. Symphonie in d-Moll aufgrund ihrer ungeheueren Dichte, die sich aus der sich durch alle Sätze hindurchziehenden engen Verknüpfung von Themen aus der ursprünglich aus einem Satz bestehenden Urfassung des Werks ergibt. Ich denke dabei besonders an die klagende Oboenmelodie im zweiten Satz und die zum Finale überleitende Hornstelle, von der sich vermutlich Brahms in seiner 1. Symphonie hat inspirieren lassen und an die unverkennbar auch gewisse Klänge aus Wagners frühesten Opern erinnern. Die Wiedergabe von Schumanns 4. Symphonie durch die Berliner Philharmoniker unter Wilhelm Furtwängler gehört zu meinen ersten Langspielplatten, die ich mir in der Schulzeit mit meinem Taschengeld in einem kleinen und exquisiten Schallplattenladen in Zürichs Innenstadt erstanden habe und die ich zu Hause so häufig abspielte, bis sie als fast unbrauchbar zerkratzt war, was mich jedoch nicht davon abgehalten hat, sie bis heute in einem Album aufzubewahren. Die großartige »Rheinische« Symphonie habe ich erst später kennengelernt, die beiden in meinen Augen bedeutendsten Liederzyklen »Dichterliebe« und »Frauenliebe und -leben« ebenfalls. Erst spät stieß ich auf das herrliche Klavierquartett op. 47 und das Klavierquintett op. 44. Zu vielen anderen Werken von Schumann finde ich nur streckenweise oder gar keinen Zugang.

Erwähnen möchte ich am Schluss noch zwei von Schumann 1852, also kurz vor seinem letzten großen Zusammenbruch komponierte geistliche Werke: die »Missa sacra« in c-Moll op. 147 und das »Requiem« in Des-Dur op. 148.

Das auffallend kurze »Kyrie« am Anfang des »Requiems« zieht mich wegen seiner ungeheuren Ausdruckskraft als einziges Stück des Werks jedes Mal wieder von neuem wie in jenseitige Sphären hinein. Dann aber bricht dieses Gefühl abrupt ab, und ich kann allen nachfolgenden, ernüchternd abfallenden Teilen des in der samtenen Des-Dur-Tonart erklingenden Werks ohne jede Dramatik, ohne Klagen aus tiefen Abgründen, ohne die Schrecken des »Dies irae« nichts mehr abgewinnen. Dies entspricht auch dem Urteil von Schumanns engsten Freunden, Brahms voran, die das Werk als »schwach« bezeichneten.

Die »Missa sacra« spricht mich hingegen insgesamt mehr an. Ihre Entstehungsgeschichte ist allerdings genau so wenig bekannt wie die des Requiems. Es gab weder einen Auftraggeber noch sonst einen Anlass für diese Komposition. Als Siebzehnjähriger notierte Schumann in seinem Tagebuch: »*Der Gedanke: Vernichtung kann mich wahnsinnig machen: aber ich wünsche doch, es gäbe eine: bin ich denn Atheist? ach! ich liebe ja die Welt u. den Himmel so sehr: u. alle Menschen verkennen mich.*« 1851, ein Jahr vor der Komposition der Messe, schreibt er dagegen: »*Der geistlichen Musik die Kraft zuzuwenden, bleibt ja wohl das höchste Ziel des Künstlers. Aber in der Jugend wurzeln wir ja alle noch so fest in der Erde mit ihren Freuden und Leiden; mit dem höheren Alter streben wohl auch die Zweige höher. Und so hoffe ich, wird auch diese Zeit meinem Streben nicht zu fern mehr sein.*« War diese Messe also ein reines Musikwerk, oder blieb das bestehen, was er als Zwanzigjähriger einmal über sich selbst schrieb: »Religiös ist er ohne Religion?«

Mit Johannes Brahms geht es mir anders. Empfinde ich, im Sinne meiner Anfangsfrage, Brahms deshalb auch als »bedeutender« als Schumanns geniale, aber brüchige Musikschöpfungen? Bisher neige ich trotzdem gefühlsmäßig eher dazu, meiner Tante zugunsten Schumanns recht zu geben. Umso wichtiger erscheint es mir deshalb, mich im Folgenden mit eigenen Erfahrungen mit der Musik gerade von Brahms auseinanderzusetzen und einige Gedanken zu derselben zu äußern.

JOHANNES BRAHMS (1833–1897)

Bei meinen Recherchen traf ich auf zwei bemerkenswerte Zeugnisse über Johannes Brahms, die ich hier gleich zu Anfang zitieren möchte. Das erste, provozierend überspitzte und aus einer von Brahms weit entfernten Perspektive stammt von keinem Geringeren als von Peter Iljitsch Tschaikowski:

> Die Musik des deutschen Meisters hat für uns Russen etwas Trockenes, Kaltes, Nebelhaftes und Abstoßendes; nach unserem Empfinden fehlt Brahms die melodische Erfindungsgabe; der musikalische Gedanke wird bei ihm nie ganz ausgesprochen; kaum wird eine fassbare Melodie angedeutet, so wird sie schon von an sich ganz nebensächlichem harmonischem und modulatorischem Beiwerk überwuchert, als ob der Komponist sich eigens zur Aufgabe gemacht hätte, unverständlich und tiefsinnig zu sein; er beleidigt geradezu unser musikalisches Gefühl, indem er es reizt und unbefriedigt lässt und weil er sich schämt, in einem Ton mit uns zu reden, der zu Herzen geht … Sein Stil ist immer erhaben; niemals wird er zu groben äußeren Effekten seine Zuflucht nehmen; er versucht nicht, durch neue auffällige Instrumentenkombinationen den Hörer zu überrumpeln; auch Banalität oder Nachahmung fremder Vorbilder kann man ihm nicht vorwerfen. Alles ist sehr gewichtig, sehr gediegen und ganz offensichtlich auch selbständig, aber eines, das Wesentliche, fehlt – die Schönheit …!
> *(Peter Iljitsch Tschaikowski: Musikalische Essays und Erinnerungen, hg. v. Ernst Kuhn. Berlin 2000, S. 393)*

Liest man das nachfolgende zweite Zitat aus der Hand des Musikkritikers Paul Bekker aus dem Jahr 1918, versteht man besser, was Tschaikowski gemeint haben könnte, bzw. es wird deutlich, dass dessen Kritik sich möglicherweise (sicher immer noch grob überspitzt) auf das symphonische Werk von Brahms bezieht und weniger auf dessen Kammermusik, die Tschaikowski offenbar kaum oder gar nicht kannte:

> Ich sehe zwischen Beethoven und dem Sinfoniker Brahms überhaupt keine Vergleichsmöglichkeit. Die Brahmssche Gefühlsinnigkeit, seine Gemütstiefe, sein jeder Aktivität fremdes, der Beschaulichkeit zuneigendes Wesen, seine ganze, stetig zu Verinnerlichung drängende Natur schloss ihn von vornherein von der Berufung zum Sinfoniker großen Stils aus und verwies ihn auf das Gebiet der Kammermusik.
> *(Paul Bekker: Die Sinfonie von Beethoven bis Mahler. Berlin 1918, S. 40)*

Tatsächlich sind das symphonische und das kammermusikalische Werk von Brahms schwerpunktmäßig auf dessen beide Lebenshälften verteilt. Trotz einiger sehr früh komponierter, bedeutender Kammermusikwerke wie etwa die beiden Streichsextette op. 18 und op. 36, die beiden Klavierquartette op. 25 und 26 und besonders das f-Moll-Klavierquintett op. 34 stammen die meisten gewichtigen Orchesterwerke, vor allem das 1. d-Moll-Klavierkonzert op. 15 und die Trias der beiden ersten Symphonien und des dem Erbe Beethovens und Mendelssohns verpflichteten Violinkonzerts, sowie sein bedeutendstes Chorwerk, das »Deutsche Requiem«, aus derselben früheren und mittleren Zeit. Dagegen wurden die zweite F-Dur-Sonate op. 99 für Violoncello und Klavier und alle drei unvergänglich schönen Sonaten für Violine und Klavier (op. 78, 100 und 108) sowie drei der vier Klaviertrios und das Klarinettentrio op. 114 und Klarinettenquintett op. 115 in der Spätzeit in Wien geschaffen. Daraus könnte man schließen, dass das überwiegend kammermusikalische Spätwerk von Brahms im Sinne etwa von Paul Bekker für das Bedeutendere gehalten werden kann als das frühere, mehr orchestrale, wobei dann auch zu fragen wäre, wie dies zu erklären sei. Aus diesem Grund werde ich mich über die für mich am wichtigsten gebliebenen Werke von Brahms in der mehr oder weniger chronologischen Reihenfolge ihrer Entstehungszeit äußern.

Mit Brahms ist es mir genau umgekehrt ergangen wie mit Schumann. So spät ich Schumann für mich ernsthaft entdeckte (außer dem a-Moll-Klavierkonzert und der 4. Symphonie bereits während meiner Schulzeit), sosehr ich dann seine Musik schätzen lernte und ihm gegenüber trotzdem bis heute eher ambivalent geblieben bin, so früh war ich als Gymnasiast ein uneingeschränkter Verehrer der Musik von Brahms, soweit ich sie damals kannte. Sogar ein Postkartenbild von ihm zierte die Schrankwand meines Zimmers. Mit seinem Leben und seiner Biographie beschäftigte ich mich allerdings weniger, da diese mir, im Vergleich zu der von Schumann oder Schubert oder der beiden Wiener Klassiker Mozart und Beethoven, fast so unspektakulär erschien wie die von Johann Sebastian Bach. Je mehr dann später Schumann für mich in den Vordergrund trat, desto mehr verblasste mein Verhältnis zu Brahms.

Zu meinen ersten immer wieder abgespielten Langspielplatten der frühen fünfziger Jahre gehörte eine Decca-Aufnahme des 1. d-Moll-Klavierkonzerts op. 15 mit Wilhelm Backhaus. Mit Brahms' ebenfalls früh komponiertem B-Dur-Streichsextett op. 18 machte ich erst kurz nach dem Tod meines Vaters Bekanntschaft, als mir meine Mutter während meines ersten Besuchs nach seinem Tod in ihrem kalifornischen Domizil erzählte, dass als letzte Geburtstagsüberraschung für sie zu seinen Lebzeiten plötzlich dieses Sextett live aus dem Musikzimmer an ihr Ohr gedrungen wäre, nachdem mein Vater dieses für sie unsichtbare Ständchen heimlich vorbereitet hatte – ein guter

Grund für mich, dieses Sextett jetzt auch selber kennen- und schätzen zu lernen. Den Klavierpart des ebenfalls aus Brahms' Frühzeit stammenden Klavierquintetts in f-Moll op. 34 habe ich noch später sehr gern wiederholt mit Freunden gespielt (trotz des für Klavier elend schwierigen letzten Satzes, vor allem dessen Ende, das ich sinnvollerweise immer nur auswendig spielte).

Vor meinem eigenen biographischen, theologischen Hintergrund habe ich mich immer wieder gern beschäftigt mit dem von Brahms bereits im Alter von achtundzwanzig begonnenen und fünf Jahre später vollendeten »Deutschen Requiem« mit seinen deutlichen Zügen traditioneller evangelischer Kirchenmusik, aber gleichzeitig im unverwechselbar Brahmsschen Stil komponiert mit der charakteristischen »Mischung aus Herbheit und Klangseligkeit, Angespanntheit und Gelöstheit« (Martin Geck: Johannes Brahms. Reinbek 2013, S. 78). Mit der Vertonung ausschließlich deutschsprachiger Bibeltexte aus der Luther-Bibel hat der protestantische Hanseat Brahms meines Wissens als Erster mit der Tradition der Vertonung lateinischer Messtexte gebrochen. Allein schon dies muss bei der Uraufführung der ersten Teile des Werks in Wien 1867 von dessen katholischem Publikum als Provokation empfunden worden sein, ein Grund wohl für den eklatanten Misserfolg dieser ersten Aufführung (im Gegensatz zur erfolgreichen Gesamt-Uraufführung 1869 im Leipziger Gewandhaus). Dieses ungewöhnliche Werk hebt sich für mich zwar wohltuend ab von Verdis opernhafter und nicht gerade tiefe Gläubigkeit ausdrückender »Messa da Requiem«. Aber der insgesamt sehr strenge Charakter des »Deutschen Requiems« wirkt nach meinem Empfinden an einigen Stellen (wie beispielsweise bei der Vertonung des Isaia-Textes »Die Erlöseten des Herrn werden wiederkommen«) etwas sperrig, und er atmet, wie auch Martin Geck urteilt, den Geist eines eifernden protestantischen Ethos mit unüberhörbaren teutonischen Zügen: »Man sollte die Tatsache, dass das Werk in den Jahren nach seiner Uraufführung bevorzugt zum Gedenken der im Deutsch-Französischen Krieg von 1870/71 Gefallenen erklungen ist, zwar nicht überbewerten. Jedoch lässt sich auch ohnedies nicht übersehen, dass der markige, mit massiver Blechbläserbesetzung beeindruckende Trauermarsch zu den Worten »Denn alles Fleisch es ist wie Gras und alle Herrlichkeit des Menschen wie des Grases Blumen« weniger an die abgründige Weltskepsis der biblischen Textvorlage denn an militärisch grundierte Heldenverehrung erinnert« (a. a. O., S. 79 f.). Der deutsche Patriotismus war zur Zeit des aufstrebenden Nationalstaatentums auch bei den größten Künstlern und Intellektuellen im Lande nichts Außergewöhnliches. Brahms war, trotz seiner Wahl Wiens als neue Heimat, ebenfalls stark von der uns heute eher befremdenden Geisteshaltung des bald entstehenden Deutschen Reichs geprägt. Brahms verehrte Reichskanzler Bismarck aufs höchste (»Was der mir sagt, genügt mir, das glaube ich«; vgl. Ludwig von der Leyen: Johannes Brahms als Mensch und Freund. Düsseldorf u. Leipzig 1905, S. 29 f.), und er verteidigte markige Soldatenreden des jungen Kaisers Wilhelm II. bis an den Rand eines Zerwürfnisses mit einem seiner Freunde. Irgendwo las ich auch einmal die historisch ungesicherte Anekdote von einem Mittagessen von Brahms mit seinem jungen Verehrer Claude Debussy, der ihn extra aufgesucht hatte. Brahms redete mit ihm während des Essens zuerst kein Wort. Erst als der Wein aufgetragen wurde, soll er Debussy gegenüber nur geäußert haben: »Der Deutsche liebt den Franzmann nicht, aber seinen Wein verschmäht er nicht.« Es mag sein, dass dieser nationalistische Zug von Brahms, von dem ich erst später erfuhr, dazu beigetragen hat, dass meine Vorliebe für ihn im Lauf der Jahrzehnte etwas abgeklungen ist. Was für ein Unterschied jedenfalls zur gesamteuropäisch übernational bzw. vornational aufgeschlossenen Epoche des höfischen 18. Jahrhunderts, in dem noch die aus dem deutschen Sprachraum stammenden Geister wie Bach, Händel, Gluck, Haydn und Mozart entscheidende musikalische Anregungen besonders aus Italien, aber auch aus Frankreich und England bezogen hatten.

Umso wichtiger erscheint mir, trotz der im »Deutschen Requiem« zum Ausdruck kommenden kulturprotestantischen Allianz von Thron und Altar im Wilhelminischen Zeitalter, die Frage, wieweit die Komposition des »Deutschen Requiems« nicht doch auch von zeitlos echter Religiosität und Gläubigkeit des Musikers Brahms erfüllt ist. Dazu teilt uns einer seiner Freunde mit, dass Brahms die von ihm vertonten Bibelstellen im »Deutschen Requiem« oft gar nicht verstanden habe. Brahms habe ihm später auch bekannt, dass er an die Unsterblichkeit der Seele nie geglaubt habe, und beim Einsatz von Posaunen bei der Darstellung des Jüngsten Gerichts sei er rein musikalischen Erwägungen gefolgt und dabei sei ihm auch »etwa so ›kurios‹ zumute gewesen wie einem künstlerisch empfindenden Weltkinde, wenn der Geistliche in der katholischen Messe die Monstranz erhebt«. (Max Kalbeck: Johannes Brahms. Berlin 1904 ff., Reprint Tutzing 1976, Bd. 2, S. 241). Dies ändert jedoch nichts daran, dass Brahms die von ihm mythisch verstandenen Bilder der Bibel als Dichtung wertschätzte und mit deren Wahl als Kompositionstext mit der darin ausgedrückten Gegenüberstellung von Vergänglichkeit und Ewigkeitshoffnungen auch an die Religiosität seiner eigenen Familientradition und seiner Zeit anknüpfte. Insofern kann man Brahms' Grundhaltung wohl am ehesten auf den Nenner bringen, dass er immer ein religiöser Freigeist und ein an einen überirdischen Weltgeist glaubender

Gottsuchender geblieben ist, der in der Bibel ein »Sprachrohr des Göttlichen« sah (Martin Geck, a. a. O., S. 81 f.).

Sehr viel mehr noch als im »Deutschen Requiem« höre ich den Bezug von Brahms zur Natur als einer der weiteren Kronzeugen des Göttlichen aus dessen zehn Jahre später komponierten und von mir in meiner Jugendzeit besonders geliebten 1. Symphonie heraus. Besonders prägnant kommt dies im vierten Satz beim (von Brahms in der Schweiz gehörten) Alphornmotiv zum Ausdruck, welches mich ein wenig an eine Rettung verheißende Stimme der unberührten Natur denken lässt. Ihr antwortet ein ›Choral‹ des vollen Blechbläserchors, aus dem himmlischer Trost in gewissem Sinn auch für eine göttliche Reinheit spricht (Martin Geck, a. a. O., S. 85). Zuletzt folgt ein Freudenhymnus, mit dem der Komponist Beethovens Vertonung von »Freude schöner Götterfunken« so evident aufgreift, dass er einmal lakonisch gemeint haben soll, das würde doch jeder Esel merken.

Ich glaube, dass diese bei Brahms eher seltene »kosmische« Dimension seiner Musik gerade in der 1. Symphonie mich als Halbwüchsigen so eminent angesprochen hat, dass ich dieses Werk ebenfalls sehr früh in meine erste, bescheidene Schallplattensammlung mit aufnahm und es mir immer wieder anhörte, sehr viel häufiger als Brahms' erst während meines Musikstudiums richtig entdeckte, sanft heitere zweite Symphonie, die spätere, etwas pathetische dritte und die melancholische vierte. Hinzu kamen noch die besonderen »Haydn-Variationen«, das Violinkonzert und das klassisch ausgewogene (aber sehr dicht instrumentierte) zweite B-Dur-Klavierkonzert.

Für mich ist das symphonische Werk von Brahms gegenüber seinem kammermusikalischen Schaffen im Lauf der Jahrzehnte tatsächlich in der Weise langsam in den Hintergrund getreten, wie es in etwa das Anfangszitat des Musikkritikers Paul Bekker ausdrückt. Mein früher Fokus auf das Orchesterwerk verlagerte sich im Laufe der Zeit vor allem auf die beiden Streichsextette, das erwähnte f-Moll-Klavierquintett und das geradezu süffig klangvolle Horntrio sowie, ganz besonders, auf die Violin- und die Cellosonaten, in denen ich noch heute einen Höhepunkt des Brahmsschen Schaffens erblicke und deren Klavierpart ich deshalb auch selbst immer sehr gern gespielt habe. Gerade in Anbetracht dieser Sonaten könnte ich mir vorstellen, dass Brahms' kammermusikalisches Schaffen seine Orchesterwerke überdauern wird. Die Schwierigkeit im Letzteren sehe ich in der manchmal ermüdend fülligen und schweren Orchestrierung vor allem seiner späteren Symphonien und Ouvertüren und sogar der Solo- (vor allem der Klavier-)konzerte. Mein Vater pflegte Brahms' symphonisches Werk manchmal gern mit der legendär dicken und behäbigen »Brahmsschen Zigarre« zu assoziieren. Im Vergleich zu den Orchesterwerken operiert die Kammermusik in der Tat mit einem deutlich geringeren Klangaufwand und mit größerer Transparenz. Das wäre eine mögliche Erklärung dafür, dass mir inzwischen das kammermusikalische Werk von Brahms persönlich mehr am Herzen liegt als das orchestrale. Die andere wäre, dass sein Werk im Laufe seines Lebens immer weiter an Differenziertheit gewonnen hat. Ich beobachte dies besonders in den sich überwiegend auf die ganz frühe und ganz späte Zeit verteilenden Soloklavierwerken. So fällt mir auf, dass Brahms' Klaviersonaten op. 1 und 2 auffallend »wuchtig-massiv« gesetzt sind, und die spät komponierten Intermezzi ab opus 116 dagegen sehr viel filigraner und transparenter klingen. Möglicherweise ist diese stärkere Konzentration auf das Wesentliche ein Teil einer Entwicklung, die Brahms automatisch hat stärker kammermusikalisch denken lassen.

Ich möchte zum Schluss nochmals auf das Brahms und Schumann miteinander Verbindende zurückkommen. Persönlich gekannt haben sich beide nur ein knappes Jahr lang in Düsseldorf, als Schumann schon von schwerer Krankheit gezeichnet war und sich dann Anfang 1854 in stationäre Behandlung begab. Schumann hielt von Anfang an große Stücke auf den jungen Musiker und verhalf diesem, besonders mit Hilfe seines Einsatzes für ihn beim Verlag Breitkopf & Härtel, zu rascher Berühmtheit. Im Oktober 1853 veröffentlichte Schumann in der von ihm gegründeten Leipziger »Neuen Zeitschrift für Musik« einen unter der Überschrift »Neue Bahnen« verfassten Artikel über Johannes Brahms.

Er heißt Johannes Brahms, kam von Hamburg, dort in dunkler Stille schaffend, aber von einem trefflichen und begeistert zutragenden Lehrer gebildet in schwierigen Setzungen der Kunst, mir kurz vorher von einem verehrten bekannten Meister empfohlen. Er trug, auch im Äußeren, alle Anzeichen an sich, die uns ankündigen: Das ist ein Berufener.«

Solange Schumann noch zu Hause lebte, komponierten er und Brahms zusammen mit einem Schüler von Schumann für ihren gemeinsamen Freund, den damals noch eingefleischten Junggesellen Joseph Joachim, eine Sonate für Violine und Klavier mit dem Titel F. A. E. (Frei aber Einsam). Vier Monate vor Schumanns Tod besuchte der noch nicht ganz dreiundzwanzigjährige Brahms seinen Freund in der Heilanstalt Endenich und berichtete erschüttert:

Wie hat er sich verändert! Er empfing mich freudig und herzlich wie immer, aber es durchschauerte mich – denn ich verstand kein Wort von ihm. Wir setzten uns, mir wurde immer schmerzlicher, die Augen waren mir feucht, er sprach immerfort, aber ich verstand nichts. Er blickte nieder auf seine Lektüre. Es war ein Atlas und er eben beschäftigt, Auszüge zu machen, freilich kindische. *(Brief an Joseph Joachim vom 25. April 1856)*

Als Schumann bereits interniert war, unternahm Brahms zusammen mit Clara Schumann und Joseph Joachim eine Konzertreise. Nach Robert Schumanns Tod kümmerte er sich fürsorglich um Clara und die Kinder. Wieweit die Beziehung zwischen Clara Schumann und Brahms über eine intensive Seelenfreundschaft oder verhaltene Liebe hinausging, bleibt Spekulation. Für Clara Schumann führte der von ihr ebenfalls überaus bewunderte junge Genius und Hausfreund das geistige Erbe ihres Mannes fort, und Brahms fühlte bei der um vierzehn Jahre Älteren lebenslang einen inneren Halt, der sich in häufigen Besuchen und in einem regelmäßigen Briefwechsel äußerte. Diese tiefe innere Verbundenheit führte jedoch nie zu einer Heirat, da der stets seine Gefühle zurückhaltende und zu selbstschützender Schroffheit neigende und damit seine Mitmenschen (auch wiederholt Clara!) oft brüskierende Junggeselle sich zu einer dauerhaften Bindung nie in der Lage sah. 1869 sorgte die Verlobung von Schumanns schöner Tochter Julie mit einem italienischen Grafen für vorübergehende Irritation, da Brahms für Julie offenbar tiefe Gefühle empfunden hatte. Clara Schumann überlebte ihren Mann um 40 Jahre und starb 1896 im Alter von 77 Jahren. Brahms folgte ihr, nach meiner Vermutung nicht ganz zufällig, nur ein Jahr später.

Ich möchte noch kurz auf Brahms erstes H-Dur-Klaviertrio op. 8 zurückkommen, welches Brahms 1853 im Jahr seiner beginnenden Freundschaft mit Schumann schrieb. Es trägt einerseits bereits deutlich Brahms' eigene Handschrift, enthält aber, trotz der gründlichen Umarbeitung durch Brahms sehr viel später und ganz im Unterschied zu den anderen drei späten

Klaviertrios, auch unüberhörbar Züge Schumanns. Beim kürzlichen Anhören der bemerkenswert schönen Aufnahme mit dem Beaux Arts Trio kam es mir so vor, als würde Brahms im dritten Adagio-Satz behutsam scheu und ehrfürchtig einer Eingebung durch den Geist Schumanns folgen und als würde der dort fast durchgehende Dialog zwischen dem Klavier und den Streichern stellvertretend für ein Gespräch zwischen ihm und Schumann stehen. Und aus dem letzten Allegro-Satz höre ich trotz des durchgehenden Brahmsschen Stils deutlich auch die zugkräftige, erhebende und nicht weniger leidenschaftliche und tief aufwühlende Schumannsche Diktion heraus.

Die biographische Zusammengehörigkeit von Schumann und Brahms mag leicht dazu verführen, beide in eine unangemessene Konkurrenz miteinander zu bringen. Wenn ich trotzdem hier nochmals kurz die am Anfang des Abschnitts über Schumann aufgeworfene Frage aufgreife, wer von den beiden Komponisten möglicherweise als der »Bedeutendere« gelten kann, so möchte ich dies ganz auf der Ebene persönlicher Vorliebe und nicht »objektiv« oder gar »wissenschaftlich« verstanden wissen. Deshalb erscheint es mir im Grunde auch müßig, im Sinne einer abstrakten Definition zu sagen, Schumann wäre möglicherweise wegen seiner größeren Inspiriertheit der »Bedeutendere« gewesen, Brahms dagegen wegen seiner größeren Gestaltungskraft und Formdisziplin. Sehr viel sinnvoller scheint es mir, ganz pragmatisch und subjektiv die verschiedenen Sparten des Musikschaffens der beiden miteinander zu vergleichen. Hier am Ende meiner Niederschrift des Abschnitts über Johannes Brahms bin ich inzwischen davon überzeugt, dass der von meiner Tante angestellte Vergleich zugunsten von Schumann sich primär auf das Klavierwerk bezog, welches sie beim Spielen Schumannscher Kompositionen vor Augen hatte. Hier kann ich ihrem Urteil in der Tat folgen, wenn ich Schumanns zahlreiche, wirklich bedeutende Klavierkompositionen mit den insgesamt weniger herausragenden von Brahms vergleiche. Schumanns Klaviermusik, insbesondere die »Kreisleriana« und die ersten Klaviersonaten, empfinde ich als eine riesige, wogende Phantasiewelt voller unerschöpflicher Klangspielräume und körpernah pochender Leidenschaften. Dass ich persönlich die Liedkompositionen (vor allem die Liederzyklen) und vielleicht sogar das symphonische Werk Schumanns etwas höher schätzen mag als das von Brahms (trotz dessen einmaligem Violinkonzert und seiner 1. Symphonie), hat nichts mit dem Etikett »bedeutend« zu tun, sondern mit einer persönlichen Vorliebe. Beim Vergleich des kammermusikalischen Schaffens der beiden Komponisten dürfte mein Urteil allerdings (vor allem wegen Brahms' Violin- und Cellosonaten und seines f-Moll-Klavierquintetts) letztlich zugunsten von Brahms ausfallen (trotz Schumanns herrlichem Klavierquartett op. 47 und Klavierquintett op. 44).

Wenn ich mir die drei Größten der deutschen Romantik zusammen vor Augen führe, so ergibt sich für mich folgendes Bild: Franz Schubert steht für sich da. Schumann und Brahms hingegen habe ich von Anfang bis Ende unter musikalischem und biographischem Aspekt immer als eine Art miteinander verflochtene Einheit gesehen. Was im Übergang zum nächsten folgenden Kapitel dieses Buches bleibt, ist die Frage nach den Gründen für meine vielleicht etwas willkürlich erscheinende Auswahl der zur deutschen Romantik zählenden Komponisten. Ich hätte sicherlich auch die romantische Opernwelt von Carl Maria von Weber, Louis Spohr und Albert Lortzing und die Balladen von Carl Loewe usw. nennen können. Zwei weitere überragende Komponisten fehlen ebenfalls in der Reihe der Romantiker: einmal der sich mehr an der klassizistischen Formensprache orientierende Felix Mendelssohn Bartholdy und zum anderen der König unter den Klavierkomponisten, Frédéric Chopin. Mendelssohn ist nach meiner Meinung aufgrund seines jüdischen Erbes und seines Umgangs damit etwas anders gelagert als das Dreigestirn Schubert, Schumann und Brahms. Dies gilt erst recht für den franko-polnischen Musiker Chopin. Meine eigene, biographisch bedingte Empfindlichkeit Mendelssohn gegenüber bezieht sich zum Teil auf das, was besonders Heinrich Heine ihm vorgeworfen hat, nämlich auf seine Tendenz, sich als Nachkomme von dem noch ungetauften Moses Mendelssohn manchmal allzu pointiert mit der christlichen Kirchenmusik zu verbrüdern. Trotz seines kurz vor seinem Tod komponierten, ausschließlich auf alttestamentlichen Texten beruhenden und ganz und gar authentisch wirkenden, großartigen Oratoriums »Elias« und zahlreicher unvergänglich schöner Psalmenvertonungen kommt für mich das bisweilen »Überchristliche« bei ihm besonders zum Ausdruck in dessen fünfter »Reformationssymphonie«. Als ich einmal meiner jüdischen Schweizer Großmutter mütterlicherseits kurz vor deren Tod eine Schallplattenaufnahme dieses Werks vorspielte, meinte sie beim Anhören des letzten, Luthers Choral »Ein feste Burg ist unser Gott« gewidmeten Andante con moto – Allegro maestoso etwas lakonisch, dies klinge doch »ein wenig scheinheilig«, und ich gestehe, dass ich mich dieses Eindrucks ebenfalls nicht ganz erwehren konnte. Das heißt natürlich auf keinen Fall, dass ich einem Komponisten jüdischer Herkunft, der zu seiner Zeit auch gewissen Assimilationszwängen ausgesetzt war, nicht zugestehe, authentische christliche Musik zu schaffen. Und schon gar nicht würde ich dem als »Apostel« Bachs (und Händels) geltenden Felix Mendelssohn Bartholdy, der kaum älter geworden ist als Mozart, bereits zu seiner Zeit als Wunderkind galt und der Nachwelt eine unfassbar große Fülle an komponierten Werken hinterließ, unterstellen, seine Entdeckung Johann Sebastian Bachs entspränge vor allem seinem Motiv, auch hier wieder möglichst dem christlichen Geist in der Musik zu huldigen und ihm zu entsprechender Geltung zu verhelfen. Mendelssohn war christlich getauft und augenscheinlich von deutlich tieferem religiösen Empfinden geprägt als die meisten seiner großen Zeitgenossen nach Beethoven. Für mich bleibt gerade die Entdeckung Bachs über seine Aufführung der Matthäus-Passion in der Berliner Sing-Akademie das größte Verdienst Mendelssohns, und wir Hörer können die in vielen seiner Werke wiederkehrenden musikalischen Verneigungen vor Bach in Form des Einsatzes Bachscher Choral- und Fugentechnik nur mit größtem Respekt begegnen.

Frédéric Chopin, Sohn eines französischen Vaters und einer polnischen Mutter, ist, nach den großen deutschsprachigen Europäern Bach, Händel, Gluck, Haydn und Mozart im 18. Jahrhundert und den im darauffolgenden Jahrhundert weitgehend innerhalb ihrer nationalen Grenzen verharrenden deutschen Romantikern (und Beethoven davor), wieder der erste wichtige, scheinbar zwei Nationen angehörende Musiker. Aber das täuscht. Ich werde zu zeigen versuchen, dass Chopin sich in seinem französischen Exil immer als glühender polnischer Patriot gefühlt hat und letztlich an der lebenslangen Sehnsucht nach seiner verlorenen Heimat zerbrochen ist, und auch seine Musik ist durch und durch der polnischen Seele gewidmet. Dies ändert jedoch nichts daran, dass derselbe Chopin in seiner Rezeption und Bedeutung ein Europäer war. Schumann hat ihn verehrt, Mendelssohn traf mit ihm in Paris zusammen. Darüber hinaus ist Chopin, obwohl fast ganz auf die Klaviermusik orientiert, nicht eine abgeschlossene Erscheinung wie die drei deutschen Romantiker. Er lässt sich nicht nur geographisch, sondern auch musikgeschichtlich in einen größeren Zusammenhang einordnen, der mit Liszt und Berlioz und vor allem dann in markanter Weise mit Wagner fortgeführt wird. Deshalb werde ich mich im folgenden größeren Kapitel als Erstes etwas ausführlicher mit Chopin beschäftigen.

Die der Romantik und erst recht dann die dem »Fin de siècle« zugehörige Musik bezieht, über die Betonung des Gefühlsausdrucks und der Auflösung der klassischen Formen hinaus, zunehmend zwei weitere Komponenten mit ein: nämlich erstens spezifisch nationale Prägungen im fortgeschrittenen 19. Jahrhundert mit Elementen der Volksmusik (ansatzweise bereits in den Volksliedern und den Ungarischen Tänzen von Brahms) und zweitens die musikalische Umsetzung von Mythen und Sagen aus der Welt der Geister und der Götter und der Dämonen und Hexen in der Programmmusik und der symphonischen Dichtung etwa bei Berlioz, Liszt und Mussorgsky etc. sowie in der Welt der Oper und des Bühnenweihfestspiels vor allem bei Wagner. Wieweit dann noch die farbenprächtige Klangpalette der impressionistischen Musik als letzte Station vor der Moderne zur Romantik zählt, wird noch zu erörtern sein.

Während dieses inneren Umbruchs im fortschreitenden 19. Jahrhundert wird sich die Orientierung der Musikschaffenden, Musikausübenden und Musikhörenden an der traditionellen christlichen Religion immer weiter verflüchtigen, und die Musik scheint aus ihrem klassischen Lichterschein mehrfach in beunruhigende und unheimlich anmutende Schattenzonen zu treten. Oft bieten die neuen Themen und Formen der Musik am Vorabend der Moderne eine Art Religionsersatz an, oder in ihnen wird der Versuch einer anthropozentrischen Neuinterpretation traditionell religiöser Motive deutlich. Eine spannende Frage bleibt, wieweit in diesen neuartigen Formen einer Ergründung unserer Wirklichkeit vielleicht auch aufbauende Ansätze einer neuen Sinnerfahrung und Werteorientierung aufscheinen. Davon unabhängig werden bis in die Epoche der Moderne hinein auch weiterhin vereinzelt traditionell geistliche Werke geschaffen. Eine diesbezügliche Sonderstellung wiederum wird Anton Bruckners Kirchenmusik und schlicht religiös geprägte Symphonik einnehmen.

Die Befreiung aus der Enge
menschlicher Individualität
im 19. und 20. Jahrhundert

»Im Spiegel der furchtbaren Nächte, fühlte man
langsam das echte Neue Jahrhundert nahn.«
(Anna Achmatowa. Poem ohne Held)

Licht und Schatten in der Romantik
und im Fin de Siècle

NATIONALROMANTIK:
FRÉDÉRIC CHOPIN, BEDŘICH SMETANA, GIUSEPPE VERDI

Während meiner Gastdozentur an der Universität Leipzig 1978/79 wurde ich gelegentlich zu Hausmusikabenden eingeladen, die in regelmäßigen Abständen von einem Musikerkreis durchgeführt wurden, mit dem ich in freundschaftlichem Kontakt stand. Die hauptsächliche Initiative dazu ging von einer Dozentin für Klavier an der Leipziger Musikhochschule aus, die mir hin und wieder einen gerade freien Unterrichtsflügel in der Musikhochschule zum Üben vermittelte, da im Gästehaus der Universität kein geeignetes Instrument vorhanden war und ich das Klavierspiel immer mehr vermisste. Die Pianistin tat sich bei ihren Musikabenden gelegentlich selber mit besonders schönen Soloklavierdarbietungen hervor, vor allem mit einer leidenschaftlichen Wiedergabe von Klavierwerken Frédéric Chopins (1810–1849). Man glaubte aus der manchmal ungestümen, manchmal nostalgisch melancholischen Art ihres Spiels und aus ihren persönlich beteiligten und kenntnisreichen Kommentaren und Erklärungen zum Leben und Werk des Komponisten ihre eigene, mir entfernt bekannte polnische Abstammung herauszuhören. Mit Sicherheit erinnere ich mich nur, dass sie von ihren

Freunden und Kollegen mit ihrem klangvollen polnischen Vornamen Agnieszka angesprochen wurde.

Vor einem ihrer Hauskonzerte erzählte sie mir auf dem Weg von der Musikhochschule zu sich nach Hause, offenbar einigermaßen abhörsicher im Freien, die Geschichte ihrer ersten Polenreise zu Beginn ihres Musikstudiums, die sie zusammen mit einigen Kommilitonen Anfang der siebziger Jahre unternommen hatte. Das katholische Polen war seitens der DDR-Behörden als Reiseland nicht besonders favorisiert, da es als unzuverlässiges Partnerland galt. Nach einer sechzehnstündigen, strapaziösen Bahnfahrt, während der die häufig wechselnden polnischen Mitreisenden in ihrer sprichwörtlichen Gastfreundschaft den jungen Studenten von ihrem mitgebrachten Proviant und ihrem Wodka angeboten hatten, erreichten sie schließlich Warschau. Dort war der Altstadtkern gerade wieder neu aufgebaut worden, und es gab, mehr als zu Hause, westliche Produkte zu kaufen, darunter insbesondere die überaus begehrten Schallplatten. An der von stalinistischen Bauten gesäumten Warschauer Hauptstraße entdeckten die Besucher im Kellergeschoss eines Hauses einen Zeitungsladen mit einer geradezu paradiesischen Fülle an Zeitungen aus Westeuropa und den USA, auf die sie sich sofort stürzten, sie aus den Halterungen nahmen, sich gegenseitig Artikel und Bilder zeigten und sich dabei so ungeniert laut und fröhlich unterhielten, dass die alte Frau hinter der Ladentheke mit ängstlichem Blick den Kopf schüttelte. Etwa eine halbe Stunde nachdem sie den Laden verlassen hatten, ohne etwas zu kaufen, bemerkte Agnieszka, dass sie ihren Regenschirm, ein wertvolles Konfirmationsgeschenk, im Zeitungsladen vergessen hatte. Ohne viel Hoffnung, ihn wiederzubekommen, ging sie zurück in den Kellerladen. Die alte Frau war dort allein, und von ihrem Schirm war keine Spur zu sehen. Agnieszka nahm ihren ganzen Mut zusammen und sprach die Frau auf Deutsch an, weil sie nur wenige polnische Brocken kannte, und fragte nach dem Gesuchten. Die Frau schaute ihr lange ins Gesicht, griff unter den Ladentisch und reichte ihr mit einem Lächeln den Schirm. Dabei entdeckte Agnieszka auf ihrem linken Unterarm eine ein-tätowierte KZ-Nummer. Plötzlich erklang aus einem auf dem Ladentisch stehenden Transistorradio Musik. Es war die große »Heroische« As-Dur-Polonaise op. 53 von Chopin. Agnieszka flüsterte vor Verlegenheit und Scham nur noch ihren Dank, aber die Frau spürte offenbar, was in Agnieszka vorging, und äußerte in nicht ganz akzentfreiem Deutsch zu den Klängen der Polonai-se: »Das ist lange her … und Sie sind jung … Als ich jung war, war so vieles verboten. Sogar die Musik von unserem Chopin sollten wir nicht hören.« Agnieszka verließ betroffen den Laden, kaufte nebenan einen Blumenstrauß und bedankte sich noch-mals.

Wenn ich Agnieszka in der Musikhochschule in der Nähe des Dimitroff-Museums aufsuchte, um mir von ihr einen Flügel zum Üben zu erbitten, kamen wir, bevor sie mich allein ließ, häufig ins Gespräch, oder sie spielte mir etwas vor – meistens Chopin.

Einmal saßen wir während einer Pause vor ihrer nächsten Unterrichtsstunde, bevor auch für mich ein Flügel in einem ihrer beiden Nachbarzimmer zum Üben frei wurde, zusammen in der Mensa der Musikhochschule an einem der vielen kleinen Tischchen. Dazu hatte sich noch ein Student der Violoncello-Meisterklasse gesellt, der für sein unmittelbar bevorstehendes Diplom das h-Moll-Cellokonzert von Dvořák vorbereitete, sowie ein mit diesem befreundeter Gesangsschüler. Ich hatte gerade die von mir kürzlich entdeckte Stelle eines vom schwer-kranken Chopin kurz vor dessen Tod geschriebenen Briefs zitiert: »Kaum noch weiß ich mich zu entsinnen, wie in der

Heimat gesungen wird« (Friedrich Chopins gesammelte Briefe [Briefe II], hg. von Bernard Scharlitt. Leipzig 1911, S. 296). Gemeint war die polnische Heimat, die Chopin als Zwanzigjähriger für immer verlassen hatte und mit der er sich auch noch als Sterbender fast zwanzig Jahre später in der Pariser Ferne, im französischen Stammland seines Vaters Nicolas Choppin, tief verbunden wusste. Dieses Briefzitat war wie ein Stichwort dafür gewesen, dass Agnieszka die Stationen seines Lebens umriss, die bezeichnend waren für sein lebenslanges Leiden unter der unerfüllten Sehnsucht nach seiner zurückgelassenen polnischen Heimat. Sie sprach dabei plötzlich so emotional beteiligt, fast abgehackt und mit schwärmerischem Blick, als spräche sie von ihrer eigenen Heimat.

Agnieszka wusste, dass Frédéric Chopin, nach dem Musikstudium am Warschauer Konservatorium und der Komposition seiner ersten Mazurken und Polonaisen sowie des folkloristisch gefärbten c-Moll-Rondos op. 1 als Zwanzigjähriger nur äußerst ungern auf eine diesmal sehr viel längere Konzertreise in die verschiedenen Musikzentren Europas aufgebrochen war. Denn in dem schon lange schwelenden Kampf seiner Landsleute gegen die Fremdherrschaft des russischen Zaren Nikolaus I. stand unmittelbar ein großer Aufstand bevor, bei dem Chopin seine Familie und seine Freunde auf keinen Fall im Stich lassen wollte. »Noch sitze ich hier – habe nicht genügend Kraft, um den Tag festzusetzen, ich denke, dass ich deshalb verreise, um für immer das Zuhause zu vergessen – und wie trostlos muss es sein, woanders zu sterben, nicht dort, wo man gelebt hat« (Frédéric Chopin: Briefe, hg. von Krystyna Kobylanska [Briefe I]. Frankfurt am Main 1984, S. 87). Er fuhr dennoch, kurz nach der Uraufführung seines schwärmerisch poetischen, melancholisch romantischen e-Moll-Klavierkonzerts, nach Wien, wo er bald hilflos aus der

Ferne zusehen musste, wie sich zu Hause der Hass gegen die russischen Besatzer in einem verzweifelten Freiheitskampf entlud, welcher fast ein Jahr dauerte, bis er tragisch zusammenbrach. Chopin brachte es aus Angst nicht fertig, nach Hause zurückzukehren. Er reiste stattdessen weiter über Stuttgart und München nach Paris, wo die Nachrichten über das Schicksal seines geschlagenen Landes ihn in größte Aufregung und in eine zunehmend düstere Stimmung versetzten. Zwischendurch fand er die Kraft zur Komposition seiner berühmten c-Moll-Etüde op. 10/12, der »Revolutionsetüde«, in der er auf dem Klavier den in Wirklichkeit verlorenen Sieg seines Volkes mit aufbegehrender Leidenschaft in rasenden Kaskaden musikalisch imaginierte, ganz nach seinem Grundsatz: »Nur dem Klavier vertraue ich meine Verzweiflung an.« In Paris fasste er schließlich Fuß. Die sich der Millionengrenze nähernde, von gesellschaftlicher und kultureller Lebendigkeit pulsierende, wenngleich immer noch mittelalterlich strukturierte Stadt voller Glanz und Elend, wurde für Chopin, trotz der dort bald ausbrechenden großen Cholera-Epidemie, zu einer Bleibe bis zu seinem Tod nur achtzehn Jahre später.

»Was nur hat ihn davor zurückgehalten, irgendwann wieder nach Hause zurückzukehren?«, fragte ich Agnieszka.

Paris war nicht Warschau, gab sie, von ihren Ausführungen sichtlich echauffiert, zu verstehen. Aber in Paris kam Chopin recht bald in Kontakt mit einer ganzen Reihe hoher Persönlichkeiten, Ministern, Botschaftern und Fürsten, die sich besonders gern im Salon der Rothschilds trafen. Am wohlsten fühlte er sich jedoch im Kreis der zahlreichen in Paris versammelten polnischen Emigranten, den Wolickis und den Lepickis und Lubeckis und besonders bei Valentin Radziwill, einem Verwandten des Fürsten Anton Radziwill. Sie alle stellten für ihn eine indirekte Verbindung mit der in unerreichbare Fernen gerückten Heimat dar, und sie vermochten auch die Trauer ihres Freundes um deren Verlust ein wenig zu lindern. Durch diese vielfachen Kontakte erweiterte sich auch bald der Kreis von Chopins Klavierschülern vor allem aus der gehobenen Gesellschaftsschicht so weit, dass ihm immer noch genügend Raum zum Komponieren blieb.

»Sie haben mir letztes Mal einige seiner wunderbaren Mazurken op. 41 vorgetragen«, erinnerte ich Agnieszka.

Man könnte diese auf dem Landsitz von George Sand geschriebenen Stücke als Selbstgespräche bezeichnen, mit denen Chopin von Westeuropa aus einen besonders intimen Kontakt mit seiner polnischen Heimat aufgenommen hat, meinte sie. Sie verwies weiterhin auf den ländlichen Ursprung der Mazurken mit ihrer Mischung aus verschiedenen polnischen Tanzformen, wobei die folkloristischen Elemente dieser ursprünglichen Bauernmusik durch die Stilisierung in instrumentale Kunstmusik umgewandelt wurden. Im Unterschied zu den trotzig kämpferischen, historischen Reminiszenzen der Polonaisen, die als offene pianistische Siegesträume paradigmatisch etwa auf König Johann Sobieskis Türkensiege vor Wien 1683 oder auf die Schlacht bei Grochów Bezug nahmen, so führte Chopin in seinen Mazurken ein stilles Tagebuch voller raffiniert subversiver Sprengkraft. Robert Schumann traf den Charakter dieser introvertierten und impressionistisch gefärbten Musik voller emotionaler Stimmungsbilder sehr genau, wenn er schrieb, dass der Polen gegenwärtig beherrschende russische Zar mit Sicherheit die aus den Mazurken sprechende Bedrohung als »unter Blumen eingesenkte Kanonen« erkannt und sie daher verboten hätte.

Ich verstand jetzt auch besser, was vor Jahren die alte Frau in jenem Warschauer Zeitungsladen mit der eintätowierten KZ-

Nummer unter den Klängen der großen As-Dur-Polonaise mit dem Satz gemeint hatte: »Sogar die Musik von unserem Chopin sollten wir nicht hören.« Auch die deutschen Besatzer hatten den in Chopins Musik versteckten Zündstoff wohl erkannt und sie daher im polnischen Generalgouvernement verboten.

Was nun Chopins Verzicht auf seine Rückkehr nach Hause betraf, so erklärte mir Agnieszka, dass wegen der Heirat seiner beiden Schwestern schon bald nach seiner Wohnsitznahme in Paris 1831 ein Besuch in seiner Heimat angesagt gewesen wäre. Umgekehrt fürchtete sich Frédéric aber vor einer Einreise in Polen wegen der möglichen Konsequenzen seines starken Engagements für die vielen polnischen Exilanten in Paris und für die freundschaftlichen Kontakte mit ihnen, wozu auch seine Mitwirkung an Wohltätigkeitskonzertveranstaltungen gehörte, in denen er gern sein e-Moll-Klavierkonzert zu spielen pflegte. Sein Vater verstand dies und beantragte 1835 eine ihm ärztlich empfohlene, mehrwöchige Kur in Karlsbad, zu der er und seine Frau im August noch desselben Jahres anreisten und dort auch gleich nach der Ankunft ihren Sohn trafen, der unverzüglich die Gelegenheit einer Reise dorthin ergriffen hatte. Die Wiedersehensfreude muss so überwältigend gewesen sein wie das Glück und die Erleichterung Frédérics darüber, vier Wochen lang mit seinen Eltern zusammensein zu dürfen. Er spürte jene Nähe und Wärme, die ihm in der Fremde so sehr gefehlt hatte. Der Abschied am Ende dieser wunderschönen Zeit sollte ein Abschied für immer werden.

Wir sprachen noch viel über Chopins Leben, das seit diesem Abschied von immer schlimmeren und vielfältigeren Erkrankungen und von tiefem Leiden gezeichnet war und wie ein Wunder ganze weitere vierzehn Jahre währte; wir sprachen von seiner unerfüllten Liebe zu seiner adeligen polnischen Schülerin

Maria Wodzińska in Dresden und besonders von der sich so vielfältig ausdrückenden Leidenschaft seiner Musik: von seinen Préludes und Impromptus, den Klaviergesängen seiner Balladen, gleich Mendelssohns »Lieder ohne Worte« ohne spezifischen literarischen Bezug, von der fluchtartig jagenden Hast seiner Scherzi (mit dem Zitat eines polnischen Weihnachtsliedes im langsamen H-Dur-Mittelteil des Scherzo Nr. 1 in h-Moll), vom Liedcharakter seiner traurig monologisierenden Nocturnes und von den Untergangsvisionen in den späteren Sonaten in b-Moll und h-Moll. Und zu all dem gehörte natürlich auch seine äußerst schwierige, symbiotische und ebenfalls wie ein Wunder neun Jahre dauernde Beziehung zu George Sand, nach deren Auflösung er nur noch zwei Jahre lebte. Nach sich immer schlimmer häufenden und immer eindeutiger auf eine Tuberkulose hindeutenden Erkältungskrankheiten, Drüsenfieberausbrüchen und Blutstürzen, mit einigen Konzertreisen während kurzer Krankheitsunterbrechungen, bat der Todkranke schließlich um den Besuch seiner Verwandten. »Wenn ihr könnt, dann kommt. Ich bin schwach, und kein Doktor vermag mir so zu helfen wie Ihr …« (Briefe I, S. 338). Da beide Eltern schon lange tot waren, kam seine Schwester Ludvika mit ihrer Familie. Einem besonders guten Freund Chopins verweigerte das von der Revolution von 1848 erschütterte Frankreich die Einreise. In seinen letzten Tagen und Stunden Mitte Oktober 1849 waren Chopins Schwester und ihr Mann und polnische Freunde, darunter ein Abbé, ständig um sein Bett versammelt. Seine letzten Worte, Tage nach Empfang der Sterbesakramente, sollen seiner Mutter gegolten haben. Nach der Einbalsamierung seiner Leiche wurde sein Herz, seinem Wunsch gemäß, nach Warschau überführt, wo es in einer Säule der Heilig-Kreuz-Kirche beigesetzt wurde. Am Ende der Bestattungsfeier auf dem Pariser Friedhof Père-Lachaise wurde auf dem Sarg die polnische Erde verstreut, die Chopin vor fast zwanzig Jahren vor seinem Abschied in Warschau in einem Silberpokal überreicht worden war.

Im Unterschied etwa zu Schubert, Mendelssohn oder Brahms hatte ich bisher nie etwas gehört von Chopins Beziehung zur Religion. Jetzt erfuhr ich auf meine abschließende diesbezügliche Frage, dass es dazu tatsächlich kaum etwas zu berichten gebe. Als Chopin 1844 erst Wochen später vom sanften Tod seines Vaters erfuhr, geriet er in einen halluzinatorischen, von George Sand als selbstzerstörerisch empfundenen Zustand, für den sie seine Prägungen durch den Katholizismus verantwortlich machte, obwohl er während seiner Pariser Jahrzehnte nicht mehr die Sonntagsmesse zu besuchen pflegte. Über das, was er über die letzten Dinge wirklich dachte und fühlte, schwieg er sich aus wie über das meiste, was ihn persönlich berührte und was er vor allem in seiner Musik ausdrückte. Kurz vor der Beendigung des Albtraums seines langen Winteraufenthalts auf Mallorca zusammen mit George Sand und der gemeinsamen Heimreise nach Paris 1838 äußerte George Sand: »Wir sind in Mallorca wie Parias behandelt worden, wegen Chopins Husten und auch, weil wir nicht in die Messe gingen. Meine Kinder sind auf den Spaziergängen mit Steinwürfen verfolgt worden. Man sagte, wir seien Heiden und was weiß ich ...« (Willi Reich [Hg.]: Chopin. Briefe und Dokumente. Zürich ⁴1984, S. 189)

Und abschließend meinte Agnieszka, dass ihre Reise als Studentin nach Warschau gewiss nicht ihr letzter Besuch im Land ihrer Vorfahren gewesen sei. Sie werde, sobald sie könne, das nordöstlich von Breslau und südwestlich der alten Stadt Kalisch gelegene Schloss Antonin, den Adelssitz des Fürsten Radziwill, mit seinem wunderschönen, dunkel waldreichen Park davor, besichtigen, wo der junge Chopin während der letzten Jahre vor seiner Emigration zweimal gewesen sei und von dem eine Freundin von ihr voller Begeisterung berichtet hatte.

Agnieszka war zuletzt wieder sehr viel ruhiger und nachdenklich geworden, und die beiden Jungmusiker an unserem Tisch zeigten sich sichtlich beeindruckt von ihren Ausführungen. Besonders das Mienenspiel des Cellisten verriet dessen innere Bewegtheit. Er fühlte sich offensichtlich gedrängt, einige zu Agnieszkas Hinweisen passende Gedanken über »seinen« Komponisten, nämlich zu Antonín Dvořák (1841–1904), zu äußern.

Mit Dvořáks vielseitigem Werk, so meinte er, habe auch das tschechische Musikschaffen seine unverwechselbare nationale Identität erhalten. Dies zeige sich in Dvořáks Heimatliebe, seiner Naturverbundenheit, seinen mit großer Suggestivkraft geschriebenen Oratorien sowie in seiner im »Stabat Mater« und im »Requiem« zum Ausdruck gebrachten tiefen Religiosität und in seiner unbändigen Lebensfreude, wie etwa in den »Slawischen Tänzen«, die auf Empfehlung von Brahms gedruckt worden waren und Dvořák richtig bekannt gemacht hatten.

Ich wollte gerade einwerfen, dass Dvořáks beide in meinen Augen bedeutendsten Werke, das gerade vom Cellisten hier vorbereitete Cellokonzert in h-Moll op. 104 und die Symphonie Nr. 9 »Aus der Neuen Welt« op. 95, während seiner Zeit in Amerika entstanden waren und dass er, vor allem in der 9. Symphonie, das typisch amerikanische Kolorit einzufangen versucht habe. Aber da kam mir Agnieszka zuvor und erklärte, die beiden folkloristisch geprägten slawischen Schaffensperioden Dvořáks zwischen der klassischen Frühphase und seinem mehr amerikanisch geprägten Stil um 1880 und 1890 wären verhältnismäßig kurz gewesen, auch wenn das charakteristisch Tschechische in seinen Kompositionen die amerikanische Zeit überdauert habe. Und da brachte sie den anderen großen böhmischen Komponisten mit ins Spiel, der noch sehr viel konsequenter und auf politischer Ebene kämpferischer als sein Landsmann Dvořák den nationaltypischen Charakter der Musik seines Landes vertreten hatte, nämlich Bedřich Smetana (1824–1884).

Da mir gerade eine aufregende, Smetana betreffende Begebenheit während eines Sommerurlaubs in Holland in der ersten Augusthälfte des Jahres 1968 in den Sinn gekommen war, unterbrach ich den Cellisten, der dazu angesetzt hatte, sich ebenfalls über Smetana zu äußern, und ich gab rasch meine Erinnerung an die betreffende Begebenheit wieder. Ich hatte nach meinem ersten Prag-Besuch zu Ostern 1968, als in der ganzen Stadt die Aufbruchstimmung des »Prager Frühlings« zu spüren war, die darauffolgenden Monate hoffnungsvoll dem von Alexander Dubček eingeleiteten und scheinbar zum Greifen nahen politischen Reformkurs im Sinn eines demokratischen Sozialismus entgegengefiebert. Am Morgen des besagten Urlaubstages hatte ich noch im Bett mein Transistorradio angestellt, um nach irgendwelchen Nachrichten zu suchen. Dabei stieß ich zufällig auf einen tschechischen Auslandssender, in dem prompt Smetanas »Die Moldau« (Vltava) aus dem Zyklus der symphonischen Dichtung »Mein Vaterland« (Má Vlast) gespielt wurde. Ich fühlte mich dadurch sofort in eine Hochstimmung versetzt und malte mir die bevorstehende neue Blütezeit der Tschechoslowakei mit einem Glücksgefühl aus, so als wäre es ein eigenes Stück Heimat. In der Euphorie meiner Erzählung merkte ich jetzt zu spät eine gewisse Betretenheit und Unsicherheit meiner Tischgenossen, die bei den Worten »Prager Frühling« etwas ängstlich und unruhig im Raum umherzublicken begannen. Plötzlich verstand ich. Was die drei in Wirklichkeit auch immer über das tschechoslowakische Experiment von 1968 dachten (ich war davon überzeugt, dass sie im Stillen so dachten wie ich), so galt jener »Prager Frühling« in der DDR offiziell als so wenig hoffähig, dass man überall dort, wo mithörende Ohren zu vermuten waren, über dieses Thema besser schwieg. Ich wusste das natürlich, hatte jedoch in meinem Eifer nicht daran gedacht, so dass ich jetzt meine Erzählung schleunigst abbrach und davon absah, den Schock zu schildern, den mir der nur etwa zehn Tage später erfolgende Einmarsch der Warschauer-Pakt-Staaten in die Tschechoslowakei bereitet hatte. Stattdessen ermunterte ich den Cellisten, mit seinen Äußerungen über Leben und Werk von Dvořák und Smetana fortzufahren.

Überraschend neu für mich im dann folgenden Gesprächsbeitrag des Cellisten war, dass der tschechische Patriot Smetana mit Vornamen ursprünglich gar nicht Bedřich, sondern Friedrich hieß. Als Sohn eines Bierbrauers im Dienste von Familien aus böhmischen Adelsgeschlechtern wie Waldstein oder Czernin hatte er zu Hause und in der Schule nur Deutsch gesprochen. Erst als Erwachsener entwickelte er ein tschechisches Nationalgefühl, erlernte die tschechische Sprache und passte seinen Vornamen der tschechischen Schreibweise an, und erst im Alter ab Mitte dreißig verwendete er auch in seinen Briefen und Tagebucheintragungen die tschechische Sprache. Wie sein Vorbild Richard Wagner nahm Smetana auch an der Revolution von 1848/49 teil, verließ einige Jahre später aus politischen Gründen seine Heimat und siedelte ins schwedische Göteborg um. Erst nach der spürbaren Lockerung des österreichischen Absolutismus kehrte er 1861 endgültig nach Prag zurück, arbeitete rastlos für die tschechische Nationalbewegung im panslawistischen Sinne und gründete im selben Zug den patriotischen Gesangsverein »Hlahol«, den er während einiger Jahre leitete. Der sechsteilige Zyklus der

symphonischen Dichtung »Mein Vaterland« mit der »Moldau«
entstand eher spät.

In diesem Zusammenhang brachte ich unser Gespräch noch
auf eine hierzulande sicher bedenkenlos anzubringende Episode, die ich erlebt hatte und mit der ich das Thema abschließen
wollte. Ich wusste schon lange, dass Smetana im Alter von etwa
fünfzig ertaubt war. Allerdings hatte ich erst später mitbekommen, dass die Auseinandersetzung um die möglichen Gründe
dafür im Lauf der Zeit zu einem mich etwas lächerlich anmutenden Politikum ausgeartet war. Bei einem nicht weit zurückliegenden Besuch in der psychiatrischen Universitätsklinik in
Prag, in die der psychisch schwer angeschlagene Smetana kurz
vor seinem Tod eingeliefert worden und gestorben war, ließ ich
mir vom damaligen Direktor erklären, dass Smetanas Gehirn zu
Obduktionszwecken in derselben Klinik bis heute, in Spiritus
eingelagert, aufgehoben werde und dass inzwischen festgestellt
worden sei, dass die Ursache für dessen Ertaubung eine Arteriosklerose gewesen sei. Wenige Monate später stieß ich auf einen
in den sechziger Jahren in einer Fachzeitschrift für Hals-, Nasen-
und Ohrenheilkunde veröffentlichten Artikel, der von einem
mir persönlich bekannten, aus dem Sudetenland stammenden
Direktor einer westdeutschen HNO-Universitätsklinik verfasst
worden war. Der Artikel war eine polemische Entgegnung gegen
die tschechische Annahme einer Arteriosklerose als Grund für
Smetanas Ertaubung mit der aufgestellten und mit angeblichen
Belegen versehenen Gegenbehauptung, der wahre Grund sei
eine syphilitische Erkrankung gewesen. Es war in diesem Artikel
deutlich zu spüren, dass dem Autor daran gelegen war, seinen
Kollegen in der damaligen ČSSR die offenbar höchst unwillkom-
mene Diagnose einer Syphilis vors Gesicht zu halten. Ob hier
wohl die sudetendeutsche Vergangenheit des Artikelschreibers

in die Wahrheitsfindung hineingespielt hatte und der arme Smetana posthum als Spielball nationalistisch gesteuerter wissenschaftlich-medizinischer Fehden herhalten musste?

Wir diskutierten daraufhin alle vier noch generell über die Licht- und Schattenseiten des Bestrebens vor allem hochromantischer Musik, im Zeitalter des sich festigenden Nationalstaatentums den Menschen nicht nur zu einer individuellen, sondern auch zu einer nationalen Identität zu verhelfen. Besonders Agnieszka lag, mit Blick auf das seit Jahrhunderten unter wechselnder Fremdherrschaft leidende Nachbarland – der Heimat ihrer Vorfahren – und auf die mit Chopins Exilsituation verbundene Tragik, offenbar sehr daran, die patriotische Haltung von Musikern während der frühen Zeit des Nationalstaatentums positiv hervorzuheben. Denn diese hatte primär unter dem Zeichen einer Befreiung der Völker vom Joch der Unterdrückung und der Großmachtpolitik tonangebender politischer Systeme gestanden.

Der angehende Sänger an unserem Tisch erwähnte als weiteres Beispiel den von ihm geradezu angebeteten italienischen Opernkomponisten Giuseppe Verdi (1813–1901). Denn Verdi hatte in der bewegten Zeit des »Risorgimento«, der drei Unabhängigkeitskriege Italiens durch Freiwilligenverbände unter Giuseppe Garibaldi bis zur Ausrufung von Vittorio Emanuele II. zum König der neuen unabhängigen Republik Italien 1861, gelebt und gearbeitet. Bereits in Verdis frühem Sensationserfolg, seiner Oper »Nabucco«, wurde, früheren Deutungen zufolge, das Freiheitsstreben der in babylonischer Gefangenschaft gehaltenen Juden als Symbol für das gegen die Fremdherrschaft aufbegehrende italienische Volk gesehen, und der bekannte Chor »Va, pensiero, sull'ali dorate« (»Steig, Gedanke, auf goldenen Flügeln«) als eine Art italienische Nationalhymne und als Protest gegen Tyrannei und politische Willkür interpretiert. Seine Oper »La battaglia di Legnano« (»Die Schlacht von Legnano«) von 1849 war die leidenschaftliche Antwort auf die Einheitsbewegung der Italiener, die dem Revolutionsjahr 1848 folgte. Nach der Vereinigung Italiens ließ Verdi sich von Graf Cavour zur Kandidatur für die Abgeordnetenkammer überreden, trat jedoch bald wieder zurück. In diesen Zeiten bekam Verdi immer wieder Schwierigkeiten mit der Zensur, die etwa einen Anschlag auf einen König (im »Rigoletto« wie im »Maskenball«) als gefährlich einstufte und entsprechend umfangreiche dramaturgische Änderungen erzwang. Trotz seines glühenden politischen Engagements für die Freiheit und Unabhängigkeit seines Volkes blieb Verdi letztlich doch ein ausgesprochen »ziviler« und international ausgerichteter Künstler, der sich interessanterweise weit über Italien hinaus Themen aus allen möglichen Ländern und Kulturkreisen aneignete, um sie zu seiner unvergänglichen Opernmusik zu vertonen: So etwa »Don Carlos« als Anleihe aus der Geschichte Spaniens und in Anlehnung an Schillers gleichnamiges Drama, »Aida« als ägyptischer Themenstoff und Verdis letzte Oper »Falstaff« zu einem Libretto von Arrigo Boito nach der Vorlage von Shakespeares »Die lustigen Weiber von Windsor«, wenige Jahre nach »Otello«, welches ebenfalls der berühmten, gleichnamigen Tragödie von Shakespeare folgte.

Wir waren uns alle einig darüber, dass die Entartungen des Nationalstaatentums im 20. Jahrhundert der Entwicklung der abendländischen Musik keine guten Dienste erwiesen und sie im Gegenteil dann besonders in der nationalsozialistischen Diktatur Deutschlands – vor allem die Werke Wagners, Liszts und Beethovens – einem verheerenden politischen Missbrauch ausgeliefert hat. Aber ich konnte es nicht unterlassen zu erwähnen, dass auch im 19. Jahrhundert erste fragliche Ansätze zu beklagen waren. Mit den von Richard Wagner selbst verfassten, umstrittenen Libretti zu seinen vor allem späteren Opern wollte ich hier nicht neuen Diskussionszündstoff liefern. Aber erwähnenswert erschien mir, trotz meiner großen Verehrung der meisten Musik von Johannes Brahms, sein schon mit Ende zwanzig entwickelter Hang zu einem wenig sympathischen, letztlich unheilverkündend teutonischen Nationalismus in den sechziger Jahren des 19. Jahrhunderts, wie er u. a. in Teilen des »Deutschen Requiems« und in seiner rückhaltlosen Verehrung für Reichskanzler Otto von Bismarck zum Ausdruck kommt. Darüber bestand zwischen uns allen ein grundsätzlicher Konsens, und dieses Thema passte auch, vielleicht als einziges, völlig zur offiziellen Meinung der sozialistischen DDR, innerhalb deren wir diese Diskussion über das Thema Nationalromantik geführt hatten.

PROGRAMMMUSIK:
CAMILLE SAINT-SAËNS, HECTOR BERLIOZ, FRANZ LISZT

Ich sitze – es ist einige Jahre her – in der Küche der Wohnung meines Sohnes und unterhalte mich mit ihm und seinem damals fünfzehnjährigen Ältesten, während im Wohnzimmer nebenan der Jüngste, elf Jahre alt, auf dem Klavier eine Mischung aus Schlagern und Salonmusik nachzuspielen versucht. Der Älteste kommentiert zwischendurch das Geklimper seines jüngeren Bruders mit abschätzigen Bemerkungen. Als fortgeschrittener Geigenschüler bereitet er sich zusammen mit seiner nur wenig jüngeren, Cello spielenden Schwester und einem befreundeten Jungpianisten unter anderem mit einem Beethoven-Trio auf einen regionalen Klassik-Musikwettbewerb vor.

Als der Jüngste nebenan sein Klavierspiel beendet hat und

eine CD mit Camille Saint-Saëns' Kammerorchestersuite »Der Karneval der Tiere« auflegt, zieht der Älteste noch tiefer die Mundwinkel herab und meint noch während der Introduktion der Karnevalssuite: »Dieser Kinderkram ... primitives und seichtes Zeug. So was hab ich mir doch mit sechs angehört.« Als hätte es der Jüngste gehört, kommt er bald, gegen Ende des anfänglichen »Königsmarschs« der Löwen, im Takt zu den das Löwengebrüll imitierenden Streichern und Klavieren, zu uns in die Küche stolziert.

»He! Was? Schlechte Musik?«, ruft der Kleine in die Küche. »Du willst doch Komponist werden für Filmmusik. Das ist nicht besser.« »Doch«, entgegnet der Ältere. »Es gibt echt gute Filmmusik, Musik zu richtig guten Filmen.« »Aber in der Kinomusik wird immer genau bestimmt, wann der Zuschauer Angst bekommen soll und wann ein gruseliges Gefühl. Aber Musik wie der ›Karneval der Tiere‹ ist viel freier«, wendet der Jüngste ein, als aus dem Wohnzimmer als nächster Programmpunkt die Stimmen der zeternd gackernden und pickenden Hühner in den Streicherstimmen erklingen und das Kikeriki der Hähne in den Klavieren und der Klarinette.

Als ich in das Hin und Her zwischen den beiden Jungs eingreifen will, ertönt inzwischen die erste bemerkenswerte Parodie im »Karneval«, auf die ich die beiden sogleich aufmerksam mache. Es ist die Langsamkeit der Kriechtiere (Schildkröten). Damit veralbert der Komponist den wilden Can-Can-Tanz im zweiten Aufzug der Operette »Orpheus in der Unterwelt« seines um einiges früher geborenen Kollegen Jacques Offenbach, indem er den Tanz, mit Unisono-Streichern und müde schleppender Triolenbegleitung am Klavier, dreimal langsamer präsentiert. Wenige Minuten später folgt ein Dressurakt in der Arena mit einem unbeholfen trampelnden Elefanten, dargestellt mit hämmernden Klavierakkorden und pompösem, tiefstem Kontrabassgeschrumme. Ich erläutere den anderen gegenüber, dass dies eine zur Plattitüde verfremdete Wiedergabe des an sich schwebend leichten Elfentanzes (»Danse des sylphes«) in der dramatischen Legende »La damnation de Faust« von Hector Berlioz und außerdem eine Anspielung auf das Scherzo in Mendelssohns Musik zum »Sommernachtstraum« sein soll.

»Der Karneval der Tiere« sei in der Tat keine Kinderei, sondern eine aus vierzehn kleinen Sätzen bestehende, hochwertige Programmmusik, erkläre ich schließlich dem Älteren der beiden, während wir noch mit halbem Ohr dem Tierporträt »Zierfische« im Aquarium, dem Hausesel, dem Kuckuck und den Bewohnern des Vogelkäfigs lauschen. Der 1835, zwei Jahre nach Brahms geborene und 1921 verstorbene Camille Saint-Saëns komponierte seine Imitation von Tierrufen durch Orchesterinstrumente erst Anfang 1886, als die von ihm parodierten Komponisten Offenbach, Berlioz und Mendelssohn schon tot waren. Und der aufs Korn genommene Berufskollege Berlioz hatte seine bedeutendste Programmmusik oder auch »symphonische Dichtung«, die »Symphonie fantastique«, auf die ich gleich zurückkomme, schon fast sechzig Jahre früher geschrieben, während seine eben parodierte Legende »La damnation de Faust« etwa fünfzehn Jahre nach der »Symphonie fantastique« entstanden war.

»Berlioz ist der eigentliche Begründer der symphonischen Programmmusik«, erklärt jetzt mein Sohn seinem Ältesten. Ich ergänze noch, dass es für Programmmusik eine Menge bis in die Barockzeit zurückreichende Vorläufer gibt, in denen Geschichten, Abläufe und äußere Eindrücke in Musik umgesetzt werden. Ich führe dabei Bachs Zeitgenossen Johann Kuhnau an mit seinen für Cembalo, Orgel und Clavichord geschriebenen »Musikalischen Vorstellungen einiger biblischer Historien in 6 Sonaten auff dem Claviere zu spielen«, wozu beispielsweise der Kampf zwischen David und Goliath gehört. Auch Antonio Vivaldis berühmte Violinkonzerte »Die vier Jahreszeiten« können dazugezählt werden sowie Beethovens »Pastoralsymphonie«, die trotz der kurz aufrüttelnden Gewitterszene insgesamt sehr poesievoll klingt. In der Frühromantik häufen sich die Beispiele für Programmmusik: etwa mit Carl Maria von Webers »Aufforderung zum Tanz« oder Schumanns »Kinderszenen« oder die »Venetianischen Gondellieder« aus Mendelssohns »Lieder ohne Worte«.

Die revolutionäre Bedeutung des nur wenige Jahre später als Schubert geborenen französischen Komponisten und Musikkritikers Hector Berlioz (1803–1869) besteht nicht nur in seiner Rolle als eigentlicher Begründer der symphonischen Programmmusik, sondern auch in seiner modernen, großen Orchesterinstrumentation. Sein bedeutendstes Werk, unter zahlreichen anderen symphonischen Dichtungen, ist die programmatische »Symphonie fantastique« op. 14 (»Phantastische Symphonie – Episoden aus dem Leben eines Künstlers«), womit der junge Komponist, in Anlehnung an Beethovens sechste Pastoralsymphonie, Neuland betritt. Er bezeichnet das Werk selbst als »musikalisches Drama« und gliedert es, analog zu den fünf Akten des klassischen Dramas, in fünf szenische Sätze mit einem Leitmotiv (»idée fixe«). Es ist das »Motiv der Geliebten«, welches der Künstler als Ausdruck seiner unglücklichen Liebe zu einer Frau immer in seiner Seele herumträgt und welches dementsprechend sämtliche fünf Sätze des Werks durchzieht. Ob in den starken Stimmungsschwankungen der Verliebtheit darstellenden »Träumereien« (1. Satz) oder im »Ball« mit der in einer Tanzmusik eingebetteten »idée fixe« (2. Satz) oder im Dialog zwischen zwei Hirten (mit Oboe und Englischhorn) in der »Szene auf dem Lande« (3. Satz) – die Geliebte beachtet ihn nie. Er nimmt schließlich Opium, versinkt in einen todesähnlichen Schlaf und träumt, er habe seine Geliebte ermordet und werde deshalb hingerichtet (4. Satz: der »Gang zum Richtplatz« in Marschform bis zur Exekution mit dem Fallbeil). Und im 5. Satz des »Hexensabbath« mit der von einer Es-Dur-Klarinette verzerrt wiedergegebenen »idée fixe« inmitten schrillen Gelächters tritt die Geliebte als Hexe zusammen mit anderen Hexen auf. Unter Totenglocken und den parodistischen Klängen des »Dies irae« aus der katholischen Totenmesse endet das Werk, das autobiographische Züge trägt, mit einer höllischen Orgie. Die »Geliebte« war im wirklichen Leben von Berlioz die irische Schauspielerin Harriet Smithson, die Berlioz zunächst zurückwies, ihn dann schließlich aber doch heiratete. Von der »Symphonie fantastique« existiert auch eine Klaviertranskription von Franz Liszt.

Berlioz' sehr viel später verfasste Legende »La damnation de Faust« ist eine dramatische Legende in vier Teilen nach einer Übersetzung von Goethes »Faust«. Mit dem »Tanz der Nymphen« am Ufer der Elbe, den Saint-Saëns später mit dem Elefantengetrampel im »Karneval der Tiere« ins Lächerliche ziehen sollte, versetzt Mephisto den verzweifelten Faust in einen Tiefschlaf, in dem ihm Margarete im Traum erscheint und sich bleibend in seiner Seele festsetzt, so dass die Tragödie ihren weiteren Lauf nehmen kann.

»Und wie ging es nach Berlioz mit der Programmmusik weiter?«, will jetzt der inzwischen sehr beteiligt zuhörende Älteste wissen, während auch sein jüngerer Bruder erkennbares Interesse an meinen Ausführungen zeigt.

Als Nächstes erkläre ich, dass gerade das Faust-Thema etwa zehn Jahre nach Berlioz von dem jüngeren Franz Liszt (1811–1886) ebenfalls in Form einer symphonischen Dichtung vertont und 1857 uraufgeführt wurde. Es ist die »Faust-Symphonie«, mit der Trias Faust, Gretchen und Mephistopheles in drei Charakterbildern. Einige Jahre später entsteht der erste »Mephisto-Walzer« für Klavier, ein diabolisches Werk nach einer Episode aus Nikolaus Lenaus »Faust«. Es drückt, für einen Walzer erstaunlich, eine ähnlich wilde Aggressivität und grobe Sinnlichkeit aus wie die von Liszts viel früher geschriebene, hochvirtuose »Malédiction« für Klavier und Streichorchester, in deren Partitur die Worte »Hochmut (Orgueil), Tränen, Spott, Träume, Enthusiasmus« eingetragen stehen. Auch Liszts späterer »Totentanz« für Klavier und Orchester mit seinen Variationen über das gregorianische »Dies irae« gehört in diese Kategorie. Während dieser wiederholten Beschäftigung mit dem Faust-Thema über längere Zeit wendet sich Liszt auch Dantes »Göttlicher Komödie« zu und schreibt die »Dante-Symphonie«. In deren erstem »Inferno«-Satz drückt die Musik eine Welt der Ausweglosigkeit, Gewalt und Kälte aus, im zweiten »Purgatorio«-Satz hingegen klingt ein melancholisch hoffnungsvoller Neubeginn an. Liszts zahlreiche symphonische Dichtungen sind ohne Berlioz nicht denkbar, auch nicht die berühmten vor der »Faust-Symphonie« geschriebenen Werke wie »Prometheus«, »Orpheus« und »Les Préludes«. Fast ein Jahrhundert später wurden – man muss sich wirklich fragen, warum – Teile aus den »Préludes« von der nationalsozialistischen Propaganda als Fanfarenmotiv für die Ankündigung von Siegesmeldungen im »Großdeutschen Rundfunk« missbraucht. Auch in Liszts Klavierwerken ist das in verschiedenen Varianten zumindest andeutungsweise immer wiederkehrende Faust- und Mephistothema präsent. Dazu gehört auch die berühmte, große h-Moll-Sonate, ein sich zwischen Maßlosigkeit, Brüchigkeit, Zerstörerischem sowie meditativem Grübeln und zarter Empfindsamkeit bewegender, praktisch durchgehender Monolog. Allerdings kann ich gut dem Pianisten

Alfred Brendel folgen, wenn für ihn die h-Moll-Sonate innerhalb der Werke Liszts eine kompositorisch herausragende und hochwertige Besonderheit darstellt.

> Die h-Moll-Sonate …, diese wichtigste, originellste, gewaltigste und intelligenteste Sonatenkomposition nach Beethoven und Schubert, ist ein Werk absoluter Musik, und sie ist das Ergebnis einer absoluten Kontrolle der großen Form, eine Fusion von Überlegung und Weißglut, wie sie Liszt auch in der Faust-Symphonie nicht mehr gelang. Sie gelang ihm zudem am scheinbar Unmöglichen – an einer Sonate von halbstündiger Dauer in einem einzigen Satz.
> *(Alfred Brendel: Musik beim Wort genommen. München, 1992, S. 187)*

»Aber mit Liszt endet keineswegs das Genre der Programmmusik«, führt mein Sohn anschließend das Thema weiter. »Es erreicht im Gegenteil in der zweiten Hälfte des 19. Jahrhunderts in den national geprägten romantischen Schulen seinen Höhepunkt mit zum Teil sogar folkloristischem Einschlag: ob mit Smetanas ›Moldau‹ in Böhmen, Mussorgskis ›Bilder einer Ausstellung‹ in Russland, Griegs ›Peer-Gynt-Suite‹ in Norwegen, Debussys Tondichtung ›La mer‹ in Frankreich oder Richard Strauss' ›Till Eulenspiegels lustige Streiche‹, ›Ein Heldenleben‹ und ›Eine Alpensinfonie‹ in Deutschland.«

»Gehört der ›Zauberlehrling‹ auch mit dazu?«, fragt jetzt mein jüngster Enkel mit leuchtendem Gesicht.

»Ja. Das ist von dem in der zweiten Hälfte des 19. Jahrhunderts geborenen Paul Dukas, nach der gleichnamigen Ballade von Goethe.«

»Wirklich ein tolles Stück«, ruft der Kleine aus. »Wir haben es in der Schule im Musikunterricht durchgenommen.«

Daraufhin verzieht sich der Jüngste wieder ins Wohnzimmer und versucht am Klavier, diesmal sehr viel leiser und vorsichtiger, das Hauptthema des »Zauberlehrlings« aus dem Gedächtnis nachzuklimpern, ohne dass sein Bruder erkennbar daran Anstoß nimmt. Dieser hört im Gegenteil jetzt umso konzentrierter meinen weiteren Erläuterungen zu.

SCHRILLE ZWISCHENTÖNE
DÄMONEN, GEISTER, HEXEN

Schrille Töne und schrille Musikercharaktere sind nicht erst eine Erfindung des 19. Jahrhunderts, erkläre ich meinem ältesten Enkel als Nächstes. Als geradezu fulminantes und besonders frühes Beispiel dafür führe ich kurz die legendäre, äußerst schillernde Figur Carlo Gesualdos und die durchgehend scharfen Dissonanzen in dessen Madrigalen bereits etwa hundert Jahre vor Bach an. Als weiteres Beispiel erwähne ich die nur acht Takte dauernden, dafür umso auffälligeren tritonischen Dissonanzen am Schluss von Mozarts »Jupitersymphonie« sowie die schneidenden Querstände im einleitenden Adagio von dessen »Dissonanzenquartett«. Auch das abrupt aufbrechende Chaos im Mittelteil des langsamen fis-Moll-Andantino in Schuberts zweitletzter, unter dem Eindruck des Todes geschriebener, posthum erschienener A-Dur-Klaviersonate gehört zu diesen überraschenden Ausbrüchen. Zur Zeit des Barock, der Klassik und der Frühromantik bleiben dies allerdings Einzelphänomene, sage ich, Vorboten der in der zweiten Hälfte des 19. Jahrhunderts immer häufiger, immer tiefer und schonungsloser in den menschlichen Abgründen wühlenden und das Wesen des Menschen von Grund auf in Frage stellenden Musik der Vormoderne. Es ist die unruhige Zeit des Umbruchs im Zeitalter der bürgerlichen und industriellen Revolution, die auch unter den Musikschaffenden immer zwiespältigere Charaktere hervorzubringen scheint.

Auch die Welt der Geister, Dämonen und Hexen ist in der Welt der Musik nicht völlig neu. Sie spielt zwar in der Musik von Berlioz und Liszt eine dominante Rolle, und bei Modest Mussorgski (1839–1881) im »Hexensabbath« seiner »Nacht auf dem kahlen Berge« ist sie ebenfalls überaus präsent. Wir begegnen dieser Welt jedoch beispielsweise in der Geisterszene in Mozarts »Don Giovanni«, dann im schaurig-dramatischen Mittelsatz von Beethovens »Geistertrio« op. 70/1 und später in Schumanns letztem Werk, den »Geistervariationen«. Nach musikwissenschaftlichen Erkenntnissen entwarf Beethoven parallel zur Komposition seines Geistertrios einen Hexenchor für eine geplante, aber nie zustande gekommene Opernkomposition mit Shakespeares Tragödie »Macbeth« als Vorlage (Martin Gustav Nottebohm: Zweite Beethoveniana. Nachgelassene Aufsätze. Leipzig 1887, S. 225 ff.).

Hat sich die Musik der Wiener Klassik und der Frühromantik nur selten und kurz in die Schattenzonen des musikalischen Ausdrucks gewagt, so wird die Beschäftigung der Hochromantik mit wirklich dunklen und manchmal Gänsehaut erzeugenden Themen immer geläufiger. Dies zieht auch für das Musikschaffen tiefgreifende Konsequenzen nach sich. Immer öfter werden die harmonischen und tonalen Strukturen der Klassik des 18. und frühen 19. Jahrhunderts aufgebrochen in rhythmisch, harmonisch und tonal neuartige Bereiche, die hart an die Grenze unseres überlieferten und vertraut gewordenen ästhetischen Empfindens heranreichen oder gar darüber hinausweisen. Es entsteht eine Klangwelt, die es uns, jedenfalls beim ersten Anhören, eher schwerzumachen scheint, aus ihr Impulse für eine innere Sinnfindung und eine humanistische Werteorientierung zu beziehen, und die uns eine solche bereits angeeignete Orientierung gründlich in Frage stellen lässt.

Oder liegt gerade im schonungslosen Blick, in Gottesferne oder gar Gottesfinsternis auf sprachlicher, szenischer *und* musikalischer Ebene auch eine heilsame Provokation, eine Chance für radikale Zweifel an überkommenen Denk- und Hörmustern?, überlege ich während einer kurzen Pause nach den vorangegangenen Erläuterungen für mich im Stillen. Vermögen diese Zweifel eventuell den Weg zu ebnen zu einem mit innerem Ringen verbundenen Suchen nach neuen, hoffnungsvollen, vielleicht sogar Musikschaffende wie auch Musikrezipienten innerlich festigenden Erfahrungs- und Erkenntnismöglichkeiten?

Ist das Ausbrechen der abendländischen Musik aus tonalen Strukturen nur die Folge davon, dass zeittypische schrille Themen und musikalische Harmonie nicht miteinander vereinbar sind? Ist der Grund wirklich nur ein ideologischer oder vielleicht doch auch einfach ein vorwiegend musikalischer? Und schließlich: Resultiert die Suche nach neuen Mustern, die in der »Moderne« zu Beginn des 20. Jahrhunderts voll zum Zuge kommen werden, möglicherweise auch daraus, dass die einst von Haydn begründete und mit Brahms (der übrigens jede Art von Programmmusik entschieden ablehnte) und Reger endende, nachbarocke harmonische Musik verbraucht und ausgeschöpft ist? Dieser Annahme zufolge verfügte Haydn als der Begründer der modernen Klassik noch über ein riesiges Spektrum an kreativen Neuerungen wie etwa der »Erfindung« der klassischen Symphonie, der Sonatenform und des Streichquartetts. Aber diese Art von musikgeschichtlich umwälzender Kreativität verdünnte sich dann und verblasste im Lauf von etwa hundert Jahren zunehmend und steuerte schließlich zur Zeit von Mahler, Strauss und

Zemlinsky in der Spätromantik auf einen Paradigmenwechsel (oder besser: eine Paradigmenverschränkung) in das Reich atonaler Musik zu. Dies wäre sozusagen die musikalische Erklärung für die im Musikleben des 19. Jahrhunderts beobachtbare Zunahme der »schrillen Zwischentöne«.

Aber dann unterbricht mich mein Enkel mit einer Frage, die ihn offenbar die ganze Zeit beschäftigt hat.

»Was ist denn dieser Liszt eigentlich für ein seltsamer Mensch gewesen? Überall an jeder Ecke seiner Musik lauern diese Gespenster und Teufel. Mir friert richtig, wenn ich mir den vorstelle.«

Ich überlege kurz, wie ich auf diese Frage antworten soll. Mir erscheint es nach dem bisher Gesagten jedenfalls immer deutlicher, dass der besagte Franz Liszt ein typisches Kind seiner verworrenen Zeit ist, in der die Selbstgewissheit des Individuums, die seit der Wiener Klassik und der frühen Romantik allmählich aufbricht, zugunsten einer allgemein verunsichernden Skepsis verlorenzugehen droht. In diesem Sinn versuche ich meinem Enkel gegenüber, in Stichworten die Biographie dieser außergewöhnlichen Erscheinung in der Musikwelt des späteren 19. Jahrhunderts wiederzugeben.

Franz Liszt, das aus dem österreichisch-ungarischen Grenzgebiet stammende Wunderkind, gilt schon sehr früh als ein kleiner Herkules der Musik. Er vertieft sich bereits als Fünfzehnjähriger nächtelang in religiöse Bücher, orientiert sich in seinem unstillbaren Bildungs- und Erziehungshunger an den strengen Maximen französischer Moralisten des 17. Jahrhunderts und am Neuen Testament sowie am Werk des mittelalterlichen Mystikers Thomas von Kempen »Über die Nachfolge Christi«. Er will Priester werden, was jedoch am Widerstand seiner Eltern scheitert. Mit siebzehn geht er eine kurze, aber leidenschaftliche Beziehung mit einer seiner Schülerinnen ein. Er lernt Berlioz kennen. Schon in jungen Jahren fasziniert ihn auch das Hässliche, Verzerrte und Pathologische am Menschen sowie alles Dämonische, ja Mephistophelische. Er bewundert den fast gleichaltrigen Chopin, dessen aristokratische Zurückhaltung und Verschlossenheit sich allerdings nicht gut mit Liszts Exzentrik und Eitelkeit und seinem Hang zur Selbstinszenierung verträgt. Ob die diabolischen Züge im Finale von Liszts »Faust-Symphonie«, im »Totentanz«, im Inferno der »Dante-Symphonie«, in den »Mephisto-Walzern« oder die in fast allen Werken herrschende Spannung zwischen dem »quasi niente« der Schwerelosigkeit und Zartheit des Klangs und der hochvirtuos rasanten Skalen und Akkordfolgen, schroffen Rhythmen und scharfen Dissonanzen – seine Schöpfungen sind letztlich immer ein Ausdruck des Trotzes, des Aufbegehrens, der stolzen Selbstbehauptung und des Strebens nach der Freiheit des Ichs. Möglicherweise entspringt Liszts Fixierung auf die Figuren von Faust, Gretchen und Mephisto auch einer Angst, bei seinem Streben nach dem Heiligen und religiös Höheren dem Sündhaften und Verbotenen zu erliegen, welches er mit seiner unermüdlichen Heraufbeschwörung des abgründig Bösen und grob Sinnlichen zu bannen sucht. Dies zeigt sich nicht nur in seiner Musik, sondern auch in seinen Liebesaffären mit den zahlreichen von ihm betörten Frauen. Liszt schließt sich, wie zum Schutz dagegen, schon früh eng an den Abbé de Lamennais an, der durch seine Kritik an den klerikalen Hierarchien den Kirchenbann auf sich zog. Zur selben Zeit geht er jedoch auch eine langjährige und spannungsreiche Beziehung zu der nicht weniger narzisstisch kapriziösen Marie d'Agoult ein, aus der unter anderem die Tochter Cosima, Richard Wagners spätere, zweite Frau, hervorgeht. 1840 reist Schumann extra von Leipzig nach Dresden, um Liszt kennenzulernen, nachdem er ihm seine bekenntnishafte C-Dur-Fantasie op. 17 für Klavier gewidmet hatte. Clara Schumann erlebt Liszt in seiner ganzen Widersprüchlichkeit als »gutmüthig, herrschsüchtig, liebenswürdig, arrogant, nobel und freigebig, hart oft gegen Andere«, und sie nennt ihn »ein verzogenes Kind« (Robert Schumann: Tagebücher, Bd. II (1836–1854), a. a. O., S. 198). Seine nächste, sein Leben bestimmende Liaison ist Carolyne von Sayn-Wittgenstein, Tochter eines polnischen Gutsbesitzers, hochgebildet und eine der reichsten Frauen der Ukraine.

In den vierziger Jahren kommt Liszt mit einer nicht weniger zweigesichtigen, ebenfalls zwischen Maßlosigkeit und Askese changierenden Musik-Koryphäe zusammen: mit Richard Wagner. Liszt bewundert ihn über die Maßen, setzt sich für ihn ein, als Wagner im Zuge der Revolution von 1849 steckbrieflich gesucht wird und zum ersten Mal in die Schweiz exiliert, wo Liszt ihn auch besucht. Und ebendieser Wagner wird später über seine zweite Heirat mit Liszts Tochter Cosima dessen Schwiegersohn. Dennoch sind beide auch überaus verschieden. In religiösen Fragen sind sie gar gegensätzlicher Ansicht. Für Liszt zählt vor allem der Katholizismus. Und er ist kein philosophischer Kopf wie Wagner, der wie Feuerbach und Schopenhauer die christlichen Vertröstungen auf ein Jenseits ablehnt und verachtet. Der über fünfzigjährige Liszt wendet sich immer intensiver dem geistlichen Leben zu. 1865 dirigiert er die Uraufführung seiner »Legende von der heiligen Elisabeth« in einer schwarzen Soutane, die er ab da andauernd auch in der Öffentlichkeit trägt. Durch Vermittlung eines Kardinals wohnt er seit April 1865 im Vatikan und betreibt dort theologische Studien. Er erhält die Tonsur und die vier niederen Weihen, nach denen er sich selbst den Titel *Abbé* verleiht. Eine fünfte Weihe zum Subdiakon findet nicht mehr statt. Man spottet allgemein, dass sich Mephisto als Abbé verkleidet habe. Ein Jahr später zieht Liszt in das Kloster Santa Francesca Romana unweit vom Kolosseum und komponiert dort viel geistliche Musik.

> Mehr denn je durchdringen mich die Glaubenswahrheiten jetzt gar und gar.
> *(Franz Liszt: Briefwechsel mit seiner Mutter, hg. von Klára Hamburger. Eisenstadt 2000, S. 348)*

Nach seinen Pilgerreisen nach Spoleto, Assisi und Loreto kehrt er 1869 wieder ins weltliche Leben zurück und pendelt unstet zwischen Rom, Budapest, Wien, Weimar und Bayreuth. Seit 1881 häufen sich bei ihm immer schwerere Krankheiten sowie seine Leiden nach einem unglücklichen Sturz von der Treppe, und er stirbt 1886 in Bayreuth während der dortigen Festspiele an einer Lungenentzündung. Da seine Tochter Cosima mit den Festspielen ihres verstorbenen Mannes beschäftigt ist, kümmert sie sich kaum um den Sterbenden. Die Trauerfeier findet im Stillen ohne seine Schüler und Freunde statt, damit der Festspielbetrieb nicht gestört wird. Während des abschließenden Requiems ist die Familie Wagner nicht mehr anwesend. Der Einzige, der dabei an einer schlecht gestimmten Orgel über Themen aus Wagners »Parsifal« improvisiert, ist Anton Bruckner.

SEHNSUCHT NACH ERLÖSUNG BEI RICHARD WAGNER (1813 – 1883)

Ich verhehle nicht, dass es mir nie gelungen ist, eine dauerhafte persönliche Beziehung zur Musik von Richard Wagner aufzubauen, obwohl ich mich zeitlebens darum bemüht habe, scharf zu unterscheiden zwischen der Persönlichkeit dieses mich von allen mir bekannten Musikern menschlich am meisten abstoßenden, von sich selbst besessenen und rücksichtslosen Judenhassers auf der einen und seiner in vieler Hinsicht vereinnahmenden Musik auf der anderen Seite. Wenn ich mich allerdings, alle paar Jahrzehnte einmal, zu einem neuen Anlauf zu Wagners Musik aufraffte, wie etwa Mitte der neunziger Jahre beim Anhören der damals neu herausgekommenen, großartigen Aufnahme des »Lohengrin« unter Claudio Abbado mit Siegfried Jerusalem in der Titelrolle und mit Cheryl Studer als Elsa von Brabant, war es schließlich das in meinen Augen unerträglich deutschtümelnde Libretto, das mich vom Werk dieses Musikgiganten rasch wieder weit wegbrachte. Trotzdem ist mir klar, dass jeder, der sich ernsthaft mit Musik und speziell mit der Frage nach der in ihr enthaltenen menschlich und gesellschaftlich aufbauenden Kraft beschäftigt, unmöglich am Phänomen Richard Wagner vorbeikommt. Es steht außer Frage, dass Wagners monumentaler Beitrag zur Entwicklung der Musik vom späten 19. bis in die Mitte des 20. Jahrhunderts hinein musikgeschichtlich von größter Bedeutung ist.

Das Erste, was mich während meiner kürzlichen erneuten Auseinandersetzung mit Franz Liszt gleich wieder an Wagner ärgerte, war der musikalische Hintergrund, um nicht zu sagen die musikalische Herkunft seines »Tristan«-Motivs. Franz Liszt hatte, als er 1844/45 seiner ersten großen Liebe, der inzwischen verheirateten Caroline de Saint-Cricq, sechzehn Jahre später bei einem seiner Konzerte in Spanien wiederbegegnete, ein Abschiedslied für sie gespielt: »Ich möchte hingehen«, ein variiertes Strophenlied über die Sehnsucht nach der Auflösung des Ichs im Unendlichen. In einer der späteren Strophen wird die Erfüllung dieser Sehnsucht schließlich verneint. Wagners etwa fünfzehn Jahre später leitmotivisch entworfenes, von Celli und Holzbläsern gespieltes »Tristan-Motiv«, einer der Angelpunkte der abendländischen Musikgeschichte und Musikwissenschaft, ist nichts anderes als eine kaum merkliche Abwandlung der harmonischen wie melodischen Wendung von Franz Liszts »Ich möchte hingehen« (vgl. Barbara Meier: Franz Liszt, Reinbek 2008, S. 59).

Wagners 1865 uraufgeführtes Musikdrama »Tristan und Isolde« gilt als Ausgangspunkt der Moderne in der Musik. Mit seinem stark von Schopenhauer und dem Buddhismus und Brahmanismus beeinflussten und sein ganzes Spätwerk begleitenden Gedanken des gänzlichen Verlöschens der menschlichen Existenz nach dem Tode und den entsprechenden motivischen Vertonungen bringt Wagners »Tristan und Isolde« die Musiksprache des 19. Jahrhunderts weit voran. In der Wiener Klassik war noch die Melodik der Hauptbereich musikalischer Inspiration gewesen. Nach unübersehbaren Vorbahnungen durch die überraschende, gewagte Chromatik in einigen Préludes und Nocturnes von Frédéric Chopin tritt spätestens mit Wagners »Tristan und Isolde« die Harmonik in den Vordergrund und führt Wagner weit über den Stand der späten Klavierwerke von Brahms und Kompositionen von Tschaikowski und Dvořák hinaus. Umso stärker beherrscht sie danach die Tonsprache von Richard Strauss und Gustav Mahler. Im Mittelpunkt der Analyse jener neuen, chromatischen und tonal unsteten Harmonik stehen vor allem die Neuerungen in den komplexen harmonischen Verläufen des »Tristan-Akkords«.

Wagners Hauptanliegen bei seiner fast durchgehenden textlichen und musikalischen Bearbeitung des Sehnsuchts- und Erlösungsthemas bereits in jungen Jahren war es, in Anlehnung an die Tradition der griechischen Tragödien, Musik und Drama zu verknüpfen und mit Hilfe der Musik dramatische Handlungen zu Botschaften zu machen.

Die Wissenschaft hat uns den Organismus der Sprache aufgedeckt; aber was sie uns zeigte, war ein abgestorbener Organismus, den nur die höchste Dichternot wieder zu beleben vermag, und zwar dadurch, dass sie die Wunden, die das anatomische Seziermesser schnitt, dem Leibe der Sprache wieder schließt, und ihm den Atem einhaucht, der ihn zur Selbstbewegung beseele. Dieser Atem aber ist – die Musik!«

(Richard Wagner: Oper und Drama 1851)

Die größte Bedeutung der Opernwerke Wagners liegt in der Weiterentwicklung der traditionellen »Nummernoper« zum Musikdrama, in welchem die klassischen, melodisch abgerundeten »Arien« abgelöst werden durch die »unendliche Melodie« gesungener und miteinander durch die Orchestermusik verwobener Monologe und Dialoge. Im Vordergrund steht dabei das Prinzip der Leitmotive, die einer bestimmten Person, einem Gegenstand oder einem Gefühl, etwa der wie ein roter Faden sein Werk durchziehenden Erlösungssehnsucht, Todessehnsucht oder Todesgewissheit zugeordnet werden. Kennzeichnend für Wagners Opernwerk ist daher die in ihrer Thematik und ihrer Musik liegende ungeheure Intensität an Emotionen. In zwei Fällen soll diese emotionale Hochspannung zum Tod geführt haben, und zwar zu Beginn der 2. Szene des 3. Aktes von »Tristan und Isolde«: 1911 beim Dirigenten Felix Mottl und 1968 beim Herztod des Dirigenten Josef Keilberth genau an derselben Stelle. Mir hat jüngst ein Dirigent, mit dem ich befreundet bin, bestätigt, dass auch er bei jeder seiner »Tristan«-Aufführungen die besagte Stelle aufgrund des dort überpräsenten Todes als besonders gefährliche Klippe empfinde, die er immer mit Angst und großer innerer Anstrengung durchzustehen habe.

Der durch die pessimistische Gedankenwelt Schopenhauers mit beeinflusste Schritt von der Heldenoper zum Mythendrama in Wagners späterem Opernwerk vollzieht sich erkennbar in dem schon vor »Tristan und Isolde« begonnenen »Ring des Nibelungen«, insbesondere im letzten End-Drama der »Götterdämmerung«. Man könnte auch sagen: im Untergangsdrama einer habsüchtigen und mordlustigen Welt der die Machtordnung repräsentierenden, sich höchst ungöttlich benehmenden Menschengötter, die schließlich alle umkommen. Nicht nur für die nach Macht und Herrschaft Strebenden, sondern auch für die Welt der individuellen Freiheit und der selbstlosen Liebe öffnen sich hier keine wirklichen Perspektiven. So wird auch Siegfried, der aus Ehebruch und Blutschande hervorgegangene, ursprüngliche Held, ermordet, und auch die Walküre, Wotans Tochter Brünnhilde, folgt ihrem geliebten Siegfried in den Tod. Götter und Menschen treten, begleitet von dem alle früheren Motive aus Siegfrieds Leben zusammenfassenden »Trauermarsch«, am Ende allesamt ab. Dieses Endspiel zieht in diesem Werk noch keinerlei neuen Anfang nach sich, auch keinerlei Erlösungsbotschaft, keine Hoffnung auf einen neuen Menschen, ein neues Volk, eine neue Erde oder einen neuen Himmel.

Wenn ich mir Wagners Wandel vom jungen, landflüchtigen Revolutionär von 1849 zu einem geradezu kultisch verehrten Repräsentanten des gesellschaftlichen Establishments spätestens seit dem Beginn der Bayreuther Festspiele 1876 vor Augen führe, frage ich mich, ob Wagner, eingedenk seiner früheren revolutionären Gesinnung, mit seiner Katastrophendarstellung in der »Götterdämmerung« möglicherweise eine versteckte Kritik an ebendemselben gesellschaftlichen Establishment üben wollte, dem er selber beigetreten war, vor allem an den Reichen und an den Politikern.

Allerdings ging es Wagner bei seiner Auseinandersetzung

mit der todbringenden Dekadenz der Hauptakteure in der »Götterdämmerung« nicht um eine moralisch motivierte Provokation, die mit der perspektivischen Hoffnung auf einen alternativ neu zu schaffenden, nachrevolutionären Menschen verbunden wäre. Vielmehr dürfte dahinter – grundsätzlich und ohne konkrete Perspektiven – ein ethischer, quasi religiöser Appell stecken. Dieser ist allerdings nicht als christliche Entsagung im Sinne einer bürgerlichen Ersatzreligion zu verstehen, sondern auf dem Hintergrund von Feuerbachs grundlegendem Pessimismus. Wagners Oper liegt Feuerbachs Verständnis von Religion als Projektion des Menschen auf einen illusionären Gott zugrunde sowie auch Feuerbachs Ethik, die auf den individuellen Neigungen des Menschen aufbaut und letztlich in der Liebe gründet.

Insofern passt die Bezeichnung »Erlösungszauber«, sonst ein geradezu inflationär gebrauchtes Lieblingswort Wagners, keinesfalls zur »Götterdämmerung«. Die Akteure dort sind gewiss erlösungsbedürftig, aber von eigentlicher Erlösung kann nicht die Rede sein. Es ist allenfalls eine Sehnsucht nach Erlösung wie in den vorangegangenen Opern Wagners: »Der fliegende Holländer« (Sehnsucht nach Erlösung durch ein Weib), »Lohengrin« (selber eine Art Erlöserfigur), »Tannhäuser« (Sehnsucht nach Erlösung aus der Wollust des Venusbergs), »Tristan und Isolde« (Sehnsucht nach Erlösung durch Liebe). Allenfalls passt der Ausdruck »Erlösungszauber« nur ganz am Schluss der »Götterdämmerung«, wo Brünnhildes Liebe vage und vieldeutig mit einer Aussicht auf Erlösung in Zusammenhang gebracht wird. Diese ›Erlösung‹ ist allerdings nicht positiv als Erlösung durch einen vergebenden Gott gemeint, sondern eher negativ als Befreiung von etwas, als Auflösung im Nichts.

Für mich hat die romantisch verklärte, letztlich metaphysische, wenn auch nicht unbedingt religiöse Note in fast allen Opern Wagners am ehesten etwas von einem Untergangszauber, einer wahnhaften Todesschwelgerei. In meinen Augen ist der Tod jedoch viel zu ernsthaft und zu nüchtern in der Ungewissheit seiner Perspektive, als dass er eine solche schmachtend schwülstige Romantik verträgt, die, wie Hugo Wolf es formuliert, »in ihrer Überfülle einen zum Wurm degradiert« (Brief an Emil Kauffmann v. 5. 8. 1893). Diese Art von rauschhaft ausgekostetem »Untergangszauber« auf Wagners Bühne ist mir immer fremd und suspekt, ja höchst unsympathisch geblieben, besonders im Zusammenhang mit Wagners durch und durch germanischer Grundausrichtung. Trotz seiner in abstoßender Weise sich in seinem Schrifttum niederschlagenden, aggressiv antisemitischen Gesinnung ist Wagner allerdings immer noch weit entfernt von einer nationalsozialistisch-faschistischen Ideologie. Wagners »Untergangszauber« bleibt deshalb unbestritten künstlerisch unvergleichbar hochwertiger als die später bei vielen der verantwortlichen Nazi-Größen zu beobachtende masochistisch-wehleidige Untergangsverklärung am Ende des »Dritten Reichs«. Allerdings hat der geschmacklose, Hitlers letzte Tage im »Führerbunker« schildernde Film »Der Untergang« nach meinem Empfinden etwas von einer schlechten Kopie der Untergangsstimmung in Wagners Opern. Prekär bleibt ebenfalls, dass die unglaublich suggestive Kraft Wagnerscher Musik allzu leicht Assoziationen hervorruft mit der scheußlichen, dämonischen Suggestivkraft des späteren deutschen »Führers« angesichts der ungeheuren Massen, die dafür nur allzu empfänglich waren und diesem Wahn hoffnungslos verfielen.

Als umso überraschender erscheint mir der Charakter von Wagners letztem großen Werk, dem Bühnenweihfestspiel »Parsifal«, seinem recht andersartigen Schwanengesang, welcher, wenngleich in einer von mir deutlich missverstandenen Weise, in meinem noch jungen Leben als bemerkenswerter, wenngleich zeitlich sehr befristeter geistiger Katalysator gewirkt hat – sozusagen als Initialzündung für meine allerdings zeitlich befristete Hinwendung zur römisch-katholischen Kirche.

Es war die Zeit zwischen dem Abschluss meines Musikstudiums am Zürcher Konservatorium und fortführenden musikalischen Studien während der frühen sechziger Jahre, als ich übergangsweise am Zürcher Opernhaus als Korrepetitor und Bühnenmusik-Dirigent volontierte. Das Opernhaus hatte Wagners »Parsifal« für eine Aufführung während der Ostertage wiederaufgenommen, und ich lief damals täglich vom jenseitigen Ufer, an dem ich wohnte, zu Fuß und mit dem Klavierauszug unter dem Arm über den in diesem Winter zugefrorenen Zürichsee. Schon in der frühen Phase der Probenarbeit spürte ich deutlich, dass im »Parsifal«, anders als in den vorangegangenen Opern, wo das Todesverlangen als Steigerung des Leidens und der Sehnsucht diente, der Kampf um die letzte Erlösung im Mittelpunkt steht. Was ich damals jedoch nicht erkannte, war, dass diese Erlösung mit einer Erlösung nach christlichem Verständnis nur wenig zu tun hat.

Erlösung im »Parsifal« wird nach Wagners Intention durch Entsagung und geschlechtliche Askese erreicht und ist damit nur die Erlösung von der Begierde, von der Triebhaftigkeit. Diese Art moralische, ganz auf das Geschlechtliche reduzierte Reinheit ist jedoch nur *ein* Aspekt der christlichen Religion. Ähnlich spontan ließ ich mich während der zahlreichen Proben auch beeindrucken von der Bedeutung des an sich christlichen Grundsymbols des Kreuzes am Ende des zweiten Akts. Dieses dient hier jedoch lediglich als Exorzismusinstrument, mit dessen Hilfe der Lustgarten des Zauberers Klingsor mit den verführerisch sinnlichen Blumenmädchen in eine Einöde verwandelt wird. Noch sehr viel weniger durchschaute ich die einseitige Verzeichnung des Christlichen in der Darstellung der mönchischen Ritter- gemeinschaft beim Abschieds- und Erinnerungsmahl Jesu. Das Mysterienspiel dieser elitär abgehobenen Rittergemeinschaft hat in der Tat wenig gemein mit der aus Armen und Sündern be- stehenden Gemeinschaft der Jünger Jesu, dem sich mit diesem Erinnerungsabendmahl verabschiedenden Freund der Sünder und Zöllner. Dazu kommt noch, dass ein zentrales Thema des »Parsifal«, die Überwindung der Egozentrik durch Mitleid mit dem anderen (»durch Mitleid wissend«), vor allem aus dem buddhistischen Wissen um die Ich-Sucht als Grund unseres Lei- dens und um das universale Mitleid als die einzige angemessene Grundhaltung zur Überwindung dieses Leidens resultiert. Der Religionskritiker Wagner verstand sich jedoch ebenso wenig als Buddhist wie als Christ. Das Verständnis von Erlösung im »Parsifal« ist vielmehr das Ergebnis eines Synkretismus verschie- denster religiöser Ideen. Dies bringt Wagner besonders in dem für mich damals überaus berührenden und von mir irrtümlich als christlich empfundenen, in Wirklichkeit jedoch sehr all- umfassenden »Karfreitagszauber« zum Ausdruck. Wäre mir dies klargewesen, hätte ich auch verstanden, warum im »Parsifal« nirgendwo Jesus persönlich auftritt, sondern nur als der Erhöh- te vor allem im Gebet angerufen wird. Parsifal kann allenfalls als »Stellvertreter« gelten, der anderen das Heil bringt. In dem Maß Wagner die Feuerbachsche Auffassung von Religion als Projektion des Menschen teilte, bleibt im Bühnenweihfestspiel »Parsifal« Religion lediglich eine säkulare Kunstreligion, in der Erlösung allein durch Kunst möglich ist. Kunst, Theater, Musik waren jedoch für Wagner nicht nur ein Ersatz für Transzendenz, sondern ein Gleichnis dafür, dass das unaussprechlich Göttliche, der Urgrund aller Dinge, die schaffende Allnatur (Goethe) bzw. der »Allerbarmer« (Wagner) im Kunstwerk (des Bühnenweih-festspiels) aufleuchtet (vgl. dazu Hans Küng: Musik und Religion. München 2006, 3. Aufl., S. 89–166).

In Unkenntnis dessen, was am »Parsifal« christlich ist und was nicht, war es, im Nachhinein gesehen, wohl die vereinnahmend überschöne Musik und der in ihr wabernde Erlösungszauber gewesen, der von mir als dem in den frühen sechziger Jahren offenbar recht »Erlösungsbedürftigen« Besitz ergriffen und mich dazu gebracht hat, der Realität des christlichen Glaubens systematisch nachzuspüren und schließlich der römisch-katholischen Kirche beizutreten. Das Bühnenweihfestspiel selbst geriet nach diesem von mir vollzogenen Schritt weitgehend aus meinem Blickfeld, möglicherweise sogar desto willentlicher und bewusster, je ernsthafter und systematischer ich mich in das Studium der im Vergleich zur Parsifal-Thematik weiß Gott andersartigen katholischen Theologie vertiefte.

Wagner arbeitete seinerzeit zielstrebig darauf hin, seine Kunst-Idealvorstellung in Form von Festspielen zu realisieren. Dies gelang ihm schließlich in Bayreuth, wo sich sein Festspielkonzept vor allem mit seinem Bühnenweihfestspiel »Parsifal« zu einer Art Religionsersatz durch die Kunst entwickelte. Im Sommer 1882 fand, nach einer Privataufführung des Parsifal-Vorspiels für den bayerischen König Ludwig II. in München, die Uraufführung des »Parsifal« in Bayreuth statt. Ein halbes Jahr später erlitt Wagner in Venedig einen Herzinfarkt und starb in den Armen seiner Frau Cosima. Sein einbalsamierter Leichnam wurde über München nach Bayreuth überführt und dort unter den Klängen des Trauermarschs der »Götterdämmerung« im Garten der Villa Wahnfried beigesetzt.

Symphonik des Glaubens bei Anton Bruckner
(1824–1896)

Mein Schweizer Großvater mütterlicherseits, der ein großer
Musikliebhaber war und gern häufig und ausgiebig am Klavier
im rauschenden spätromantischen Stil improvisierte, erzählte
mir in den späten fünfziger Jahren von seinem Besuch nach dem
Krieg im barocken Augustiner Chorherrenstift in Sankt Florian
bei Linz, in dem Anton Bruckner begraben liegt. Er wusste,
dass es der Wunsch Bruckners gewesen war, in der Krypta unter der Stiftsbasilika, genau unter seinem Lieblingsinstrument,
der großen 1774 von Franz Xaver Krismann erbauten und von
Bruckner vorzugsweise bespielten und auch nach ihm benannten Orgel, seine letzte Ruhe zu finden. Anton Bruckner hatte das
Stift Sankt Florian zeitlebens als seine eigentliche geistliche und
musikalische Heimat empfunden. Als Dreizehnjähriger war er
von seiner Mutter als Sängerknabe dorthin geschickt worden,
wo er Musikunterricht erhielt und den Entschluss fasste, der
Familientradition folgend, Lehrer zu werden. Nach einem vor-
bereitenden Lehrerseminar in Linz bekam er eine Anstellung als
Schulgehilfe in verschiedenen Dörfern in der Nähe, absolvierte
dann die Lehrerprüfung und kehrte als Einundzwanzigjähriger
für etwa zehn Jahre ins Augustinerstift Sankt Florian zurück.
Dort arbeitete er als Hilfslehrer und später als Stiftsorganist und
komponierte nebenbei vor allem Kirchenmusik. Anschließend
war er in Linz als Domorganist und Komponist auch weltlicher
Musik, u. a. seiner 1. Symphonie, tätig. Es folgten fast drei Jahrzehnte mit ausschließlich kompositorischer Arbeit in Wien. Von
dort wurde nach seinem Tod, seinem Wunsch entsprechend, der
Leichnam in die Krypta des Chorherrenstifts von Sankt Florian
überführt.

Mein Großvater erzählte, er sei an einem Abend kurz vor der Dämmerung an dem imposanten Gebäude angelangt und hätte dort offenbar als letzter Besucher die Basilika besichtigt. In dieser hätte er staunend vor dem riesigen Hochaltarraum mit den vielen Säulen, den Deckenfresken und der großen Kuppel gestanden. Dann hätte er sich in Anbetracht der vorgerückten Zeit beeilt, die lange Treppe vorne rechts vom Altar hinunterzusteigen, um tief unten in der Gruft der Krypta den unter der »Brucknerorgel« auf einem Sandsteinsockel ruhenden Sarg des großen Meisters aufzusuchen. Es fühlte sich an diesem weihevollen Ort für ihn zwar beeindruckend an, aber die Atmosphäre in der engen, kühlen und etwas düsteren, sakralen Gruft mit allerlei romanischen und gotischen Elementen, aber auch mit weiteren, offenbar seit Jahrhunderten dort liegenden Heiligensärgen und Totenschädeln, kam ihm doch etwas unheimlich vor. Außerdem war ihm gesagt worden, dass an der Rückwand der Gruft die Gebeine von etwa 6000 Menschen lägen, die von einem im 13. Jahrhundert aufgelassenen Friedhof neben der Kirche stammten. Als er sich die Zeit nahm, etwas länger ehrfürchtig Bruckners Sarg zu betrachten, hörte er plötzlich oben das geräuschvolle Zuschlagen des großen Eingangsportals und glaubte auch das Knarren eines Schlüssels im Portalschloss zu hören. Entsetzt rannte er die Treppe hoch, in der grauenvollen Angst, hier jetzt die ganze Nacht zusammen mit den Tausenden von Gebeinen und Totenschädeln und den Särgen verbringen zu müssen. Oben angelangt, stürzte er zu dem tatsächlich verschlossenen Kirchenportal, hämmerte verzweifelt mit den Fäusten daran und rief laut um Hilfe. Schließlich hatte er Glück. Jemand hatte ihn gehört. Bald näherte sich der Küster mit hörbaren Schritten der Kirche, schloss wieder das Portal auf und ließ den verschreckten Besucher ins Freie.

Anton Bruckner war, für einen der großen Komponisten in der säkularisierten Welt des späten 19. Jahrhunderts einzigartig, ein tiefreligiöser Mensch. Dies drückte sich nicht nur in seiner Musikerlaufbahn und in seinem Werk aus, sondern auch in seinen zahlreichen Kalendereintragungen, in seinen täglichen Gebeten und in seinem mönchisch bescheidenen Lebensstil. Seine 9. Symphonie soll er »dem lieben Gott« persönlich gewidmet haben. Er blieb zeitlebens unverheiratet. Seine Heiratsanträge vor allem an sehr junge Frauen waren alle erfolglos. Im Alltag galt er als wenig wortgewandt, schwerfällig und unbeholfen. Anders als die Musik und Sprache immer enger verknüpfenden Musiker der Romantik wie Schumann und dann vor allem Wagner, war seine Sprache fast ausschließlich die Musik. So ist, keinesfalls nur in Bruckners Kirchenmusik wie in seinem 1881 entstandenen »Te Deum« und seinen drei großen Messen, sondern auch in seinem ganzen symphonischen Werk, nicht das Wort, sondern die Welt der Töne sein hauptsächliches Medium des Glaubens. Bruckners Musik ist jedoch nie eine »absolute«, »reine« Musik, sondern ihre Entstehung ist, nach ausdrücklichen Selbstzeugnissen und Anmerkungen an verschiedenen Partiturstellen, oft von musikalischen Ideen, Bildern und Vorstellungen angeregt und begleitet. So enthält beispielsweise die Reprise des ersten Satzes seiner 8. Symphonie eine »Todesverkündigung« und die Coda mit dem Epilog im Pianissimo eine »Ergebung«, eine »Totenuhr« und eine »Totenglocke«. Bruckner ist beileibe kein Programmmusiker, aber Vorstellungsinhalte fungieren oft als Bausteine für seine musikalische Gestaltung.

Als Bruckner 1877 seine Wagner gewidmete 3. Symphonie in Wien uraufführte, wurde diese vom damals tonangebenden Musikkritiker Eduard Hanslick, der Bruckner in dessen Linzer Zeit noch wohlwollend gegenübergestanden hatte, völlig verrissen. Denn für Hanslick, einem scharfen Gegner der Musik Wagners (und Verehrer von Brahms, der sich 1872 endgültig in Wien niedergelassen hatte), und für alle anderen ihm folgenden Kritiker blieb Bruckner seit seiner Komposition jener 3. Symphonie ein reiner Wagner-Epigone oder »Wagnerianer« und damit ein fanatisch abzulehnender Gegner. Es ist sicher nicht schwer, Gemeinsamkeiten oder zumindest Ähnlichkeiten zwischen Bruckner und Wagner zu finden. Dazu gehören nicht nur der riesige Orchesterapparat, die hohe Komplexität der in Aufbau und Gliederung oft nur schwer durchschaubaren gewaltigen Dimensionen und die häufigen Überlängen der Musik bei beiden Komponisten. Auch in den feineren Strukturen der Musik begegnen wir Ähnlichkeiten, etwa in der raffiniert neuartigen Harmonik, der Chromatik, der Instrumentierung und der Motivtechnik. Trotzdem unterscheidet sich Bruckner von Wagner einmal thematisch in der von kindlichem, ja naivem religiösem Glauben getragenen Botschaft seiner Symphonik. Aber auch sein Kompositionsstil und gewisse Kompositionstechniken gehen über Wagner hinaus. Dazu gehört beispielsweise die sogenannte »Terrassendynamik«, das heißt die aus der Orgelmusik abgeleitete, zäsurlose Aufeinanderfolge verschiedener Lautstärken ohne Crescendo oder Decrescendo. Ein weiteres Merkmal ist die sogenannte »Bruckner-Rhythmik«: das Neben- oder Übereinander von Zweier- und Dreierbildungen in der Rhythmik (z. B. 2 Viertel + Vierteltriolen), was der Musik große Spannkraft und Energie verleiht. Auch lässt er, von der Kirchenmusik herkommend, häufig Elemente des Barock einfließen. Dies äußert sich in einer mehr linearen als akkordischen Setzweise, der reichen Verwendung von Kontrapunktik, seinen oft weitschweifenden Quintfallsequenzen sowie seiner manchmal überraschend schroffen Harmonik.

Diese in Bruckners symphonischem Werk zu beobachtenden Phänomene sind beileibe keine von Anfang an festgelegte, unveränderliche Gegebenheit. Sie wachsen vielmehr von der 1. bis zur 9. Symphonie in immer breitere und manchmal extreme Dimensionen aus. Ich persönlich habe zu den frühen Symphonien Bruckners sehr viel leichteren Zugang. Am nächsten ist mir die 1874 in der Erstfassung entstandene vierte, »Romantische«, aus deren ersten drei Sätzen ich nicht umhin kann, einen gewissen programmmusikalischen Einschlag herauszuhören. Ich denke dabei besonders an das trauermarschartige Andante mit seinem Lied- und Gebetscharakter sowie an den ausgesprochenen Jagdmusikstil des Scherzo und an das ländlerhafte Trio. Aber auch die eingängig klangvolle 2. Symphonie mit dem Eigenzitat des »Benedictus« aus Bruckners f-Moll-Messe liegt mir persönlich sehr. Sehr viel weniger anfangen kann ich bisher mit den von mir insgesamt als zu bombastisch empfundenen späten Symphonien. Eine Sonderstellung nimmt die unvollendete 9. Symphonie ein, an der Bruckner 10 Jahre lang bis kurz vor seinem Tod gearbeitet hat. Ihr herber, streckenweise fast schroffer Charakter weist weit in das 20. Jahrhundert vor allem zu Gustav Mahler und Arnold Schönberg, und der Adagio-Satz klingt für mich ergreifend und geradezu unheimlich wie tief in die eigene Nacht aus.

Bruckner ist einerseits mit seinen hier nur gestreiften musikalischen Pioniervorstößen sowohl im harmonischen als auch im rhythmischen Bereich wesentlich über sein Vorbild Richard Wagner hinausgegangen. Dies ändert jedoch nichts daran, dass auch bei ihm der Grundtonbezug und die tonalen Strukturen als romantische Grundkonstellation, ja als romantisches Paradigma, im Wesentlichen erhalten bleiben.

Der aus einer jüdischen Familie stammende und an der böhmisch-mährischen Grenze in Kalischt in der Nähe von Mährisch Iglau (Jihlava) geborene Gustav Mahler (1860–1911) kann als der erste Tonschöpfer an der Schwelle zur Neuen Musik gelten, auf den sich Komponisten wie Arnold Schönberg, Alban Berg und Anton Webern berufen werden.

Meine Großmutter Katia erzählte mir, Mahler sei um die Jahrhundertwende im Münchner Haus ihrer Eltern wiederholt zu Besuch gewesen. Auf meine neugierige Frage, wie er »denn gewesen« sei, antwortete sie mir, er wäre sehr groß gewesen und mit überaus bedeutenden Gesichtszügen. Später erfuhr ich zu meinem Erstaunen, dass Mahler von kleiner Gestalt gewesen war. Aber sein langer Kopf mit in der Tat bedeutendem Aussehen muss vergrößernd auf seine gesamte Erscheinung gewirkt haben, besonders für jemanden, der, wie meine Großmutter, selbst von kleiner Statur war.

Mahler ist den Weg in Richtung Moderne erkennbar weitergegangen als Bruckner. Neben seiner hauptberuflichen und schon sehr früh international erfolgreichen Tätigkeit als Dirigent und Operndirektor zuletzt an der Wiener Hofoper komponierte er fast nur in den Sommerferien irgendwo in der österreichischen Bergwelt oder an einem der großen Seen in einem extra für ihn angemieteten kleinen Haus. Mahler war sich, mehr als der ursprünglich reine Kirchenmusiker Bruckner, schon sehr früh im Klaren darüber, dass der althergebrachte Kompositionsstil nicht mehr weiterführte, sondern dass er nach entsprechend Neuem suchen musste. Dementsprechend arbeitete er schon seit seiner

1. Symphonie, die ich noch als Gymnasiast in einer einzigartigen Schallplattenaufnahme mit Bruno Walter häufig und gerne gehört habe, klanglich mit ungewöhnlichen Mitteln, und dies setzte sich auch durch alle Orchesterwerke hindurch weiter fort. Zu diesen Eigenheiten gehörten besonders hohe Lagen auf den Geigen mit Tönen, die nur noch als Flageolett (zum Klingen bringen von Obertönen) zu spielen sind, eine »Feuerwehrkapelle«, Klezmer-ähnliche Popularmusik, Vogelstimmen sowie schwerstes Blech wie bei Wagner oder Bruckner. Mahler setzte auch Instrumente wie Kuhglocken, Hämmer oder Mandoline und Gitarre ein oder nur aus großer Entfernung hinter der Bühne vernehmbare Hörner. Oft sind in seinen Orchesterwerken auch extreme Glissandi zu hören oder das Streichen oder Schlagen mit dem Holz des Geigenbogens auf den Saiten, was ihm fälschlicherweise den Ruf einbrachte, ein Potpourri-Komponist zu sein. Die Konvention bezüglich der Unterteilung seiner Symphonien in Sätze durchbrach er damit, dass er die Anzahl der Sätze zwischen zwei und sechs Sätzen schwanken ließ. Dazu kommt, dass sich Mahler besonders im Finale seiner von düsterer Tragik beherrschten 6. Symphonie mit progressiver Chromatik an den Rand des tonalen Raums begab, den er dann in seiner 9. Symphonie völlig ausreizte, ja im Grunde verließ. In seiner 7. Symphonie von 1905 mit zwei Nachtmusiken und dem Scherzo »Schattenhaft« zeigt sich erst recht die innere Zerrissenheit seiner Werke, auch hier ohne Abrundung und Vollendung. Dieser Stil gilt als wegweisend für einen Komponisten, der die Schrecken des kommenden 20. Jahrhunderts vorausgeahnt hat.

Wie viele seiner Vorgänger im 19. Jahrhundert verband Mahler in seinen Werken Musik eng mit der Literatur, mit der Volksdichtung, mit Texten von Grillparzer, Goethe und Nietzsche, von dessen »Also sprach Zarathustra« er in seiner 3. Symphonie ein paar Verse als Alt-Solo vertonte. Im »Lied von der Erde« kommt sogar chinesische Lyrik zum Tragen, und in seinem Werk »Lieder eines fahrenden Gesellen« gebrauchte er größtenteils eigene, als junger Mann verfasste Gedichte.

Wie im Gegensatz zu seinem scharfblickenden Pessimismus vor allem in den späteren Symphonien ließ sich Mahler 1897, kurz nach der Uraufführung seiner 2. Symphonie, siebenunddreißigjährig, in der Hamburger Sankt Ansgarkirche katholisch taufen. Damit dokumentierte Mahler zwar, anders als Bruckner, nicht eine spezifische, innere Verbindung mit der römisch-katholischen Kirche. Seine Konversion vom Judentum erfolgte auch aus der begründeten Angst vor antisemitischen Übergriffen und wegen beruflicher Behinderungen, denen er selbst ausgesetzt war und denen er mit einem für das 19. Jahrhundert unter Juden weitverbreiteten Bemühen um Assimilation begegnen wollte. Man kann Mahler jedoch sehr wohl eine überkonfessionelle, philosophisch naturreligiöse Haltung bescheinigen. Diese schlägt sich besonders im christlichen Erlösungs- und Auferstehungsgedanken der 2. und 3. Symphonie nieder. Die Satzbezeichnung der kurz vor seiner christlichen Taufe konzipierten 3. Symphonie besteht aus einer klaren und in sich schlüssigen Programmabfolge. Im Autograph sind die sechs Sätze mit poetischen Überschriften versehen, die einen ausgesprochenen Schöpfungsmythos erkennen lassen, in dem der Komponist die einzelnen Evolutionsstadien innerhalb der kosmologischen Hierarchie aneinanderreiht. Auf die Erzählung der Blumen auf den Wiesen nach der Einleitung folgt die Erzählung der Tiere im Walde, dann die des Menschen und schließlich der Engel. Den musikalischen und geistig religiösen Höhepunkt des Werkes bildet der weitaus längste, innig und erhaben klingende Schlusssatz (Langsam. Ruhe. Empfunden) »Was mir die Liebe erzählt« mit dem Motto: »Vater, sieh an die Wunden mein! / Kein Wesen lass verloren sein!«.

Was mir die Liebe erzählt ist eine Zusammenfassung meiner Emp-findung allen Wesen gegenüber, wobei es nicht ohne tief schmerz-liche Seitenwege abgeht, welche sich aber allmählich in eine selige Zuversicht ›die fröhliche Wissenschaft‹ auflösen.
(Gustav Mahler: Brief an seinen Jugendfreund Friedrich Löhr vom 29. August 1896)

Auch in verschiedenen anderen Briefen spricht Mahler von der »ewigen Liebe« und versteht darunter die Liebe im ethisch reli-giösen Sinn. Damit erhält Mahlers Musik nicht nur eine huma-nistische, sondern auch eine kosmische und mythische Dimen-sion.

Die die Musik des Barock dominierende »kosmische Dimen-sion« unter überindividuell religiösem Gesichtspunkt war seit der Musik der Wiener Klassik mehr und mehr in den Hinter-grund getreten. So wie die Wiener Klassiker wandten sich noch stärker die Frühromantiker zunehmend der Individualität des Menschen, seinem Seelenleben seiner Sprache und der ihn um-gebenden Natur zu – eine bemerkenswerte Weiterentwicklung nach der Emanzipation der Musik und der Kunst überhaupt von Religion und Kirche. Die Hochromantik stellte, je tiefer sie die Abgründe des Menschen auslotete, denselben Menschen wieder zunehmend in Frage, und sie umgab ihn mit Dämonen, Geistern und Zauberern und mit den auch als Blumenmädchen verklei-deten Hexen. Eine Erlösung vom Bösen gab es im Allgemeinen nicht – allenfalls, wie besonders bei Wagner, in Form einer un-erfüllbaren Sehnsucht danach, die zumeist in Tod und Aus-löschung endete. Bruckner war eine Ausnahme. Aber sein Gott war weniger der Herr über eine große, festgefügte, harmonisch kosmische Ordnung wie bei Johann Sebastian Bach, sondern der Herr über den einzelnen, vertrauensvoll und mit kirchlicher Frömmigkeit Glaubenden. Und jetzt, mit Gustav Mahler, zieht zum ersten Mal der Kosmos wieder in die Musik ein. Es ist ein an der göttlichen Schöpfung orientierter und in der allumfassenden Liebe eingebetteter Kosmos, aber sehr viel offener, neuer, unsicherer und widersprüchlicher, ein Kosmos, auf den man hoffen darf, an dem man jedoch auch immer wieder zweifelt und an der Grenze des Zerbrechens verzweifeln muss. Ist er damit ein weniger vertrauenswürdiger Kosmos als der des Barock? Mahler wird nicht der Letzte sein, der ihn ahnt. Wir gelangen langsam in eine Welt mit immer uferloseren, immer weiteren und immer stärker herausfordernden Dimensionen im Vergleich zu allem Festgefügten, in dessen Sicherheit man sich vormals weitgehend illusorisch wiegen durfte.

Mahlers positive Erfülltheit schwächt sich im Lauf der bereits erwähnten nächsten großen Schöpfungen der 6. und der 7. Symphonie ab. Die 1907 begonnene und allein schon in ihrer Größendimension herausragende 8.»Symphonie der Tausend« mit drei Chören enthält die Vertonung eines mittelalterlichen lateinischen Hymnus sowie von Teilen aus Goethes »Faust« und ist eine Mischung aus Musikdrama, Kantate und Oratorium. Sie steht auch unter dem Vorzeichen einer persönlichen Lebenskrise, ja Lebenswende Mahlers. Schwierigkeiten und Enttäuschungen an der Hofoper in Wien (wieder mit antisemitischen Angriffen gegen Mahler) kündigen das baldige Ende seiner Zeit als dortigem Direktor und seine Auswanderung nach Amerika an, wo er bald an der New Yorker Metropolitan Oper wirken wird. Seine vierjährige Tochter stirbt an Diphterie und auch er selbst wird von einer schweren Herzerkrankung heimgesucht. Die 8. Symphonie fällt nicht nur wegen ihres Umfangs und Aufwands aus dem Rahmen seines sonstigen Schaffens. Auch inhaltlich treffen wir in ihr eine enge Verbindung an zwischen tiefstem Lebenspessimismus, ekstatischem, ja euphorischem Aufbäumen und ruhig zuversichtlicher Gläubigkeit mit der Einstellung einer allumfassenden, durch nichts auszulöschenden Liebe im Herzen. Das Werk steht an der Schwelle zu Mahlers letzten, von Erschöpfung, Krankheit und weiteren Enttäuschungen gezeichneten Arbeits- und Lebensjahren, weit weg von seiner mährisch-österreichischen Heimat an der amerikanischen Ostküste.

Gustav Mahler kann wohl als einer der ersten Komponisten mit einer weltumspannenden Grundeinstellung sowohl in musikalischer als auch in weltanschaulicher Hinsicht gesehen werden. Sein künstlerisches Schaffen und seine geistige Ausrichtung mit starker religionsübergreifender Gläubigkeit enthält höchst widersprüchliche und vielfältige Züge. Vor allem seine sich auch in der Musik ausdrückende Zerrissenheit zwischen Pessimismus und Hoffnung ist so stark, dass sie über das ideologisch mehr und mehr ins Schwanken geratende Fin der Siècle hinaus in die Epoche der bald beginnenden Moderne weist.

Aus recht anderem Holz geschnitzt ist der gebürtige Münchner Komponist, Dirigent und Theaterleiter Richard Strauss (1864–1949). Seine sich schon sehr früh an Wagner und Liszt orientierende, aber dann eigene Wege einschlagende, ausgesprochen populäre Musik, in der Hauptsache die programmatischen Tondichtungen und dann die späteren Opernwerke, sind insgesamt sehr viel eingängiger auf tonaler Grundlage geschrieben als die Musik von Bruckner und Mahler. Ich hätte Strauss kaum im Übergangsbereich zwischen Romantik und Moderne angesiedelt, sondern ihn der Spätromantik zugeordnet, gäbe es von ihm nicht die Oper »Salome« und die nur wenige Jahre danach von ihm geschaffene, sich noch entschiedener von der Romantik abhebende, 1909 in Dresden uraufgeführte Oper »Elektra« mit dem Libretto von Hugo von Hofmannsthal. Es mag sein, dass diese Oper gerade wegen ihrer besonderen Stellung bei mir einen etwas nachhaltigeren Eindruck hinterlassen hat als die meisten anderen mir bekannten Werke von Richard Strauss. So fraglos genial sie konzipiert und klanglich meisterhaft gestaltet sind, vermisse ich jedoch manchmal, im Vergleich etwa mit Gustav Mahler, das quälende Ringen um künstlerische Vollendung. Ich empfinde Richard Strauss insgesamt eher als einen Musikzauberer, einen raffinierten Magier und musikalischen Feinmechaniker, dem seine Kompositionen eher leicht aus der Feder zu fließen scheinen. Am deutlichsten glaube ich dies in seiner Tondichtung »Also sprach Zarathustra«, frei nach Nietzsches gleichnamigem kulturkritischen Angriff auf das deutsche Philistertum, zu spüren. Der Geist dieses Werkes ist mir fremd, und ich kann in dessen auf mich eher aufgebauscht als wirklich majestätisch wirkender Musik nicht sehr viel an innerer Authentizität erkennen. Meine Mutter bezeichnete Strauss einmal, ich finde nicht ganz unzutreffend, als egomanen und opportunistischen Kunstbürger und als »aufdringliches Talent«. In meinen Ohren hört sich auch die Verbindung von tonalen und atonalen Elementen vor allem in den früheren Werken von Strauss eher als eine zwar sehr gekonnte spielerische Fragmentierung und Collagierung verschiedener Stile an und sehr viel weniger als das Resultat einer von innen kommenden, sich wie notwendig anfühlenden künstlerischen Entscheidung.

»Elektra« lernte ich während meines studienbegleitenden Volontariats im Zürcher Opernhaus kennen, als das Werk dort einstudiert wurde und ich den Bühnenproben bis zur Premiere als Zuhörer beiwohnte. Auch »Elektra« enthält eine hinter der Bühne von einem kleinen Ensemble zu spielende »Bühnenmusik«. Diese erforderte jedenfalls damals einen eigenen, für das Publikum unsichtbaren Dirigenten und war wegen des gerade in dieser Oper besonders lautstarken Gesangs- und Orchesterapparats nur mit großen Anstrengungen metrisch genau mit dem eigentlichen Orchester in Einklang zu bringen Erschwert wurde dies angesichts des in den frühen sechziger Jahren noch primitiven, die Taktschläge des Dirigenten im Orchestergraben höchst unscharf übertragenden Monitors. Deshalb wurden die Einsätze für das kleine Bühnenmusikensemble statt meiner jedes Mal einem routinierten, hauptamtlichen Korrepetitor oder gar Kapellmeister des Hauses übertragen. Ich erinnere mich, dass selbst der für diese Aufgabe abgestellte Profi nur mit Schweiß auf der Stirn und ziemlicher Aufregung die geforderte taktgenaue Übereinstimmung mit dem großen Orchester bewältigte. Das finstere, durchgehend in einer Atmosphäre von Rache und Wahnsinn spielende Werk ist reich instrumentiert, und die Partitur enthält mit 111 Musikern ein noch größeres Orchester als bei »Salome«. Im Vergleich zu »Salome« ist die Musik härter, herber, dissonanter und von polytonalen Passagen und granitartigen Klangblöcken durchsetzt.

Für mich gibt es ein einziges, erst spät kennengelerntes Werk von Richard Strauss, welches mich in meinem nicht gerade euphorischen Gesamturteil über diesen Komponisten manchmal doch schwanken lässt, weil es mich persönlich besonders berührt. Es sind die »Vier letzten Lieder« für Sopran und Orchester, ein später Gipfelpunkt des inzwischen vierundachtzigjährigen Komponisten nur ein Jahr vor seinem Tod, der sich wie ein Abschied von der Welt anhört. Nach einer ziemlich langen Reihe erheblich schwächerer Werke wie etwa den 1946 in Zürich uraufgeführten, düsteren und nebulösen »Metamorphosen« für Streicher, hat Strauss die Lieder in den Sommermonaten 1948 in der Schweiz komponiert, wohin er mit seiner Frau nach dem Krieg gezogen war. Die ersten drei Lieder – »Frühling«; »September«; »Beim Schlafengehen«; – sind Vertonungen von Gedichten Hermann Hesses, das letzte – »Im Abendrot« – von Joseph von Eichendorff. Die hier angegebene, im Konzertgebrauch beibehaltene Reihenfolge entspricht nicht der chronologischen. »September« ist das im September 1948 zuletzt komponierte, »Im Abendrot« das erste, bereits im Mai verfasste Lied. Die Uraufführung fand ein knappes Jahr nach Strauss' Tod in London mit der Sängerin Kirsten Flagstad statt. In diesem Werk, in welchem sich Strauss nach meinem Empfinden in einmaliger Weise mit einer geradezu schwerelosen Tiefgründigkeit nach innen wendet, spiegelt sich nicht nur eine Auseinandersetzung mit dem nahen Tod wider, sondern womöglich auch eine mit der Bitterkeit des wenige Jahre zuvor beendeten Krieges, und ich halte es nicht für unmöglich, dass Strauss mit diesem zeitlichen Abstand von seiner eigenen menschlich und politisch mehr als zweifelhaften Rolle im Dritten Reich inzwischen ein wenig ins Nachdenken geraten war. Das Ende: »Wie sind wir wandermüde – Ist dies etwa der Tod?« bezieht sich in erster Linie auf den gemeinsamen Lebensabend mit seiner geliebten Frau Pauline. Bei diesem »Abschiedsgesang« handelt es sich nach meinem Dafürhalten um das letzte authentisch romantische Werk der gesamten Musikgeschichte, sozusagen um einen jene Epoche endgültig abschließenden Epilog.

Ich habe diese mich auf Anhieb nachhaltig bewegenden »Vier letzten Lieder« zum ersten Mal in der wunderschönen klassischen Aufnahme mit Lisa della Casa in einer Lebenssituation gehört, in der für mich ebenfalls ein schmerzlicher Abschied von einem besonders geliebten Ort bevorstand. Ich habe danach sehr gern und oft selbst die Klavierfassung studiert und die Gesangspartie gelegentlich auch im privaten Kreis begleitet.

Zusätzlich zur deutschen, von den Romantikern Wagner, Bruckner, Mahler und Strauss hinführenden Linie zur Moderne der Wiener Schule Schönbergs, Weberns und Bergs gibt es parallel dazu eine zweite große Linie in Europa. Diese geht von Frankreich und Russland aus und führt schließlich wieder zurück nach Russland, nämlich zu Igor Strawinski, gemäß Adorno der »Gegenspieler« der von Arnold Schönberg begründeten deutschen bzw. Wiener Schule der Moderne im 20. Jahrhundert.

Als Schlüsselfigur für die französisch-russische Linie kann Claude Debussy (1862–1918) gelten. Wenn ich sage, dass mir dessen Musik nicht gerade vertraut ist, so ist dies nichts anderes als ein Eingeständnis, dass mich mit der französischen Musik grundsätzlich nicht viel Persönliches verbindet, was jedoch alles andere sein soll als ein negatives Urteil. Es ändert sogar im Gegenteil nichts daran, dass ich für Debussys musikgeschichtliche Verdienste, seine Pionierleistung im Übergang von der Romantik zur Moderne, seine Erfindungsgabe und besonders seinen Spürsinn für die Integration von Elementen fremder Kulturen in die abendländische Musik große Bewunderung empfinde, ohne mich im Einzelnen mit seinem Werk zu befassen. Insofern kann ich in dem, was ich im Zusammenhang mit der Fragestellung dieses Buches unbedingt über ihn anführen muss, kaum Selbsterfahrenes berichten.

Debussy, ein französischer Komponist, der die meiste Zeit seines Lebens in Paris verbrachte, hielt schon sehr früh in harmonischer wie formaler Hinsicht eine Alternative zur klassisch-romantischen Tradition für notwendig. Anders als Mahler, der trotz seines Blicks in die Zukunft stark in der deutsch-österreichischen symphonischen Tradition wurzelte, versuchte sich Debussy als national gesinnter Franzose bewusst von der in der Instrumentalmusik seines Landes übermächtig erscheinenden

Tradition abzusetzen und einen eigenen Weg zu gehen. Die Suche nach solchen Alternativen zeigt sich bereits in Debussys anfänglicher Komposition von Liedern und Gesängen und einiger Kammermusik und in dem streckenweise noch ein wenig an Georges Bizet erinnernden Orchesterwerk »Printemps«. Debussy beschäftigte sich bald intensiv mit traditioneller Musik aus außereuropäischen Kulturkreisen.

Debussys großes Schlüsselerlebnis war sein Besuch bei der Weltausstellung in Paris von 1889, wo er vom Klangbild eines javanischen Gamelan-Ensembles so nachhaltig fasziniert war, dass dessen orchestral verwendete pentatonische (Fünfton-) Stimmung seine ganze weitere kompositorische Entwicklung entscheidend beeinflusste. Debussy integrierte das schwebende Klangideal dieser südostasiatischen Musik in seinen Kompositionsstil. Anstelle einer Auflösung traditioneller harmonischer Strukturen in die Dissonanz entwickelte er eine eigenständige Harmonik durch die Verwendung von Pentatonik und der Ganztonleiter. Weil die daraus resultierenden, als fremdartig, schwebend und sphärisch empfundenen Klangbilder mit ebenso wahrgenommenen Bildern etwa von Claude Monet oder Paul Gauguin in Verbindung gebracht werden konnten und können, galt Debussy musikhistorisch als der Begründer und Hauptvertreter der impressionistischen Musik. Eine interessante Analogie zur impressionistischen Malerei ist, dass etwa Claude Monet – bei unterschiedlichen Lichtverhältnissen – immer dieselbe Kathedrale im Sinn von »Reihen« gemalt hat. Debussy geht kompositorisch ähnlich vor. Anders als Beethoven entwickelt und verarbeitet er sein musikalisches Material, indem er dieses im Sinn von unterschiedlich »beleuchteten« Wiederholungen »reiht«. Dies gilt vor allem für seine Klavierstücke »Images«, die sich schon im Titel auf etwas Bildhaftes beziehen und als anschaulichstes Beispiel für musikalischen Impressionismus gelten können. Deren Harmonik ist nicht funktional, sondern die Dissonanzen, die nicht aufgelöst werden, dienen als unterschiedliche Farbwerte. Da zudem rhythmische und metrische Schwerpunkte verschleiert werden, wirkt die Musik eher statisch – auch hierin ist sie der Musik Ostasiens ähnlich. Dies erläuterte der Komponist einige Jahre nach der Pariser Weltausstellung seinem Freund Pierre Louÿs in einem Brief, in dem er allerdings, wahrscheinlich bewusst, auf die Bezeichnung »impressionistisch« verzichtet.

> Mein guter alter Freund! Erinnere Dich an die javanische Musik, die alle Nuancen enthielt, selbst solche, die man nicht benennen kann, bei der die Tonika und die Dominante nichts weiter sind als nutzlose Hirngespinste zum Gebrauch für Weinekinder, die nicht verständig sind.
> *(Brief vom 22. Januar 1895. Aus: Claude Debussy: Lettres 1884–1915. Paris 1980, S. 70)*

Das Hauptgewicht von Debussys Musik liegt nicht auf der Form, sondern im Klangbild, welches dem Zuhörer die Atmosphäre und die Stimmung eines Augenblicks vermittelt. Die dabei entstehenden Klangbilder erzeugen fließend, d. h. ohne formale Pausen, einen laufenden Stimmungs- und Raumwechsel. Harmonisch bedeutet dies eine Aufhebung der Leittonfunktion (von aufwärtsstrebenden oder abwärtsgleitenden Tönen zur Auflösung einer Spannung) und die Verwendung von Septim- und anderen dissonanten Akkorden als ein mit anderen Akkorden gleichberechtigtes, tonmalerisches Element. Die Akkorde sind freischwebend und harmonisch ungebunden, und Klänge verdichten sich gern zu polytonalen Strukturen durch Übereinanderschichten mehrerer Intervalle ohne Rücksicht auf Tonarten. Die Melodik ist entsprechend engräumig, wellen- oder kreisför-

mig und pendelnd, und die Rhythmik stellt sich so verschleiert
dar, dass Taktnotationen bisweilen als überflüssig erscheinen
und jede Metrik verwirrend wirken kann. Da Debussys Instrumentierung das Ziel hat, Klangfarbe und Atmosphäre zu schaffen, erfolgt diese entsprechend differenziert, und Debussy ist
bestrebt, das Orchester im Vergleich zum Pomp der in der Spätromantik immer größer werdenden Orchester zu verkleinern.
Dies ändert allerdings nichts daran, dass gerade sein mitunter
berühmtestes Werk »La Mer« mit seiner großen Streicherbeset-
zung, 26 Holz- und Blechbläsern, Perkussionsinstrumenten und
zwei Harfen eine Orchesterbesetzung spätromantischen Aus-
maßes aufweist.

Wesentliche Einflüsse bezog Debussy zudem von den russischen Komponisten der Romantik wie Alexander Borodin, Ni-
kolai Rimski-Korsakow und insbesondere Modest Mussorgski,
durch den Debussy sich in seiner 1902 aufgeführten Oper »Pelléas et Mélisande« anstelle des traditionellen ariosen Gesangs
zum Einsatz einer dem französischen Sprachduktus folgenden
Deklamation anregen ließ, bei der die Singstimmen rezitativisch
geführt werden.

Ähnlich wie Maurice Ravel schätzte Debussy das Kolorit der
spanischen Tanzmusik, die ihn zur Komposition der »Iberia«,
des mittleren Satzes des Orchesterwerks »Images«, inspirierte.

Als Debussys erstes Hauptwerk kann das zwar nur etwa zehn
Minuten dauernde, aber durch völlig eigenständige Tonsprache
und geschickte, kammermusikalische Instrumentierung herausragende Orchesterwerk »Prélude à l'après-midi d'un faune« gelten. Es folgen »Les Nocturnes« (Uraufführung 1900), die bereits
erwähnte Oper »Pelléas et Mélisande« und schließlich 1905 die
Tondichtung »La mer«. Bezeichnenderweise wählte der Komponist als Titelbild für eine Ausgabe von »La mer« einen Ab-

druck des Holzschnitts »Die große Woge« des 1760 geborenen, japanischen Malers Katsushika Hokusai.

Für Debussy bezeichnend und auch zeittypisch dürften seine zwar in keiner Weise kirchlich christlichen, aber doch stark naturbezogenen religiösen Gefühle sein, von denen er sich manchmal beim ausgiebigen Betrachten von farbenstarken Sonnenuntergängen so sehr überwältigen ließ, dass er, wie er in Interviews verlauten ließ, mit dem Himmel über ihm eine gebetsähnliche Zwiesprache hielt und einmal gesagt haben soll, die Natur sei seine Religion.

Ich finde es ungemein faszinierend, dass an der Schwelle zur Moderne des 20. Jahrhunderts der französische Komponist Claude Debussy mit seiner Integration des Charakters javanischer Musik mittels abendländischer Instrumente als Erster das von ihm selbst als sinnvolle Innovation empfundene Paradigma einer deutlichen Einflussnahme asiatischer Musik auf die europäische Kunstmusik im interkulturellen und globalen Sinn begründet hat. In gewisser Weise vorbereitet wurde dies zwar während Antonín Dvořáks durch seinen Amerikaaufenthalt inspirierter letzten Musikschöpfungsphase. Vor allem in seiner ebenfalls kurz vor der Jahrhundertwende komponierten 9. Symphonie »Aus der Neuen Welt« setzte er rhythmisch die für die Spirituals typischen Synkopen und insbesondere in der Englischhorn-Melodie im zweiten Satz die halbtonlose Fünftonskala der Pentatonik ein, welche in der Musik der Indianer gebräuchlich war. Claude Debussy hingegen begründete mit seiner sehr viel konsequenteren Integration asiatischer Musik eine neue, sein lebenslanges künstlerisches Schaffen und sein Selbstgefühl bestimmende Musikrichtung. Deren besonderer, farbiger und gefühlsbetonter Stil kann zwar noch der Epoche der Romantik zugerechnet werden. Sie weist jedoch auf eine qualitativ neue Zukunft hinaus, nämlich auf die mit den frühen Musikschöpfungen Igor Strawinskis endgültig anbrechende Epoche der Moderne.

Claude Debussy muss allerdings immer im Umfeld seiner Zeit und seines Kulturbereichs gesehen werden. Sein etwas jüngerer Kollege und Landsmann Maurice Ravel (1875–1937) ist, bei aller Bewunderung für Debussy, nie ein Schüler von ihm gewesen, sondern ein eigenständiger Komponist mit anderen Vorbildern wie beispielsweise Emmanuel Chabrier, und seine Musik ist, ähnlich wie die Debussys, auch von russischen Komponisten beeinflusst. Zwischen Debussy und Ravel bestehen durchaus »typisch impressionistische« Gemeinsamkeiten. Dazu gehören die Benutzung erweiterter und übermäßiger Dreiklänge und von Kirchentonarten sowie die Bitonalität (gleichzeitige Verwendung von zwei Tonarten). Trotzdem unterscheiden sich Ravels Kompositionen von denen Debussys zum Beispiel durch den häufigeren Einsatz geschlossener Formen, besonders gewisser Tanzformen (Bolero, Walzer, Habanera, Malagueña). Ravels melodische Linien, besonders bei seinen Kadenzen, wirken mitunter lichter und transparenter als die Klangpalette von Debussy, bei dem sich die Einzelstimmen manchmal ins »Uferlose« verlieren. Ein weiterer grundlegender Unterschied liegt im harmonischen Aufbau. Debussy verwendet gern übereinandergestellte Quarten, Ravel dagegen schichtet Terzen übereinander, bisweilen bis hin zum Tredezimalakkord. Damit bleibt Ravel trotz aller Farbigkeit seiner Klänge stärker tonal. Denn übereinandergestellte Terzen werden zu Akkorden mit dominantischer Funktion. Debussys Quarten dagegen streben stärker zur Unterdominante, die in ferneren Varianten die Tonalität in Frage stellt.

Varianten der Moderne

ARCHAISCHES FRÜHLINGSOPFER BEI IGOR STRAWINSKI (1882–1971)

Berlin, Januar 2003. Erstes Zusammentreffen von etwa zwei Dutzend Schülerinnen und Schülern mit dem britischen Choreographen und Tanzpädagogen Royston Maldoom und einer zweiten, ihm assistierenden Choreographin in der Turnhalle eines Schulhauses. Diese Schüler sind Teil einer Gesamtheit von 250 Angehörigen aus 25 Nationen aus zwei Berliner Grund- und zwei Oberschulen im Alter zwischen acht und zwanzig Jahren. Mit ihnen wird Royston Maldoom die Tanzpartie von Igor Strawinskis Ballett »Le sacre du printemps. Tableaux de la Russie païenne en deux parts« (Das Frühlingsopfer. Bilder aus dem heidnischen Russland in zwei Teilen) für eine Aufführung mit den Berliner Philharmonikern unter der Leitung von Sir Simon Rattle in rund sechs Wochen einstudieren (siehe »Rhythm is it! You can change your life in a dance class«. Ein Film von Thomas Grube und Enrique Sánchez Lansch 2004).

Bald nach Strawinskis am Anfang noch der spätromantisch-impressionistischen Tradition folgenden »Der Feuervogel« und »Petruschka« entstand 1913, am Vorabend des Ersten Weltkriegs, als dritte Ballettmusik »Le sacre du printemps«. Dieses Werk zeichnet sich, im Vergleich zur späteren, eher neoklassizistisch geprägten Schaffensperiode etwa der »Psalmensymphonie« von 1930, vor allem durch eine ins stark Expressive gehende, scharfe Rhythmik und Polytonalität aus. Der in der Nähe von St. Petersburg geborene, ursprünglich dem weißrussischen bzw. polnischen Landadel angehörende Igor Strawinski hatte auch dieses Werk, wie schon wenige Jahre zuvor »Der Feuervogel« und »Petruschka«, im Auftrag von dem in Paris wirkenden Sergej Djagilew geschrieben und dort mit dessen Ballettensemble »Ballets russes« uraufführen lassen, bevor er 1920 endgültig nach Paris übersiedelte. Das Besondere am »Sacre du printemps« bleibt, dass es, entsprechend seines Themas, eine archaisch erscheinende, rhythmische Kraft entfesselt wie bis zu diesem Zeitpunkt in keinem anderen Werk der ganzen abendländischen Musik. Anders als in der populären Musik, spielte in der Klassik der Rhythmus im Vergleich zu Parametern wie Formaufbau, Harmonik, Melos und Kontrapunkt lange Zeit eine eher untergeordnete Rolle. »Rhythm is it« könnte als Titel des hier angeführten Berliner Tanzprojekts nicht besser gewählt sein.

> Als ich in St. Petersburg die letzten Seiten des »Feuervogels« niederschrieb, überkam mich eines Tages – völlig unerwartet, denn ich war mit ganz anderen Dingen beschäftigt – die Vision einer großen heidnischen Feier: Alte weise Männer sitzen im Kreis und schauen dem Todestanz eines jungen Mädchens zu, das geopfert werden soll, um den Gott des Frühlings günstig zu stimmen. Das war das Thema von »Le sacre du printemps«.
> *(Igor Strawinski: Erinnerungen, Musikalische Poetik, Antworten auf 35 Fragen. Zürich/Mainz 1957, S. 74)*

Mit der Umsetzung dieses alten heidnischen Opferrituals in eine in ihrer klanglichen und rhythmischen Gewalt die damalige Pariser Bourgeoisie hoch provozierende und die Uraufführung zu einem Theaterskandal machende Ballettmusik setzte Strawinski, unmittelbar vor der Katastrophe des Ersten Weltkriegs, ein Symbol für die erhoffte Auferstehung einer in Finsternis versunkenen Welt in einen lichtvollen Neubeginn dank eines menschlichen Tanzopfertodes. Das Werk gliedert sich dementsprechend in zwei Teile: »Die Anbetung der Erde« und »Das Opfer«. Beide Teile sind in mehrere Abschnitte untergliedert.

Der Film »Rhythm is it!« beginnt damit, dass ganz am Anfang der ersten Übungswoche die Schülerinnen und Schüler auf dem Boden der Turnhalle sitzen und aufmerksam und neugierig, aber auch ein wenig ängstlich Royston Maldooms einführende Erläuterungen aufnehmen. Einige überspielen ihre Unsicherheit und Verlegenheit mit Herumalbern und gegenseitigem Hänseln. Die Mehrheit dieser Schüler gehört einer sozial unterprivilegierten Schicht an. Viele der ausländischen Kinder und Jugendlichen sind Flüchtlinge oder Kriegswaisen aus der Dritten Welt. Bei den ersten Laufübungen in der Halle und bei Körperübungen zur Auflockerung vor den ersten Tanzversuchen spürt man rasch die fehlende Beziehung dieser jungen Menschen zu ihrem eigenen Körper und ihr mangelndes Bewusstsein für eigene Gefühle und für ein Recht darauf, diese Gefühle bei sich zuzulassen. Royston Maldoom und seine Assistentin bestätigen in Kurzinterviews, dass ein wichtiges Ziel der anstehenden Einstudierung sei, den von Ausgrenzung und vielfach auch von den Grauen des Krieges heimgesuchten Menschen sukzessive ihre zum Teil verlorengegangene Selbstakzeptanz wiederaufzubauen, damit sie überzeugend an dem großen, kraftvoll lebendigen Rhythmus dieses Tanzes mitwirken können.

Zu den in den ersten zwei Trainingswochen häufig eingeschobenen Übungen gehört auch der »Focus«, der feste Blick aller Mitwirkenden auf einen bestimmten Punkt im absoluten Ruhezustand mit dem Ziel einer zunehmenden Beherrschung von Konzentration und Disziplin bei allen Tanzübungen. Ein älterer Schüler resümiert seine Anfangserfahrungen so, dass er dies alles als »sehr anstrengend« empfinde und noch nicht recht beurteilen könne, ob ihm dies auch »wirklich Spaß« machen werde.

Die nächste Hürde besteht in der Überwindung von Berührungsängsten beim Hochheben eines der Mittänzer auf die eigene Schulter, wodurch weitere innere Blockaden abgebaut werden sollen. Langsam fangen die Schülerinnen und Schüler Feuer. »Ich möchte lernen, mich zu bewegen«, sagt einer, und Royston kommentiert: »Der Körper muss so lange trainiert werden, bis alle auf den Körper bezogenen Gedanken und Gefühle wie von selbst wach werden.« Und er bescheinigt seinen Schutzbefohlenen immer deutlicher sowohl anhand ihrer Bewegungen als auch aus ihrem Gesichtsausdruck im Ruhezustand bei hochgestreckten Armen und Händen, dass es ihnen keineswegs an Kraft und Energie mangele, wohl aber an ihrem Glauben an diese Kraft und ihrem Vertrauen darauf. Das ist mehr als nur Disziplinierung. Es ist der Versuch, im Menschen Vergrabenes oder Verschüttetes und Verklumptes zu lösen und zum Leben zu erwecken.

Zwischen diesen kommentierten Lernschritten der angehenden Tänzer werden Ausschnitte aus den gleichzeitig durchgeführten Orchesterproben eingeblendet, die die verzweifelten Appelle der Menschen an den Frühlingsgott durch Tänze und Prozessionen und andere rituelle Handlungen bis zum finalen Opfertanz ausdrücken. Typisch für die geprobten Stellen sind sowohl häufige, von Paukenschlägen, Trompetenschreien und Posaunen unterstützte, geradezu brutal anmutende, schneidende Rhythmen oft gegen den Takt als auch auf demselben Grundton übereinandergeschichtete, verschiedene Akkorde.

Dazu kommen sich ständig wiederholende musikalische Motive (Ostinati). In einem nächsten Filmausschnitt berichtet ein Ballettmitglied aus Nigeria von der Kriegshölle in seinem Land, von der Ermordung seiner Eltern und von seiner Flucht nach Deutschland, wo es sich in Berlin lange fremd gefühlt habe bis zum jetzigen Neuanfang. Dann erzählt auch Royston Maldoom selbst von seiner Kindheit auf dem einsamen Bauernhof seiner Stiefmutter in England nach dem frühen Tod der Eltern und von seiner Isolation und Einsamkeit und der Schwierigkeit, nach einschneidenden menschlichen Verlusten Vertrauen zu seinen Mitmenschen aufzubauen. In diesem seelischen Zustand hätte er ständig nach einem Sinn in seinem Leben gesucht, bis er einmal als Halbwüchsiger zufällig in einen Ballettfilm geraten sei, der ihn völlig mitgerissen und ihm endlich seine berufliche Bestimmung im Tanzsektor nahegebracht habe.

Eine große Krise in der Einstudierung der Tanzenden tritt in der Halbzeit, während der dritten Woche ein. Royston Maldoom und seine Mitchoreographin wehren sich gegen die Sorge einer der anwesenden Schullehrerinnen, dass die Kinder durch diese an ihre Grenzen gehende Einstudierung überfordert würden. Gleichzeitig werden auch seitens der Choreographen ernste Zweifel laut, ob ihre Schüler für die bald bevorstehende Aufführung wirklich ein ausreichendes Maß an Konzentration und genügend innere Beteiligung aufbringen. Royston steht einmal sogar kurz davor, alles hinzuschmeißen und das Projekt für gescheitert zu erklären. Äußerungen von Schülerinnen und Schülern zum selben Zeitpunkt klingen allerdings etwas anders. »Ich merke, dass sich bei mir etwas bewegt«, sagte eine. »Es sind Gefühle da. Ich muss nur lernen sie auszudrücken.« Und ein anderer: »Wir müssen noch lernen, auf die Menschen zuzugehen.«

In der vierten Woche ist die Krise überwunden. Die Kinder

und Jugendlichen tanzen jetzt sehr viel gelenkiger und freier und mit sehr viel größerer Konzentration. Sie haben offenbar die Erfahrung gemacht, dass man ernsthaft arbeiten muss, um etwas zu erreichen. Auch Konflikte in der Gruppe werden souveräner ausgetragen. Ihre Gesichter strahlen mehr Fröhlichkeit und Leichtigkeit aus. In der fünften Woche dürfen sie zum ersten Mal allein proben. Ihr Choreograph schaut ihnen dabei nur zu und gibt ihnen danach Rückmeldung. Die positiven Veränderungen würden immer eindeutiger, urteilt er. Was sie täten, komme bei ihnen inzwischen erkennbar von innen heraus und wirke nicht mehr nur wie eine Kopie. Abschließend sagt er, es sei im Leben und besonders in dieser jetzigen Lernphase wichtig, einen großen Teil, aber nicht das ganze Ego beiseitezulassen. Die große Kunst bestehe darin, ein richtiges Loslassen mit einem aufbauenden Bei-sich-selber-Sein zu verbinden.

Ein großer Augenblick für die tanzenden Schülerinnen und Schüler ist es, zum ersten Mal bei einer der Orchesterproben dabei zu sein. Jetzt hören sie als Ganzes die Musik, zu der sie tanzen sollen, im großen Zusammenhang gleichsam von außen. Dazwischen benennt Simon Rattle in einem eingeblendeten Interview irgendwo im Freien die Parallelen, die er zwischen 1913, der Entstehungszeit des Werks, und heute sieht. Er sagt, dass dem Menschen die ihm aufgetragene Verantwortung, die Zukunft seiner Spezies zu sichern, in der heutigen Gegenwart nicht so gut gelinge. Der »Le sacre du printemps« sei sicher eine primitive Form der Vorstellung davon, dass unsere Erde unter wichtigen Voraussetzungen wieder blühen könne, aber wir hätten das wohl weitgehend vergessen. Wir seien Jahrhunderte später immer noch bereit, unsere Kinder und unsere Zukunft für kurzsichtige und egoistische Ziele zu opfern.

Bald ist der lang ersehnte Moment der Aufführung in der

Treptower Arena in Berlin gekommen. Das 250-köpfige Ballett füllt mit lauter feuerroten Kostümen die ganze Bühne. Dann beginnt der erste Teil, »Die Anbetung der Erde«, mit dem extrem hohen Fagottsolo, in das die übrigen Holz- und Blechbläser nach und nach einstimmen und sich zusammen zu einem überaus bewegten Klanggeschehen verbinden. Für Simon Rattle hören sich diese Klänge, wie er in einer Einführung am Anfang des Films erklärt hat, wie ein Dschungel an, in dem Tiere und Pflanzen einander zurufen und aus dem sich schließlich auch menschliches Leben einen Weg bahnt. Tatsächlich meine ich in den Gesichtern der Tanzenden eine konzentrierte Entschlossenheit zu lesen, sich in dieses Leben hinein zu befreien. Es folgen die »Vorboten des Frühlings – Tanz der jungen Mädchen« mit hämmernden Streichern und mit Einwürfen von Blechbläsern und krachendem Schlagzeug, begleitet von einem unermüdlich leichtfüßigen und gleichzeitig sehnig kraftvollen Laufen und Springen auf der Bühne, über der sich die Masse der roten Kostüme wie ein Flammenmeer erhebt. Auf die zumindest streckenweise verhältnismäßig entspannten und heiteren »Entführungsspiele« folgt der sich eher ins Düstere verkehrende »Frühlingsreigen« mit schwerer, von den Tänzern mitgetragener Rhythmik, die sich mittels schriller Blechbläser und heftiger Crescendo-Schläge der Pauken zu immer größerer Rage steigert. Sowohl in den »Spielen der rivalisierenden Stämme« als auch in der »Prozession des alten Weisen« hält die höchst spannungsgeladene Stimmung an. Diese wird durch den Einsatz eines »Guiro«, einer Ratschgurke als Orchesterinstrument, mit gleichmäßiger, nervenfetzender Geräuschkulisse, zusätzlich angeheizt. Nach jähem Abbruch und einem Moment der Ruhe erklingt der »Kuss der Erde« mit tiefen, ruhigen Liegetönen der Fagotte. Dann leitet ein Wirbel der großen Trommel den »Tanz der Erde« ein – der nächste Höhepunkt, der jedoch bald jäh abreißt. Die drückende Stille zeigt das Ende des ersten Teils an.

Nach der ruhigen, etwas klagenden »Introduktion« des zweiten Teils – »Das Opfer« – beginnt mit einer neuen, zarten Melodie der Holzbläser und einem Einwurf gedämpfter Hörner der »Mystische Reigen der jungen Mädchen«, der sich zu einem nächsten Crescendo aufbaut. Als Nächstes kündigen elf kraftvolle Schläge von Schlagzeug und Streichern die »Verherrlichung der Auserwählten« an. Eines der Mädchen wird nun zum Opfer gekürt. Irgendwann gerät das von Klangfetzen, Streicher-Pizzicati und Paukenschlägen begleitete Ritual ins Stocken. Es erfolgt die »Anrufung der Ahnen« sowie die »Rituelle Handlung der Ahnen« und dann das eigentliche, finale »Opfer«. Die Auserwählte beginnt ihren Opfertanz, unterstützt von scharfen Crescendi des Orchesters und rhythmisch markanten Terzen in den Pauken, wobei sich noch im ersten Teil des Opfertanzes der Auserwählten 2/8 mit 3/8 und 5/16 Takten abwechseln. Die das Mädchen voller Hingabe begleitenden 250 Tänzer scheinen den Ernst der Situation zu erkennen, aber ihre selbstbewussten, offenen Gesichter und ihre intensiven Blicke drücken Bewunderung, ja Freude über die Bereitschaft der sich für sie alle Opfernden aus. In der zweiten Hälfte setzt schließlich ein erbarmungslos wie alles niederwalzendes Tutti ein, das den immer unerbittlicher und voller Ekstase zum Ausdruck kommenden Opferwillen des Mädchens unaufhaltsam und unumkehrbar erscheinen lässt. Mit dem durchgehenden Hämmern des Schlagzeugs treibt nun das ganze Ensemble mit letzter Kraft dem finalen Höhepunkt entgegen. Die Dirigierbewegungen von Simon Rattle lassen immer deutlicher seine bildhafte Vorstellung von diesem Ende erkennen, die er in seiner Einführung geschildert hat. Er erlebe an dieser Stelle ein unerhörtes Pulsieren des ganzen Orchesters, sagte er dort, welches ganz am Ende wie eine scharfe Riesenwelle über das Publikum hinwegschwappen werde – bis schließlich ein einziger mächtiger Tutti-Schlag das Werk auf den allerletzten, dichtesten Punkt bringt und beendet. Auf diesen Schlag genau bricht das Mädchen tot zusammen.

Ein paar schon früh im Werk zutage tretende, typische Kennzeichen von »Le sacre du printemps« seien hier zusammenfassend genannt:

1. *Polytonalität.* Nach Ansätzen bereits bei Debussy und dann in Strawinskis »Petruschka« kommt in »Le sacre du printemps« die Polytonalität schon sehr früh als konsequentes harmonisches Merkmal zum Tragen. Hier bedeutet Polytonalität einen Zusammenklang von Dreiklängen häufig im Tritonusabstand (z. B. gleichzeitig C-Dur und Fis-Dur). Auch werden vorzugsweise Dur- und Moll-Akkorde mit demselben Grundton mit einbezogenen Septakkorden sowie zwei Moll-Tonarten im Halbtonabstand aufeinandergeschichtet. Musikgeschichtlich interessant ist dabei jedoch auch, dass Strawinski, der impressionistischen Tradition weiter folgend, in seiner dissonantenreichen Harmonik auch einen konsonanten Anteil beibehält. Dies geschieht dadurch, dass in der Instrumentierung einzelne Dreiklänge heraushörbar bleiben, oder dadurch, dass das Hauptthema in Terzen erscheint, die sich einer diatonischen (siebenstufigen) Tonleiter zuordnen lassen. Dies ist ein wesentliches Unterscheidungsmerkmal zu Arnold Schönbergs ganz und gar atonalem Musikstil (etwa in dessen Klavierstück op. 11/2).

2. *Polyrhythmik.* Wie ansatzweise in der bereits erwähnten »Bruckner-Rhythmik« in der Symphonik Anton Bruckners werden hier, wie auch bereits in »Petruschka«, sehr häufig verschie-

dene, bisweilen sogar gegenläufige Rhythmen übereinandergeschichtet, und dies wird auch in entsprechend verschiedenen Taktarten notiert.

3. *Übereinanderschichtung mehrerer Ostinati* (sich ständig wiederholender Motive). Dies verstärkt den archaisch »vorzeitlichen« bzw. »primitiven« Charakter dieses Werks.

4. *Verwendung osteuropäischer Volksweisen.* Dies betrifft etwa die litauische Herkunft des anfänglichen Fagottsolos sowie den Ursprung zahlreicher Melodien aus osteuropäischen Volksmelodien (vgl. dazu Malcolm MacDonalds Vorwort zur Partitur bei Boosey & Hawkes 1997).

Das Video endet mit einem fulminanten Erfolg der Aufführung mit geradezu euphorisch stolzen Kindern und Jugendlichen. Und man hört unter ihnen Stimmen, die sagen, dass sie durch dieses wunderbare Projekt gelernt hätten, alles sehr viel intensiver wahrzunehmen, und dass sie deshalb unbedingt weitere Tanzerfahrungen machen möchten. Es scheint tatsächlich, als hätten sie sich mit Hilfe ihres »Frühlingsgottes« Royston Maldoom aus ihrer Finsternis heraus glücklich in ihren archaisch aus der Erde hervorbrechenden Frühling hineingetanzt.

Nur zu gerne würde ich im Nachhinein erfahren, ob und wie diese Kinder und Halbwüchsigen ihre so sehr geglückten Tanzerfahrungen zwischenzeitlich in irgendeiner Form haben fortsetzen oder sonst irgendwie ausbauen können.

Strawinski war, im Gegensatz zu den in der Sowjetunion verbliebenen Kollegen, nach seiner endgültigen Übersiedlung nach Paris die Freiheit geblieben, seiner kompositorischen Intuition ohne jede Bevormundung und ohne Angst vor Sanktionen folgen zu können. Für ihn blieb damit auch die Möglichkeit offen, in seiner späteren Schaffensperiode, wie etwa in der »Psalmensymphonie« von 1930, seinen Kompositionsstil so zu ändern, wie er dies selbst wollte. Anders als bei der Minderheit der rechtzeitig ausgewanderten russischen Komponisten, lag die Tragik der russischen Musik des 20. Jahrhunderts insgesamt in der Behinderung ihrer Entwicklung durch die fast ein Dreivierteljahrhundert anhaltende Sowjetdiktatur. Während der schon früh in den Westen ausgewanderte Traditionalist Sergej Rachmaninow in seinen Klavierkonzerten und Symphonien den Stil Piotr Tschaikowskis eigenständig weiterentwickeln konnte, geriet beispielsweise der Modernist Sergej Prokofjew zunehmend unter Druck der Sowjetideologie. Und als Stalin Mitte der dreißiger Jahre den »sozialistischen Realismus« für die Kunst als verbindlich erklärte und »volksnahe Kunst« anstelle experimenteller Musik verordnete, kam besonders Dmitri Schostakowitsch unter Beschuss. Dieser blieb über Jahrzehnte hinweg mit seinem gigantischen, an verschiedenen zeitgenössischen Musikrichtungen wie dem Futurismus, der Atonalität und dem Symbolismus orientierten, sich jedoch auch ein wenig auf Mahler beziehenden Werk dem Formalismusvorwurf ausgesetzt. Dies veranlasste Schostakowitsch immer wieder zu demütigender Anpassung und zu Konzessionen gegenüber dem stalinistischen Terrorregime, wozu unter anderem die Entgegennahme zahlreicher Stalin- und anderer sowjetischer Preise gehörte. Was Prokofjew betrifft, so erinnere ich mich noch lebhaft an ein Orchesterkonzert, das Vladimir Ashkenasi nach dem Ende des Sowjetreichs mit der tschechischen Philharmonie als Begleitprogramm zu einer Ausstellung über den »tschechoslowakischen sozialistischen Realismus« aufführte, und zwar im Prager »Rudolphinum« mit einer erdrückenden Fülle riesiger Kitschgemäldeschinken an den

Wänden. Gespielt wurde unter anderem Prokofjews 1951 von Stalin in Auftrag gegebenes, orchestrales Festpoem »Begegnung von Wolga und Don« zur Einweihung des gigantischen Verbindungskanals zwischen den beiden Flüssen, dessen Bau das Leben von Tausenden von Häftlingen gekostet hatte. Nach außen hin war dieses Werk auftragsgemäß ein einfallsloses, bombastisches Getöse, in Wirklichkeit jedoch eine subtile, parodistische Verhöhnung des besagten »sozialistischen Realismus«. Es war eine für uns heute urkomisch klingende, geistreiche Groteske, die offenbar damals keiner der bei der Einweihung in der vordersten Reihe sitzenden Parteibonzen zu durchschauen in der Lage gewesen war. Erst Stalins Tod 1953, gleichentags übrigens wie Prokofjew, setzte eine Kette von Auflockerungen in Gang, die sich stufenweise über Jahrzehnte bis zur Auflösung der Sowjetunion mühsam hinzog. Und bekanntlich erscheint auch in der heutigen nichtkommunistischen Diktatur Russlands die Kostbarkeit künstlerischer Freiheit in der Musik alles andere als gegeben.

DIE »WIENER SCHULE« ARNOLD SCHÖNBERGS

Wenn Igor Strawinski mit seiner Version der »Moderne« noch im Wesentlichen an bestehenden klanglichen, harmonischen, melodischen und rhythmischen Traditionen anknüpft und diese zu neuen Klängen, neuen Formen und neuartigen Verbindungen alter Stile erweitert, so vollzieht die ebenfalls um 1910 einsetzende Periode der »Wiener (oder atonalen) Schule« im Kreis von Arnold Schönberg (1874–1951) und vor allem dessen Schülern Alban Berg (1885–1935) und Anton Webern (1883–1945) nach dem Ersten Weltkrieg einen bewussten Paradigmenwechsel. Wieder dürfte man eher von einer Paradigmenverschränkung sprechen, wenn man bedenkt, dass Schönberg und Berg an bestimmten traditionellen Gattungen wie Oper, Violinkonzert etc. weiterhin festhalten. Bei Schönberg selbst vollzieht sich der Paradigmenwechsel in Phasen. So ist dessen von 1899 stammendes Streichsextett »Verklärte Nacht« op. 4 noch weitgehend vom Stil der Spätromantik geprägt. Dies ändert sich jedoch, in einem nächsten Schritt, mit seinen Werken ab 1909, wie etwa den »Drei Klavierstücke« op. 11, die in einem konsequent atonalen Kompositionsstil gehalten sind. Aber dieser neue atonale Stil ist noch keinen spezifischen Regeln unterworfen. Erst in den Jahren um 1920 entwickelt Schönberg schließlich, drittens, seine Zwölftontechnik, Reihentechnik oder Dodekaphonie. Grundlage der Zwölftontechnik ist die Methode des Komponierens mit zwölf nur aufeinander bezogenen Tönen. Diese ständige und ausschließliche Verwendung einer Reihe von zwölf verschiedenen Tönen – als Grundreihe, als deren Umkehrung oder Spiegelung oder rückwärts im Krebsgang – wird von Schönberg zu einem neuen Ordnungsprinzip des musikalischen Materials erhoben.

Insgesamt stellt sich Schönberg somit doch eher als ein äußerst konsequenter Fortsetzer der großen mitteleuropäischen Tradition dar. Er gerät im Zuge der mit Wagners »Tristan und Isolde« einsetzenden und dann u. a. mit Mahler fortschreitenden Auflösung der Tonalität mit seiner Zwölftonmusik an einen Endpunkt. Mit der Zwölftonmusik betraten die Komponisten der »Wiener Schule« radikales Neuland. Der extremste Vertreter war wohl Anton Webern, während Alban Berg eher wie ein verkappter Romantiker im Gewand des Avantgardisten erscheint.

Im Kontrast zum einseitig rechnerisch-technisch anmutenden Charakter der Zwölftontechnik haben deren Komponisten, vor allem Webern und insbesondere Berg in seinen berühmten Opern »Wozzeck« und »Lulu«, immer auch nach einer Unmittelbarkeit des Ausdrucks aus dem menschlichen Seelenleben im Sinne einer ausgeprägten Expressivität, in gewissem Sinn sogar eines Expressionismus, in der Musik gesucht. Dieser expressionistische Charakter kennzeichnet bereits Schönbergs vorangegangene zweite Phase, vielleicht sogar ausgeprägter als die Zwölftonmusik, da die Atonalität in jener Frühphase noch systemungebunden ist. Auf der Hörerseite bedeutet die Zwölftonmusik einen Bruch mit der traditionellen Ästhetik, und zwar hin zu einer völligen Emanzipation der Dissonanz, die an die Stelle jeder Konsonanz tritt und nicht mehr aufgelöst wird. Zu den Grundmerkmalen der das tonale System endgültig ablösenden Zwölftonmusik gehören extreme dynamische Gegensätze (vom Flüstern bis zum Schreien), zerklüftete Melodielinien mit weiten Sprüngen, metrisch ungebundene Rhythmik sowie ein asymmetrischer Periodenbau im Sinne einer raschen Folge kontrastierender Längen. Es handelt sich bei der Bündelung dieser Phänomene um den Ausdruck eines unter Umständen auch absichtsvoll hässlichen und bösen Ausdrucks der menschlichen Seele und damit einer vorsätzlichen »Nicht-mehr-schönen-Kunst«, die, ohne verbindliche Tonarten und ohne Bezug auf einen Grundton, ihr traditionelles Ideal der »Schönheit« im Wesentlichen aufgibt. Der Sinn dieses Verzichts auf eine gängige Ästhetik in der Musik liegt jedoch in einem umso gewichtigeren, unerbittlichen Wahrheitsanspruch auf dem Hintergrund einer schonungslos pessimistischen Auffassung vom menschlichen Seelenleben, die nicht mehr ästhetischen Maßstäben gehorcht. Dies bedeutet zum ersten Mal eine Trennung von Kunst und Ästhetik im Interesse eines Wahrheitsanspruchs auf künstlerischer Ebene, der jetzt, ganz neu, zum einzigen und eigentlichen Kriterium einer Sinnfindung erklärt werden kann. Anders als in Strawinskis noch kurz vor dem Ersten Weltkrieg komponiertem, grundsätzlich noch einer gängigen Ästhetik verpflichtetem »Sacre du printemps«, scheint im deutsch-österreichischen Sprachraum nach dem unvorhersehbaren Grauen dieses Kriegs die Vorstellung der »schönen menschlichen Seele« aus dem Blickfeld geraten zu sein. Dies mag auch mit den in derselben Stadt Wien von Sigmund Freud zu Beginn des 20. Jahrhunderts entwickelten, bahnbrechenden Ideen der Psychoanalyse zusammenhängen, deren analytisches und letztlich pessimistisches Weltbild auch auf das Schaffen von Gustav Mahler (einem Patienten Freuds!), Arthur Schnitzler und von bildenden Künstlern abgefärbt haben mag.

Diese einer alten Sehnsucht nach Fortschritt und Modernität folgende und intellektuell höchst anspruchsvolle »Neue Musik«, die sich von herkömmlichen Traditionen und Konventionen stark abgrenzt, wurde nur von verschwindend kleinen, aber umso sachkundigeren Kreisen innerhalb der Öffentlichkeit rezipiert. Es mag sein, dass diese Exklusivität beabsichtigt war zu einer Zeit, in der die durch Wissenschaft und Technik inzwischen weitentwickelten medialen Verbreitungsmittel wie Schallaufzeichnung, Rundfunk und Tonfilm dazu angetan waren, eine Popularisierung der Musik zu fördern. Dazu kam auf der Seite der Hörer, dass die in den späten zwanziger Jahren immer radikaler um sich greifende Ideologie des Nationalsozialismus die meisten Formen der Neuen Musik als »entartet« verpönte und diese nach der »Machtergreifung« in Deutschland mit scharf sanktionierten Verboten belegte. Stattdessen nutzte die NS-»Kulturpolitik« von den Schandtaten ihres Regimes ablenkende Unterhaltungs- und Gebrauchsmusik wie Operette-, Tanz- und besonders Marsch- und Volksmusik propagandistisch für ihre Zwecke aus.

Der zunehmende Einsatz der Massenmedien seit dem frühen 20. Jahrhundert ermöglichte es der Propagandamaschinerie diktatorischer Systeme, generell mit dem emotionalen Gehalt jeder eingängigen, auch hochwertigen Musik Missbrauch zu treiben. Da die für die Masse der Hörer kaum zugängliche »Neue Musik« für einen solchen missbräuchlichen Einsatz ungeeignet war, wurde umso mehr auf Klassik und Romantik zurückgegriffen. Die alljährlichen Wagner-Festspiele an Hitlers Hof von Bayreuth bleiben ein typisches Beispiel dafür sowie auch das in Goebbels' »Großdeutschem Rundfunk« regelmäßig erklingende Fanfarenmotiv aus Franz Liszts »Les Préludes« bei der Ankündigung von »Siegesmeldungen« durch das Oberkommando der Wehrmacht. Zur Herabwürdigung Beethovens gehören ferner die Aufführungen von dessen »Befreiungsoper« »Fidelio« 1938 in Wien zu Ehren Görings und zur Feier der Eingliederung der nationalsozialistischen »Ostmark« in das Deutsche Reich, und dann unter umgekehrten Vorzeichen wieder 1945, wenige Monate nach der »Befreiung« Österreichs. Mir drängt es sich im Fall von Wien auf, von einem schamlosen doppelten Missbrauch Beethovens zu sprechen. Nicht viel besser dürfte das Urteil über die an anderer Stelle (S. 23 f.) bereits erwähnte Aufführung von Beethovens »Neunter« ausfallen, die über Jahrzehnte hinweg am Ende eines jeden SED-Parteitags in der DDR stattfand. Bei der Beerdigung des 1942 in Prag einem Attentat erlegenen SS-Obergruppenführers Heydrich spielte die Berliner Staatskapelle Siegfrieds Trauermarsch aus Wagners »Götterdämmerung« (wie auch bei Wagners Begräbnis), und Josef Mengele pflegte in Auschwitz während der Selektion seiner Opfer für die Gaskammer seine Lieblingsarien zu pfeifen. Den Gipfel des Zynismus bildete die Anweisung der Lagerkommandantur im »Vorzeige- und Musterlager« Theresienstadt an die Häftlinge, nicht nur Verdis katholisches »Requiem«, sondern auch Teile des als »entartet« geltenden und verbotenen Oratoriums »Elias« von Felix Mendelssohn

Bartholdy aufzuführen, besonders dann, wenn sich das Internationale Rote Kreuz zu einer Besichtigung des Lagers einfand.

Aber gerade in Theresienstadt verstanden einige der künstlerisch-intellektuell ausgerichteten Opfer den Spieß umzudrehen und die vom Lager verordneten Kulturveranstaltungen zu einer Art Trojanischem Pferd umzufunktionieren. So schrieb der in Theresienstadt inhaftierte junge Maler und Dichter Petr Kien das Libretto »Der Kaiser von Atlantis oder Der Tod dankt ab«, welches sein Mithäftling, der Komponist und Schönberg-Schüler Viktor Ullmann, zu einer teils an der Zwölftonmusik, teils an der Musik Kurt Weills orientierten Kammeroper vertonte. Erzählt wird die allegorische Geschichte vom Kaiser von Atlantis, der den Krieg »aller gegen alle« befiehlt. Doch der personifizierte Tod verweigert sich dem Kaiser und lässt niemanden mehr sterben. Dadurch gerät das Kriegsgeschehen ins Stocken, weil da, wo Krieg ist, auch Krankheiten und Seuchen wüten. Die Menschen, die nicht mehr sterben dürfen, aber auch nicht mehr leben können, existieren in einem unerträglichen Schwebezustand zwischen Leben und Tod und schreien immer lauter nach dem erlösenden Tod. Der Kaiser, zunächst erfreut über sein unsterbliches »Menschenmaterial«, aber jetzt zunehmend von Aufständischen bedrängt, sieht seinen Fehler ein und bittet den Tod um Rückkehr in sein Amt. Doch im Gegenzug und als Voraussetzung für seine Rückkehr verlangt der Tod, dass der Kaiser sein erstes Opfer sei. Die Einstudierung des Werks gelangte im Herbst 1944 bis zur Generalprobe, wurde dann jedoch wegen seines spät entdeckten, subversiven Inhalts verboten und das gesamte Ensemble in das Vernichtungslager Auschwitz transportiert. Der einzige Überlebende war schließlich derjenige, der die Rolle des abdankenden Todes gesungen hatte.

Wie bereits erwähnt, ist der politische Missbrauch des emotionalen Gehalts von Musik durch Diktaturen nur eine besonders grobe Version eines Missbrauchs hoher Kunst, und es existieren durchaus auch »sanftere« Formen der Degradierung zur »Musik als Ware« (Adorno), so etwa im Bereich der Werbung oder bei sonstigen Kommerzialisierungsmaßnahmen. Leider weit verbreitet ist auch ein gewisser Missbrauch der Musik durch verführerische Vermarktungsstrategien im Musikmanagement, denen viele künstlerisch und charakterlich zu wenig gefestigte Musiker nur zu rasch verfallen.

Dass die in Deutschland nach dem Zweiten Weltkrieg einsetzende Phase der Avantgarde, anders als die expressionistisch orientierte »klassische« Zwölftontechnik, weitgehend emotionale Abstinenz übte und mit entsprechend genau vorbestimmten und vorkalkulierten musikalischen Parametern arbeitete, dürfte vermutlich auch eine Reaktion auf den Missbrauch des emotionalen Gehalts der Musik durch den Nationalsozialismus gewesen sein.

Moderne und Avantgarde als »Glasperlenspiel«?

Nach meiner Übersiedlung 1949 als Kind aus den USA nach Europa zusammen mit meinen Eltern und meinem jüngeren Bruder habe ich, wenn ich bei meinen Eltern wohnte und mich zu Hause aufhielt, das tägliche, stundenlange Üben meines Vaters auf seiner Bratsche sehr viel bewusster mitverfolgt als im frühen Kindesalter in Kalifornien. Dazu kamen die häufigen Proben mit seinen verschiedenen Klavierbegleiterinnen und -begleitern. Inzwischen verfügte mein Vater über ein damals hochmodernes Drahttongerät, einen sogenannten »Wire Recorder« für Probeaufnahmen, ein gigantisches und höchst unhandliches Ding mit einem Gewicht, welches ich als Neunjähriger unmöglich heben konnte. Nach seiner Orchestertätigkeit in Amerika strengte mein Vater in Europa sogleich eine Solistenkarriere an, bis zu seiner Rückkehr 1955 in die USA, wo er von der Musik zur Literaturwissenschaft überwechselte. Während unseres ersten gemeinsamen zweieinhalbjährigen Aufenthalts in Europa, im österreichischen Salzkammergut ab 1950, stand vor allem zeitgenössische Musik auf dem Programm, das mein Vater für Tourneen quer durch Europa vorbereitete sowie für Aufnahmen in Rundfunkanstalten und für Aufführungen an den Darmstädter Musikferienkursen für Neue Musik, im Münchner Amerikahaus und mit dem Salzburger Mozarteum-Orchester. Er spielte zusammen mit Yaltah Menuhin, einer der beiden Schwestern des großen Geigers, und später mit der Pianistin Dika Newlin u. a. Werke des 1892 geborenen, noch weitgehend tonal orientierten französischen Komponisten Darius Milhaud. Mein Vater konzentrierte sich jedoch von Anfang an auch schwerpunktmäßig auf Bratschenmusik der »Moderne« und der beginnenden »Avantgarde« aus den vierziger- und frühen fünfziger Jahren. Mit der »Moderne« war er schon als Bratschist in der San Francisco Symphony während des Krieges vertraut gemacht worden, da deren Dirigent Pierre Monteux gern auch moderne französische und russische Musik aufzuführen pflegte. In den frühen fünfziger Jahren befasste sich mein Vater viel mit dem Werk des 1900 geborenen österreichischen Komponisten Ernst Krenek, der sich nach einigen Wandlungen seines ganz am Anfang und zeitweise noch in den zwanziger Jahren verhältnismäßig tonalen Kompositionsstils um 1930 Schönbergs Zwölftonmusik zugewandt hatte und deswegen später von den Nazis als »Kulturbolschewist« verfemt wurde. Nach dem »Anschluss« Österreichs 1938 war Krenek in die USA emigriert und hatte sich dann der seriellen und schließlich der elektronischen Musik verschrieben. Mein Vater brachte Kreneks 1949 komponierte Bratschensonate op. 117 zusammen mit dem Pianisten Alexander Kaul im Sommer 1950 bei den Darmstädter Ferienkursen und beim 1. Internationalen Musikstudententreffen in Bayreuth zur Europäischen Erstaufführung.

Obwohl ich bei meinen Eltern und Großeltern in den USA praktisch nur mit klassischer Musik aufgewachsen war, fiel mir die Andersartigkeit atonaler Musik im Alter zwischen zehn und zwölf noch wenig auf, besonders in Anbetracht der Unisono-Melodik der Solobratsche ohne dissonante Harmonien. Nur die oft großen und wenig melodiösen Sprünge empfand ich als so ungewohnt, dass ich einmal meine Mutter daraufhin ansprach. Möglicherweise ließ ich mich von deren eher befremdeten Äußerungen über »moderne« Musik ein wenig beeinflussen, als ich merkte, dass ihr als Erwachsener atonale Musik offenbar gewöhnungsbedürftiger war als mir in meinem Alter. Ich erinnere mich jedenfalls, dass ich manchmal gern auch auf die regelmäßigen Zwischenstimmungen meines Vaters auf seinem Instrument wartete, bei denen sich für mich die glockenreinen Quintenabstände auf den leeren Saiten jedes Mal angenehm erholsam anhörten.

Als wir den Hochsommer 1954 und den darauffolgenden Winter in der Nähe von Florenz verbrachten, studierte mein Vater intensiv eine bereits 1942 komponierte und in den USA uraufgeführte Bratschensolosonate, ebenfalls von Ernst Krenek, ein sowie das »Concertino per viola e orchestra da camera« op. 35 von René Leibowitz. Der französische Komponist lettisch-polnischer Herkunft war nur wenige Jahre älter als mein Vater, dem er dieses Concertino widmete, nachdem sich die beiden bereits 1937 in Paris kennengelernt hatten und seitdem in Verbindung standen. Im Vergleich zum »Concertino« von Leibowitz erschien mir die etwa zehn Jahre früher entstandene Bratschensonate von Krenek in ihrer Atonalität geradezu zahm und vertraut. Mein Vater brachte Kreneks Sonate in den Darmstädter Ferienkursen im August 1954, in Anwesenheit des Komponisten, zur deutschen Erstaufführung, und Leibowitz' »Concertino« wurde von ihm im darauffolgenden Sommer ebenfalls in Darmstadt uraufgeführt. Leibowitz war handwerklich an der Musik Schönbergs, Weberns und Bergs geschult worden und galt als Schlüsselfigur für die Verbreitung von Ästhetik und Technik der Zwölftonmusik in der europäischen Nachkriegsavantgarde. Er war Lehrer der in den fünfziger und sechziger Jahren arbeitenden seriellen Komponisten wie etwa Pierre Boulez und (dem sich von der seriellen Musik allerdings früh wieder abwendenden) Hans Werner Henze, aber auch von dem wieder sehr andersartigen griechischen Komponisten Mikis Theodorakis. In bestimmten Kreisen galt Leibowitz, trotz der Vielfalt seiner kompositorischen Qualitäten, als einer der Väter der seriellen Musik. Ich erinnere mich, wie angeregt, ja beschwingt mein Vater bis Mitte der fünfziger Jahre von den Darmstädter Musikwochen zurückkam und von seinen interessanten Begegnungen mit den dort führenden Komponisten erzählte und wie er sich speziell über das hyperintellektuelle Gebaren von Theodor W. Adorno, von dem offenbar nicht viel menschliche Wärme ausging, lustig machte und dessen etwas gestelzte Diktion in unterhaltsamer Weise nachahmte.

Zur selben Zeit, in der die neugegründete »Gruppe 47« in Deutschland mit der nationalsozialistischen Blut-und-Boden-Dichtung gründlich aufzuräumen versucht und den Startschuss für eine neue, schnörkellose Literatur gibt und wo in der bildenden Kunst die von den Nazis als »entartet« diffamierten und aus den Museen entfernten, ins Ausland verkauften oder auch zerstörten Gemälde in Deutschland wieder ausgestellt werden, geht in der Musik die Entwicklung in großen Sprüngen voran. Man greift hier zurück auf die während der Weimarer Republik entwickelte Zwölftontechnik, baut sie jedoch auch mit der seriellen Musik wesentlich aus. Die serielle Musik ist nicht eine Alternative zur »klassischen« Zwölftontechnik, sondern umfasst, erweitert und verkompliziert sie in konsequenter Weise, allerdings auf einer einseitig technischen Ebene. Auch bei ihr wird der Tonhöhenverlauf als Reihe festgelegt. Darüber hinaus werden in der seriellen Musik auch die Parameter Tondauer, Lautstärke und Klangfarbe quantifiziert und in einer vorab festgelegten Proportion reihenmäßig erfasst.

Anders als die noch expressiv ausgerichtete und um Wahrheitsfindung bemühte Zwölftontechnik Schönbergs ist die serielle Musik in meinen Augen nur eine sinn- und wertfreie, reine Mathematisierung von Musikverläufen ohne erkennbare Emotionalität, gefangen in einem ausgeklügelten System aus immer gleichzeitig einzuhaltenden verschiedenen Tonreihungsprinzipien und -regeln und ohne jeden ästhetischen Reiz. Allerdings folgte selbst die wertfreie serielle Musik ganz generell einem für die Nachkriegszeit nachvollziehbaren Ideal, nämlich dem Ideal der Freiheit, das sogar zum Schlüsselbegriff für Darmstadt wurde. Gemeint war damit der Drang nach Loslösung von allen musikalischen Konventionen, obwohl die einzelnen Mitglieder dieser neuen, nach dem Zweiten Weltkrieg vorherrschenden Schule alles andere als frei waren, wenn man den kompositionstechnisch eng abgesteckten Rahmen der Nachkriegsavantgarde betrachtet.

Nach Jahrhunderten untertäniger Abhängigkeit von Kirche und Adel, Bürgertum und Massenpublikum konnten Komponisten endlich tun und lassen, was sie wollten – sogar Stilrichtungen propagieren, die ihre Wahlfreiheit beschränkten. Stockhausen, An-

führer der jungen deutschen Komponistengilde, formulierte es so: »Schönbergs große Leistung … war der Freiheitsanspruch für den Komponisten: Freiheit *von* den vorherrschenden Vorlieben der Gesellschaft und ihrer Medien: Freiheit *zur* unbeeinflussten Entwicklung der Musik.«
(Alex Ross: The Rest is Noise. Das 20. Jahrhundert hören. München 2009, S. 434)

Angesichts der Freiheit als einzigem Ideal dieser Musik muss ich an Hermann Hesses in den dreißiger Jahren geschriebenen, umfangreichen Roman »Das Glasperlenspiel« denken. In diesem entwirft der Autor mit (männlichen, zölibatär lebenden) Gelehrten eine Zukunftswelt, die sich in einem straff organisierten und elitären Orden einer heilen, abgeschotteten Welt in der Perfektion der Wissenschaften und Künste entfaltet und darin ihren Selbstzweck sieht. In dieser Bildungszivilisation herrscht ein Kulturzustand, in dem nichts Neues, Aufregendes und Abenteuerliches mehr entdeckt und geschaffen, sondern nur mit Vorhandenem »gespielt« wird. »Glasperlenspiel« ist der Ausdruck für dieses selbstzweckhafte, eitle und unkreative Hantieren mit kulturellen Klischees.

Die serielle Musik hatte ihre große Zeit sehr bald nach Kriegsende bis in die späten fünfziger Jahre besonders in den zuerst noch alljährlichen, dann aber seltener stattfindenden Darmstädter Ferienmusikkursen sowie in Donaueschingen und anderen Zentren avantgardistischer Musik. Die meisten ihrer Hauptvertreter wie Karlheinz Stockhausen und Luigi Nono und bis zu einem gewissen Grad auch Pierre Boulez erweiterten während des langsamen Übergangs von der Moderne zur sogenannten Postmoderne ab den sechziger Jahren das System der seriellen Musik in andere, noch näher aufzuzeigende Richtungen, oder sie wandten sich, wie Hans Werner Henze, ganz davon ab. Bei anderen wiederum beruhte ihre Musik von Anfang an auf einem geistig andersartigen Konzept, in die serielle Techniken lediglich integriert wurden. Hierbei wäre vor allem der französische Komponist Olivier Messiaen zu nennen, der sich selbst ganz anders als einen Klänge mit Farben assoziierenden »Synästhetiker« zu bezeichnen pflegte, obwohl er in seinem Werk »Mode de valeurs et d' intensités« mehr oder weniger zufällig den Serialismus »erfunden« hatte, ohne danach diese Richtung weiterzuverfolgen.

Lassen sich von Hermann Hesses »Glasperlenspiel« nur indirekt beunruhigende Assoziationen zur Avantgarde der Musik der vierziger und fünfziger Jahre ziehen, so werden wir in Thomas Manns gegen Ende des Zweiten Weltkrieges in Angriff genommenen und 1947 abgeschlossenen Roman »Doktor Faustus« direkt mit einem erschreckend düsteren Bild der Neuen Musik des 20. Jahrhunderts konfrontiert. Wenngleich die Zwölftonmusik Schönbergs einen zentralen Raum in diesem Roman einnimmt, erscheint dort darüber hinaus ansatzweise auch die Nachkriegsmusik eines Pierre Boulez und anderer Zeitgenossen vorausschauend vorgezeichnet. Verstärkt wird dieser Eindruck durch die kausale Verknüpfung dieser Musik mit dem Schicksal des Dritten Reiches sowie mit der Aktualisierung des faustischen Teufelspakts in diesem Roman, gefolgt von der Höllenfahrt sowohl des Protagonisten, des deutschen Tonsetzers Adrian Leverkühn, als auch von dessen in den totalen Bankrott abgestürztem deutschen Vaterland. Das für mich persönlich Bedeutsamste an diesem Musikerroman ist, dass er, ein durch und durch trauriges und schmerzliches Untergangsbuch, nicht in schierer Verzweiflung endet, sondern mit einer ganz am Schluss im Oratorium »Dr. Fausti Weheklag« aus tiefster Heillosigkeit musikalisch leise, aber nachhaltig zum Ausdruck gebrachten »Hoffnung jenseits der Hoffnungslosigkeit«.

»Hoffnung jenseits der Hoffnungslosigkeit«
in Thomas Manns »Doktor Faustus«

Adrian Leverkühn, 1885 in der Nähe von Weißenfels an der Saale geboren, ist schon in der Frühperiode seines künstlerischen Schaffens als knapp Zwanzigjähriger bestrebt, sich über die Zwischenphase impressionistischer Ideen von allen Bindungen an die Konventionen romantischer Musik zu lösen. Dabei hinterlässt sein erstes Studienfach Theologie ebenfalls immer deutlichere Spuren in seiner Musik. Dazu gehören sowohl eine Solokantate für Bariton, Orgel und Streichorchester als auch insbesondere die beiden kultisch sakralen Hauptwerke der letzten Periode: das Oratorium »Apocalipsis cum figuris«, eine Huldigung an Albrecht Dürers Holzschnittreihe zur Apokalypse, und das eben erwähnte Oratorium »Dr. Fausti Weheklag«. Der den beiden Werken gemeinsame christlich-mittelalterliche Hintergrund erklärt einerseits die dort unverkennbaren Reminiszenzen vorklassischer Meister wie etwa die der Niederländer oder auch von Claudio Monteverdi. Andererseits wird in ihnen auch ein äußerst gewagter, polymelodischer Stil aus den stürmischen zwanziger Jahren des 20. Jahrhunderts konzessionslos vollendet und zu einem neuartigen Ganzen zusammengefügt.

In einem Nachsatz zu seinem Roman schreibt Thomas Mann, »dass die im XXII. Kapitel dargestellte Kompositionsart, Zwölf Ton- oder Reihentechnik genannt, in Wahrheit das geistige Eigentum eines zeitgenössischen Komponisten und Theoretikers, Arnold *Schönbergs* ist ... Überhaupt sind die musiktheoretischen Teile meines Buches in manchen Einzelheiten der Schönbergschen Harmonielehre verpflichtet.«

Im biographischen Bericht des Erzählers Serenus Zeitblom über seinen »in Gott ruhenden, unglücklichen Freund« wird der Weg des Musikers Leverkühn immer deutlicher mit dem Weg der tausendjährigen Geschichte Deutschlands »ins Nichts, in die Verzweiflung« verbunden, der sich »als unselig verfehlt, als Irrweg erwiesen« hat. Ein solcher Weg ist auch derjenige des deutschen Tonsetzers Adrian Leverkühn. Dessen »Apocalipsis cum figuris« nennt Zeitblom dementsprechend eine »Prophetie des Endes«.

Im Zentrum der Gemeinsamkeit zwischen dem biographischen und dem musikalischen Weg Leverkühns und demjenigen Deutschlands liegt der Pakt beider mit dem Teufel.

Was Adrian Leverkühn betrifft, so ist dieser bereits während der theologischen Vorlesungen des Privatdozenten Eberhard Schleppfuß an der Universität Halle mit Hölle und Teufel hinreichend vertraut gemacht worden. Wenige Jahre später erscheint ihm der Herr der Hölle eines Abends leibhaftig, »unerwartet und doch längst erwartet« im Dunkeln, als Leverkühn sich sofort »von schneidender Kälte getroffen« fühlt. Es folgt ein weitläufiges Gespräch, in dem der ihn bedrängende Besucher irgendwann erklärt, dass der von Leverkühn erwartete faustische Vertrag gar nicht mehr abgeschlossen werden muss, weil er schon längst in Kraft ist, nämlich seit dem Tage, an dem sich der damals Einundzwanzigjährige in einem Freudenhaus in Pressburg seine »Genie spendende Krankheit« geholt hat. Für die Abgabe seiner Seele an den Höllenfürsten als Preis dafür hat er vierundzwanzig Jahre Zeit bekommen, um diese für die Schaffung von musikalisch Unerhörtem und Revolutionärem zu nutzen. Dieses Abkommen enthält jedoch eine Bedingung: Adrian Leverkühn muss der Liebe für immer entsagen.

Der andere »Vertrag«, den Deutschland »mit seinem Blut gezeichnet hatte«, um »die Welt zu gewinnen«, wird erst auf der letzten Seite des Romans erwähnt. Eine bestechende Parallele zum vertraglichen Liebesverbot an Leverkühn lässt sich, nur ein halbes Jahrhundert vor Hitler, in Richard Wagners musikdramatischem Epos, dem bereits erwähnten »Ring des Nibelungen«, finden, wo der Zwerg Alberich die Liebe verfluchen muss, um, von kalter Machtgier dämonisch getrieben, die Welt zu gewinnen (vgl. dazu Klaus Pringsheim: Der Tonsetzer Adrian Leverkühn. Ein Musiker über Thomas Manns Roman. In: Der Monat. Eine Internationale Zeitschrift. Jg. 1, Nr. 4, Frankfurt am Main, Januar 1949, S. 90).

Am Ende des Romans, unter dem unmittelbaren Eindruck des eben stattgefundenen schauerlichen Untergangs des Dritten Reichs, weist der Biograph Zeitblom rückblickend auf das Jahr 1929 und den sich damals anbahnenden, endgültigen Zusammenbruch auch seines zuletzt von mehrfachen schweren menschlichen Verlusten heimgesuchten Freundes hin. Wie in einem letzten Aufbäumen wird dieser, sozusagen als Ausgleich für seinen Entzug an Lebensglück und Liebeserlaubnis, von einer letzten ungeheueren, schöpferischen Aktivität erfasst. Leverkühn schreibt unter »Schmerzen und Schauern« und als »Klage des Höllensohns, die furchtbarste Menschen- und Gottesklage, die ... auf Erden je angestimmt worden ist«, die symphonische Kantate *Dr. Fausti Weheklag*. Es ist ein apokalyptisches Oratorium mit den Worten »Denn ich sterbe als ein böser und guter Christ« als Generalthema des Variationenwerks. Die Kantate ist »ein Werk äußerster Kalkulation, zugleich rein expressiv« (»eben das zwölftönige«), mit einem Kontrastprogramm, bestehend aus überwältigender Klage und aus Ausbrüchen »infernalischer Lustigkeit«. Der gigantische Aufführungsapparat ist zusammengesetzt aus einem in mehrere selbständige Orchester zu zerlegenden Instrumentalkörper und aus ebenfalls vielfach geteilten Sängergruppen sowie Flüster- und Sprechchören. Dieser musikalische Nachlass Leverkühns ist ein Lied an die Trauer, ein Ausdruck der Zurücknahme, eine seherische Vorwegnahme des Untergangs und damit auch eine Negativität des Religiösen, also ein vom Abfall und von der Verdammnis handelndes Werk. Es kann als ein Gegenstück zu Beethovens »Neunter« gesehen werden, welche vom ersten Takt an auf den Vokaljubel des Finales, auf das »Lied an die Freude« ausgerichtet ist. Der umgekehrte Weg dieser gigantischen Musikschöpfung in den Abgrund ist jedoch auch der Weg des deutschen Tonsetzers Adrian Leverkühn. Er beinhaltet zugleich die Zurücknahme all dessen, was im Lauf eines Vierteljahrtausends unter dem Namen »Musik« Bedeutung erlangt hat (vgl. Klaus Pringsheim, a. a. O., S. 87).

Aber dann folgt in der unendlichen Klage im orchestralen Schlusssatz ganz leise und mit »der sprechenden Unausgesprochenheit, welche nur der Musik gegeben ist« eine »letzte Sinnesverkehrung«. Diese bringt zwar keinesfalls Vertröstung, Versöhnung oder gar Verklärung. Aber es keimt aus ihr, einem religiösen Paradoxon entsprechend, »als leiseste Frage ... die Hoffnung jenseits der Hoffnungslosigkeit, die Transzendenz der Verzweiflung, – nicht der Verrat an ihr, sondern das Wunder, das über den Glauben geht«. Denn ganz am Schluss tritt eine Instrumentalgruppe nach der anderen zurück, und übrig bleibt zuletzt »das hohe g eines Cello, das letzte Wort, der letzte verschwebende Laut, in pianissino-Fermate langsam vergehend. Dann ist nichts mehr, – Schweigen und Nacht. Aber der nachschwingend im Schweigen hängende Ton, der nicht mehr ist, dem nur die Seele noch nachlauscht, und der Ausklang der Trauer war, ist es nicht mehr, wandelt den Sinn, steht als ein Licht in der Nacht.«

Wie bereits mehrfach angedeutet, findet nach den Wogen, die die avantgardistische Musik zwischen Kriegsende und dem Anfang der sechziger Jahre geschlagen hat, ein überfälliger Paradigmenwechsel statt. So wie die völlige Erschöpfung der tonalen Musik zur Jahrhundertwende zu den verschiedenen Varianten und Phasen der Atonalität in der Musik geführt hat, so scheint in deren extremster Form, der Avantgarde, relativ rasch eine weitgreifende Ermüdung eingetreten zu sein. Damit stellt sich die Frage, wieweit von der sogenannten »Postmoderne«, die unmittelbar auf die Avantgarde reagiert und das Musikleben jedenfalls der nächsten zwanzig Jahre bestimmt, neue Anstöße ausgehen werden zu einer Realisierung jener im »Doktor Faustus« beschworenen »Hoffnung jenseits der Hoffnungslosigkeit«.

Um die Entwicklung der Musik in der ersten Hälfte des äußerst bewegten und zerrissenen 20. Jahrhunderts noch leichter in die gesamte abendländische Musikgeschichte auf dem Hintergrund meiner Grundfragestellung einordnen zu können, erscheint es mir wichtig, gerade an diesem Wendepunkt zwischen Moderne und Postmoderne einen Zwischenrückblick über die gesamten bisherigen Erörterungen in diesem Buch zu geben.

Zusammenfassender Rückblick

Wie schon im Kapitel über Franz Schubert angedeutet, drückt sich die Fragestellung dieses Buchs, wann, wo und wieweit die variationsreiche abendländische Musik in ihren unterschiedlichen Epochen und Entwicklungsphasen als Quelle für eine menschlich und gesellschaftlich aufbauende (religiöse wie nichtreligiöse) Sinnerfahrung, Werteorientierung und entsprechende ethische Grundhaltung gelten kann, am konkretesten aus in der Zeile »Hast mich in eine bess're Welt entrückt!« aus Schuberts Lied »An die Musik«. Anhand des Bildes von der »Entrückung« durch Musik in eine »bess're Welt«, das Franz von Schober in seinem Gedicht entworfen hat, glaube ich die Gemeinsamkeiten wie Unterschiede zwischen den Epochen des Barock, der Wiener Klassik, der Romantik und der Moderne erkennbar aufzeigen zu können.

Würde das besagte Gedicht mit dem Bild von der »Entrückung« in eine »bess're Welt« durch Musik aus der Epoche kirchlich religiöser Gebundenheit in Mittelalter und Barock stammen, wäre dieses damals sicherlich vor allem überirdisch transzendent zu verstehen gewesen – etwa im Sinn von Musik als »Vorspiel auf die Ewigkeit« (»musica colludium aeternitatis«, siehe Unterkapitel S. 31) in der Gregorianik, beim »stile antico« wie auch nach Martin Luthers Musikverständnis und danach besonders in der Musik des deutschen Barock bis Johann Sebastian Bach. Der Text des 1817 von Schubert komponierten Liedes wurde jedoch im frühen 19. Jahrhundert verfasst, in dem der harmonisch kosmische Gottesbezug der Menschen (und somit auch der Kunst- und Kulturschaffenden) zunehmend durch den Fokus auf die Welt des individuellen menschlichen Gefühls abgelöst wurde. Hätte etwa Haydn als der älteste Vertreter der Wiener Klassik von Schobers Gedicht vertont, hätte zwar in dem besagten Vers, vermutlich noch mehr als bei Schubert oder gar Schumann und Brahms, ein überirdisch religiöses Verständnis von einer »bess'ren Welt« deutlich mitgeschwungen. Aber das Hauptgewicht hätte auch schon in Haydns Musik auf der gefühlsmäßigen und weniger religiös verstandenen Entrückung und Verzückung gelegen. Später bei Schubert und Schumann sowie Brahms bezog sich diese Art von Entrückung noch weiter, über den Menschen hinaus, auch auf die ihn umgebende Naturidylle besonders in der poesievollen und ausdrucksstarken Vokalmusik der deutschen Romantiker. Nur in den letzten von diesseitigem Todesgrauen, von Verzweiflung und tiefer Einsamkeit erfüllten späten Werken von Mozart und Beethoven und vor allem von Schubert und Schumann ist von jener »bess'ren Welt« nicht mehr viel zu spüren oder allenfalls etwas auf einer jenseitigen Ebene zu erahnen.

Wie aber sieht es in der Hoch- und Spätromantik im ausgehenden 19. Jahrhundert aus und dann besonders während des gleitenden Übergangs von der Spätromantik zur Moderne während der Jahrhundertwende und schließlich erst recht im krisengeschüttelten 20. Jahrhundert? Da das Weltbild dieser Zeit angesichts der in der Kunst und den Humanwissenschaften immer tiefer ausgeloteten Abgründe der menschlichen Seele von zunehmenden Zweifeln an der Integrität des Menschen geprägt ist und dessen Selbstgewissheit zunehmend schwächt, erscheint die Vorstellung von der Entrückung in eine »bess're Welt« als immer fragwürdiger.

In der Epoche der Romantik findet in der Musik und im Bewusstsein ihrer Komponisten eine laufende *Werteverschiebung* statt, in der sich die radikal sich wandelnden gesellschaftlichen Verhältnisse durch die bürgerliche und industrielle Revolution widerspiegeln. Eine erstrebenswerte »bess're Welt« befindet sich kaum mehr in einem von Gott regierten Himmel sowie immer weniger in den in ihrer Glaubwürdigkeit angezweifelten Gefühlsentrückungen des einzelnen Menschen. Schon im Zeitalter des aufstrebenden Nationalstaatentums, also tief im 19. Jahrhundert, liegt sie bei einigen Komponisten in der ersehnten und hart zu erkämpfenden politischen Freiheit und Souveränität des eigenen, von falschen Mächten beherrschten Heimatlandes. Dies drückt sich besonders leidenschaftlich aus in den Mazurken und Polonaisen und mehr oder weniger im gesamten Klavierwerk Chopins sowie in herausragenden Kompositionen von Smetana und Dvořák und in der Opernwelt Giuseppe Verdis. In dem Maß allerdings die dunklen, ja zerstörerischen Aspekte eines Nationalismus um die Jahrhundertwende langsam überhandnehmen, kristallisiert sich aus der Musik wie aus der Kunst und Kultur überhaupt ein neuer Wert heraus, der dem Begriff der »bess'ren Welt« eine neue Bedeutung verleiht. Es ist, beginnend mit der Programmmusik von Berlioz und fortgeführt in der Licht- und zugleich Schattenwelt Liszts und Wagners noch deutlich vor dem Ende des 19. Jahrhunderts, die schonungslose Suche nach einer Wahrheit über den mindestens zweigesichtigen, wenn nicht sogar abgrundtief schlechten Menschen in einem unentwirrbar offenen Kosmos voller wunderlicher mythischer Projektionsgestalten wie Geister, Dämonen und Hexen und in Wagners »Götterdämmerung« außerdem verbrecherische Gottheiten.

Man ist sogar ganz allmählich und in mehreren Schritten und Abstufungen bereit, diesem unerbittlichen Wahrheitsanspruch ästhetische Werte zu opfern. Diesem Phänomen begegnen wir bereits ansatzweise in den dissonantenreichen Höllenszenen der Programmmusik von Berlioz und Liszt, wobei Letzterer, etwas paradox, bis zu seinem Lebensende in seiner seltsamen priesterlichen Aufmachung als »Abbé« nie die Hoffnung auf die Existenz »einer bess'ren Welt« im Sinn eines überirdischen Himmels und eines erlösenden Gottes aufgegeben hat. Auch Wagner ist noch von einer Sehnsucht nach Erlösung des Menschen aus seinem selbstverschuldet beklagenswerten Dasein gefangen. Er hofft in seinen masochistisch schwülen Untergangsschwelgereien auf die Kraft der mitleidvoll vergebenden Liebe. Und er versteht es meisterhaft, diese Inhalte im Gewand genialer harmonischer Neuerungen und leitmotivischer Gestaltung suggestiv beschwörender und verführerisch überschöner Klänge zu transportieren. Daraus ergibt sich eine eigenartig enge Verbindung zwischen den in seinen eigenen Libretti mythisch verkleideten, niederschmetternden Wahrheiten über uns und einer auch in den dämonischsten Momenten immer noch überquellenden musikalischen Ästhetik. Jedenfalls kann ich mir nirgends besser als bei den Hörern der Bayreuther Festspiele vorstellen, was es heißt, sich in eine (sich allerdings etwas fiebrig anfühlende) »bess're Welt« entrücken zu lassen. Der frühe Bruckner setzt an den kühnen harmonischen und chromatischen Neuerungen Wagners an und entwickelt sie weiter in Richtung einer Auflösung der Tonalität und des Grundtonbezugs, übernimmt dabei jedoch keinesfalls dessen pessimistische Weltsicht. Ganz im Gegenteil belebt er in seiner Musik neu den in seiner Zeit weitgehend verlorengegangenen Glauben an einen festen, verlässlichen Gott in seiner ergreifend unprätentiös-schlichten Frömmigkeit.

Die »bess're« oder vielleicht eher »schön're Welt« Debussys und Ravels bewegt sich fast ganz im hochästhetischen Spiel des vom Klangbild besonders von der javanischen pentatonischen Stimmung inspirierten französischen Impressionismus, wobei dieser speziell bei Debussy zusätzliche Impulse erhält von seiner gebetsähnlichen Zwiesprache mit der von ihm häufig aufgesuchten, quasi religiös verehrten, farbenstarken Natur. An ihr setzt dann am Vorabend des Ersten Weltkriegs der von düsteren Vorahnungen erfüllte Igor Strawinski mit seiner inzwischen ganz der Moderne angehörenden, expressiven und von neuartig kraftvoller und scharfer Rhythmik dominierten Ballettmusik an, besonders in dem überaus erdnahen, aus einem heidnisch-religiösen Mythos entnommenen Erlösungsdrama »Le sacre du printemps«.

Nach der restlosen Entmythologisierung der Spezies Mensch durch den die bürgerliche Ordnung und Sinnorientierung aushöhlenden Ersten Weltkrieg sowie durch die flankierenden wissenschaftlichen Erkenntnisse der Tiefenpsychologie und Psychoanalyse um die Jahrhundertwende tritt in der an Mahlers Vorahnungen anknüpfenden und ganz der *Emanzipation der Dissonanz* verpflichteten Zwölftonmusik der Wiener Schule Schönbergs das ästhetische Moment zugunsten einer in der Musik expressiv zum Ausdruck gebrachten, auch unschönen *Wahrheit* über das menschliche Innenleben weit zurück. Hier spätestens kann, ja muss gefragt werden, in welche »bess're Welt« Musik überhaupt noch »entrücken« kann. Ich antworte: Eine »bess're Welt« gibt es überall dort, wo es Sinn gibt. Und in der Moderne vor dem Zweiten Weltkrieg lag der Sinn in der Aufdeckung einer noch so provozierend schonungslosen *Wahrheit* über den Menschen mit expressionistisch musikalischen Mitteln. Nicht mehr der mittelalterliche, gestirnte Himmel Gottes ist die »bess're Welt«, nicht mehr die als immer illusorischer erkannte Sicht von der gefühlsbetonten, freien Individualität des Menschen oder seiner Zugehörigkeit zu einer bestimmten, um ihre politische Unabhängigkeit und Freiheit kämpfenden Nation. Vielmehr ist es jetzt der Mut, der unbequemen Wahrheit über uns ins Auge zu sehen und vielleicht die diesbezüglichen Erkenntnisse für eine Beeinflussung unserer Existenz in eine »bess're« Richtung zu nutzen.

Diese Chance scheint allerdings, wie spätestens beim Ausbruch des Zweiten Weltkriegs evident wurde, nicht genutzt worden zu sein. Die Wahrheit über uns radikalisierte sich zuletzt mit Auschwitz und Hiroshima in einer kurz zuvor noch völlig undenkbar schrecklichen Weise. Die Konsequenz in der abendländischen Kunstmusik war dementsprechend, nach der Ablösung des Ideals der *Wahrheit* durch das Ideal der unbegrenzten ideologischen *Freiheit*, die Konstruktion einer die Vorkriegs-Moderne erstmalig zu einer rein rechnerischen Entseelung und damit generell in eine Sinnleere und Sinnferne weiterführenden Musik der sogenannten »Avantgarde«, die in Thomas Manns »Doktor Faustus« musikalisch nur noch mit einer umfassenden, verzweifelten Menschen- und Gottesklage bedacht werden konnte.

Und hier steht die Musik des 20. Jahrhunderts tatsächlich am Scheideweg. Denn wo Musik nicht mehr in eine »bess're Welt« – mit oder ohne Gott – entrücken kann oder wenigstens in die Welt einer provozierenden Wahrheit mit dem Ziel radikaler und schonungsloser Auseinandersetzung mit dieser (wobei diese Art einer Auseinandersetzung und eine ebenso leidenschaftliche Suche nach Gott letztlich gar nicht so weit voneinander entfernt sind), ist Musik sinnlos und damit letztlich nicht mehr Musik, sondern sinnleeres Geräusch oder Lärm.

Und genau hier setzt die »Hoffnung jenseits der Hoffnungslosigkeit« und das »Licht in der Nacht« ganz am Ende des »Doktor Faustus« an. Es ist die auch in den finstersten Augenblicken nicht auszulöschende Sehnsucht des Menschen nach einer »bess'ren Welt« und seine nie ganz zu verdrängende Hoffnung auf eine Musik mit zumindest Ansätzen zu einem *Vorspiel auf die Ewigkeit.*

Neue Sinnsuche
in der Postmoderne

»Seit die Kultur vom Kultus abgefallen ist und aus sich selber einen gemacht hat, ist sie denn auch nichts andres mehr, als ein Abfall, und alle Welt ist ihrer nach bloßen fünfhundert Jahren so müd und satt, als wenn sie's, salva venia, mit eisernen Kochkesseln gefressen hätt …«
(der »Teufel« in Thomas Manns »Doktor Faustus«)

Zwanzig Jahre nach Darmstadt

Musik als politische Kunst:
Hans Werner Henze und Luigi Nono

Wie in einer Vorahnung des nahenden Lebensendes meines Vaters hatte ich Mitte der 1970er Jahre für längere Zeit meine Eltern in Kalifornien besucht, und ich hatte an meinen vierwöchigen Urlaub noch ein sechswöchiges Praktikum an verschiedenen ambulanten psychiatrischen Einrichtungen in San Francisco drangehängt, wofür ich von meiner psychiatrischen Klinik in Deutschland freigestellt worden war. Ich nutzte diese letzten zweieinhalb Monate mit meinem Vater dafür, mit ihm sowohl Kammermusik zu spielen als auch Gespräche mit ihm über Musik zu führen, deren berufliche Ausübung für uns beide inzwischen der Vergangenheit angehörte. Zu diesen Gesprächen gehörte es auch, Rückschau vor allem auf die erste Hälfte der 1950er Jahre zu halten, die für meinen Vater durch die Musik der Moderne mit einem großen musikalischen Erfahrungsschatz ausgefüllt gewesen war. Seine besonders der Avantgarde verpflichtete Solistenkarriere als Bratschist und sein Engagement als Interpret und Lehrer in den Darmstädter Ferienmusiktagen bald nach unserer Übersiedlung von den USA nach Europa lag inzwischen fast ein Vierteljahrhundert zurück.

Ich erinnerte bei dieser Gelegenheit meinen Vater auch einmal an meine Eindrücke seiner Begegnung mit Hans Werner Henze (1926–2012) und einigen anderen damals auf der süditalienischen Insel Ischia wohnenden Musikerkollegen im August 1955, wo wir zum ersten Mal unsere Sommerferien verbrachten. Henze hatte schon zwei Jahre vorher, von den Darmstädter Ferienkursen und von der ganzen avantgardistischen Szene in Deutschland enttäuscht, in Forio d'Ischia Wohnsitz genommen, bevor es ihn bald nach Neapel und Rom weiterzog. Ich war als damals fünfzehnjähriger neugieriger Gast dabei gewesen bei einem abendlichen Treffen mehrerer Musiker und Intellektueller auf der nur mit rußigen Petroleumlampen beleuchteten, kahlen Terrasse eines baufälligen und notdürftig wieder in Betrieb genommenen Restaurants, welches etwas abseits der Bucht Cava dell' Isola an unserem Ferienort Forio d'Ischia direkt am Ufer lag, mit einem traumhaften Blick auf das vom Vollmond beschienene Meer in der spätsommerlich warmen Abendluft. Ich erinnere mich, dass sich mein Vater und Henze lange und angeregt miteinander unterhielten. Auch jetzt, rund zwanzig Jahre später, schien sich mein Vater gut an das zu erinnern, worüber die beiden an jenem Abend gesprochen hatten. Mein Vater hatte, nur kurz nach Henzes Übersiedlung nach Italien, selbst vor seiner Rückkehr in die USA und einem Berufswechsel gestanden, und diese Gemeinsamkeit schien eine günstige Voraussetzung für einen übereinstimmenden Gedankenaustausch zwischen den beiden inzwischen Darmstadt abtrünnig Gewordenen gewesen zu sein. Weiterhin verbindend wirkte wohl auch die ähnliche politische Einstellung der beiden Männer. Daher erscheint es mir nachträglich auch einsichtig, dass etwa zum damaligen Zeitpunkt ein einschneidender konzeptioneller Wechsel Henzes vom seriellen »Glasperlenspiel« der Avantgarde hin zum Genre einer Musik stattfand, die von Musikwissenschaftlern gern mit dem Etikett »Musik als politische Kunst« versehen wird und die maßgeblich das weitere Schaffen des nach 1953 praktisch nur noch in Italien lebenden Komponisten Henze bestimmt hat.

Als früh an Kunst und Musik interessierter Jugendlicher war Henze in der Nazizeit in Konflikt mit seinem Vater geraten, der NSDAP-Mitglied war und seinen Sohn in eine Musikschule der Waffen-SS schicken wollte. Als sein Vater auch noch die homosexuelle Veranlagung seines Sohnes erkannte, soll er gesagt haben, dass »so etwas wie er ins KZ gehöre«. Henze jun. studierte ab 1942 Klavier und Schlagzeug in Braunschweig, wurde jedoch 1944 zum »Reichsarbeitsdienst« eingezogen und kurz darauf als Funker in die Wehrmacht einberufen. Die Erfahrungen dieser Zeit erweckten in ihm nachhaltig ein Gefühl der Mitschuld an der Katastrophe des Krieges und der Naziverbrechen und ließen ihn zeitlebens zu einem leidenschaftlichen Gegner von Krieg und Faschismus werden. Bald nach der Entlassung aus der britischen Kriegsgefangenschaft setzte er sein Studium bei Wolfgang Fortner in Heidelberg und wenige Jahre später bei René Leibowitz in Darmstadt und Paris fort. Zu dieser Zeit setzte sich Henze intensiv mit der Zwölftontechnik auseinander und bezog diese in seine eigenen frühen Kompositionen mit ein. Was die in den frühen 1950er Jahren in Darmstadt dominierende serielle Musik betrifft, so wandte er sich schon sehr bald vehement gegen deren Ideologie, die sich als Inbegriff einer angeblichen Freiheit von herrschenden Vorlieben der Gesellschaft zugunsten einer unbeeinflussten Entwicklung der Musik sah, wohingegen er, Henze, diese Musik gerade als nicht frei, sondern im Gegenteil als eine Einengung jeder Kreativität empfand. Noch 1967 äußerte er:

Bald werden die Clusters, die seriellen Rezitative und die Happe-
nings sich endgültig erschöpft haben, und der junge Komponist
wird sich vergebens in solchem Ödland nach Nahrung für seine
hungrige Seele umsehen.
(Harenberger Komponistenlexikon. Mannheim 2004, S. 418 ff.)

Und in einem Essay über Musik in der Bundesrepublik ungefähr
zur gleichen Zeit schrieb er:

Alles musste stilisiert werden, abstrahiert, Musik betrachtet als
Glasperlenspiel, Versteinerung des Lebens. Disziplin stand auf der
Tagesordnung ... die real existierende Klasse von Musik-Amateu-
ren, Musik-Konsumenten war zu ignorieren.
*(Hans Werner Henze: Musik und Politik, Schriften und Gespräche
1955–1984. München 1984, S. 131)*

Unter der freundlichen Sonne Italiens ließ Henze wieder tonale
Elemente in seine Kompositionen einfließen, welche stark vom
neoklassizistischen Stil des späten Strawinski geprägt waren.
Henze wehrte sich jedoch zeitlebens gegen die Festlegung auf
einen bestimmten Stil oder eine bestimmte Technik. Mein Vater
wusste auch, dass Henze irgendwann der kommunistischen Partei Italiens beigetreten war und dass sein politisches Engagement
während der 1968er Jahre für Schlagzeilen sorgte, als die Uraufführung seines im napoleonischen Zeitalter spielenden, aber
als Gleichnis u. a. für den Vietnamkrieg geltenden Oratoriums
»Das Floß der Medusa« (mit dem Text von Ernst Schnabel) daran scheiterte, dass West-Berliner Mitwirkende sich weigerten,
unter einem Porträt von Che Guevara und einer roten Fahne
aufzutreten.

Auch Henzes Spätwerk mit einem besonderen Schwerpunkt auf Bühnenkompositionen, das mein Vater nicht mehr
kennenlernen konnte, war einerseits vom stark humanen und

politischen Engagement des Komponisten bestimmt. Es bezog andererseits auch die Möglichkeit einer Auseinandersetzung mit historischen Vorlagen aus Musik, Literatur und Malerei mit ein. So werden in dem Werk »Tristan« für Klavier, Tonbänder und Orchester eine anonyme Florentiner Ballade des 14. Jahrhunderts und Motive von Richard Wagner verarbeitet, und die Sologitarrenwerke »Royal Winter Music« enthalten musikalische Porträts von Dramenfiguren Shakespeares.

In Darmstadt hatte mein Vater auch schon früh Luigi Nono (1924–1990) kennengelernt, der, kaum älter als Henze, auch politisch in eine ähnliche Richtung tendierte. Der aus Venedig stammende Musiker hatte über einen seiner Lehrer, den Dirigenten Hermann Scherchen, Zugang zum deutschen Sprachraum, zur deutschen Musik und insbesondere zur Wiener Schule Schönbergs bekommen und ließ sich anfangs stärker als Henze auf die serielle Musik ein. Dass er trotz seines eigenen Weges, den er bald einschlug, der Moderne verpflichtet blieb, war auf sein besonderes Verhältnis zu Arnold Schönberg zurückzuführen, dessen Tochter Nuria er 1955 heiratete, nachdem er diese im Jahr zuvor bei der Uraufführung von Schönbergs Oper »Moses und Aron« in Hamburg kennengelernt hatte. Zwischen 1950 und 1960 nahm er regelmäßig an den Darmstädter Ferienkursen für Neue Musik teil, wo beispielsweise seine »Kanonischen Variationen über eine Reihe von Schönbergs op. 41« uraufgeführt wurden und wo er während der letzten drei Jahre zusammen mit Karlheinz Stockhausen und Pierre Boulez auch als Dozent tätig war. So wie Henze, trat auch Nono der kommunistischen Partei Italiens bei und machte sich, allerdings erkennbarer als Henze, politisch besonders für die Revolution in Kuba und für die Belange der Dritten Welt stark. Auch musikalisch setzte er seine politisch klassenkämpferischen Ideen oft mit ostentativer

Lautstärke und Dichte seiner Instrumental- und Vokalkompositionen um, jedoch nicht mit den Mitteln des sozialistischen Realismus, sondern mit überwiegend seriellen Techniken der Neuen Musik. In den 1960er Jahren schrieb er Stücke mit dem Thema Intoleranz und Gewalt gegenüber Flüchtlingen (»Intolleranza 1960«), über den Spanischen Bürgerkrieg (»Epitaffi per Federico García Lorca«), den Holocaust, die Folgen eines Atomkrieges (»Sul ponte di Hiroshima«) und gegen die Belastungen der kapitalistischen Arbeitswelt, sowie über die Studentenrevolte von 1968. Nonos späteres Schaffen ist hingegen wieder mehr geprägt von subtil lyrischer Zurücknahme, wie etwa im Streichquartett »Fragmente – Stille. An Diotima« von 1979. In den frühen sechziger Jahren begann er mit ersten Tonbandkompositionen, in denen er die Möglichkeiten der Elektronik in der Musik ausschöpfte.

Mein Vater brachte bei unserem gemeinsamen Rückblick das Ganze auf den Nenner, dass die Avantgarde der fünfziger Jahre in ihrem Freiheitsrausch nach dem Nachkriegs-Neubeginn so blind vor Begeisterung vorwärtsgestürmt war (und auch er zusammen mit ihr), dass bald eine Erschöpfung eintreten musste, wohingegen die Postmoderne mit mehr Bedächtigkeit einen umfassenden und damit weiterführenden Rundblick auf die Künste (nicht nur auf die Musik) vollzog und in diesem Sinn nicht nur zwanghaft nach vorn, sondern auch historisch rückblickend auf Traditionen schaute, an denen sich wirklich kreativ und innovativ anknüpfen ließ. Anstelle des eindimensional Linearen rückten das Zirkuläre, die Wiederkehr, Montage, Zitat und Stilpluralismus in den Vordergrund.

Aleatorik:
Pierre Boulez, Karlheinz Stockhausen, John Cage

In diesem Sinne war in den 1970er Jahren für mich neu, was mir
mein Vater über das jedenfalls theoretisch interessante Konzept
der *Aleatorik* berichtete. Er hatte deren Anfänge wohl gerade
noch in Darmstadt, zumindest gesprächsweise, von Pierre Boulez und Karlheinz Stockhausen mitbekommen, die zwar damals
noch primär seriell arbeiteten, diese neuen, ungewöhnlichen
Wege jedoch zumindest schon vorbahnten. Mir war auch so, als
hätte mein Vater die amerikanische Richtung der Aleatorik, mit
John Cage an der Spitze, bis in die siebziger Jahre hinein von
Amerika aus mitverfolgt und sich seine Gedanken dazu gemacht.

Wie der Name Aleatorik sagt (von *ala*, der Würfel), handelt es
sich dabei um Zufallsmusik. Diese Kompositionstechnik entstand bereits Mitte der 1950er Jahre ebenfalls als Gegenreaktion
auf den Rationalismus der seriellen Musik. Die Komponisten
überließen die Entscheidungen über den Verlauf eines Musikstücks dem Zufall, womit auch der Hörer zu einer neuen Offen-
heit gegenüber dem musikalischen Geschehen angeregt werden
sollte.

Die Prägung des Begriffs Aleatorik geht in erster Linie zurück
auf den französischen Komponisten, Dirigenten und Musiktheo-
retiker Pierre Boulez (geb. 1925), der 1956 während der Darmstädter Ferienkurse für Neue Musik einen mit »Alea« betitelten,
aufsehenerregenden Vortrag hielt und die Grundzüge dieser Zufallsmusik erläuterte, die in der Tat nichts mit unkontrollierter
Willkür zu tun hatte. Ihr Hauptmerkmal ist vielmehr die Varia-
bilität und Vieldeutigkeit einer musikalischen Gestalt, so dass
Musikwerke im Sinn der Aleatorik keine in sich geschlossenen

Kunstwerke mehr sind. Boulez strebte eine musikalische Entwicklung an, die »in verschiedenen Stadien, auf unterschiedlichen Ebenen der Komposition ›Chancen‹ eintreten« lässt. Das Ergebnis ist dann eine »Aneinanderreihung von aleatorischen Ereignissen innerhalb einer gewissen Dauer, welche selbst unbestimmt bleibt« (Pierre Boulez. »Alea«. In: J. Häusler (Übers.): Pierre Boulez. Werkstatt-Texte. Berlin 1966, S. 104 f.). Und: Das Werk muss »eine gewisse Anzahl möglicher Fahrbahnen bieten …, wobei der Zufall die Rolle einer Weichenstellung spielt, die im letzten Augenblick eintritt« (Pierre Boulez: Zu meiner III. Sonate. In: W. Steinecke (Hg.). Darmstädter Beiträge zur Neuen Musik, Bd. 3, Mainz. 1960, S. 30). Die Ausgangssituation besteht jeweils in der Vorgabe von Spielanweisungen oder Graphiken als Muster für den Verlauf der Interpretation, die immer eine individuelle und spontane Umsetzung jener Muster durch den Interpreten ist. Diesem steht es frei, welche Teile eines Stücks er weglässt oder austauscht, an welcher Stelle im Werk er überhaupt anfangen und aufhören will und welche Tondauer, Tonhöhe und Klangfarben er aus einer vorgegebenen Gesamtheit selbst wählt. Dieses Verfahren aleatorischer Zufallsmusik arbeitet grundsätzlich nicht mit den bekannten Tonsystemen, sondern mit Tönen bzw. periodischen Schwingungen und dem Charakter unterschiedlichster Geräusche, die für das jeweilige Instrument spezifisch sind. Auch wenn Boulez die Konzeption des Zufalls bis in sein spätes Schaffen nutzt, so ändert dies nichts an seiner bleibenden Verpflichtung gegenüber der seriellen Musik seit seiner frühen Klaviermusik wie etwa in den »Structures« für zwei Klaviere sowie in der Klaviersonate Nr. 3. Insgesamt ist es Boulez zeitlebens daran gelegen gewesen, Rationalität und Logik mit den poetischen Traditionen der französischen Musik, insbesondere des Impressionismus zu verbinden.

Von Karlheinz Stockhausen (1928–2007), der als Kind beide Eltern im Krieg verloren hatte, berichtete mir mein Vater bereits nach seinen letzten Besuchen in Darmstadt Mitte der 1950er Jahre. Er nannte den seit 1950 innovativ komponierenden jungen Rheinländer einen »kühlen musikalischen Technokraten«. Das Konzept der aleatorischen Zufallsmusik lag eigentlich nur ganz am Anfang im Mittelpunkt von Stockhausens kompositorischer Tätigkeit. 1956, im Jahr von Boulez' bahnbrechendem Vortrag, entstand Stockhausens formal sehr vieldeutiges Klavierstück XI Nr. 7 und 1962 die »Momente« Nr. 13 für Sopran, Chor und 13 Instrumente. Ich glaube, dass mein Vater in den siebziger Jahren keinen Kontakt mehr zu Stockhausen unterhielt, der sich schon früh und immer intensiver mit der elektronischen Musik beschäftigte. Auch religiöse und mystische Themen christlicher wie auch fernöstlicher Provenienz spielten bei dem seit seiner frühen Jugend im rheinischen Katholizismus verankerten, aber seit den 1960er Jahren auch an der fernöstlichen Mystik interessierten Musiker in seinem von vielen als »esoterisch« kritisierten Spätwerk eine Rolle. So etwa im Werk »Inori« (japanisch für »Gebet« oder »Gebete«) oder in seiner 1977 begonnenen und erst 2005 vollendeten Heptalogie »Licht«, einem monumentalen Opus mit autobiographischen Zügen. Unvollendet blieb seine elektronische Komposition »Klang«, ein vom inneren Klang, der Stimme des Gewissens handelnder Zyklus von Konzertstücken für einen oder mehrere Solisten, teils mit Live-Elektronik.

Einen anderen Hintergrund für aleatorische Musik als die beiden genannten Europäer hatte der um einiges ältere, in Los Angeles geborene und, trotz wiederholter Europa-Aufenthalte u. a. auch als Schüler Schönbergs, hauptsächlich in den USA wirkende, einflussreiche Komponist John Cage (1912–1992). Cage kommt nicht von der seriellen Musik der Avantgarde her, sondern gilt als Schlüsselfigur der Happening-Bewegung Ende der 1950er Jahre und anderweitiger Aktionskunst sowie der Neuen Improvisationsmusik. Er setzte jedoch früh Zufallsoperationen in seinen Kompositionen ein. Ein von 1951 stammendes Beispiel dafür ist das »Concerto for Prepared Piano and Chamber Orchestra«, dessen Orchesterstimmen z. T. auf Losentscheidungen durch das chinesische Orakelbuch I Ging und auf Münzwürfen beruhen. Weitere Zufallsmomente ergeben sich für Cages Werke aus der Beschaffenheit des verwendeten Papiers, aus mathematischen Verfahren und dann später aus der Arbeit mit dem Computer. Ausgangspunkt für diese Zufallsoperationen ist Cages vom Zen-Buddhismus beeinflusste Konzeption von Musik bereits aus den späten dreißiger und frühen vierziger Jahren. Demnach sollte ein Komponist »die Töne zu sich selbst kommen lassen, anstatt sie für den Ausdruck von Gefühlen, Ideen oder Ordnungsvorstellungen auszubeuten« (zit. nach K. Ebbeke. Artikel Aleatorik. In: L. Finscher [Hg.]: Musik in Geschichte und Gegenwart. Sachteil 1. Basel 1994, Sp. 442). »Die grundlegende Idee ist die, dass jedes Ding es selber ist, dass sich seine Beziehungen zu anderen Dingen ganz natürlich ergeben, ohne aufgezwungene Abstraktion von Seiten eines Künstlers« (W. Frobenius. Artikel Aleatorisch, Aleatorik. In: Hans Heinrich Eggebrecht (Hg): Handwörterbuch der musikalischen Terminologie. Stuttgart 1976, S. 7).

Cages »Aleatorik« unterliegt also nicht einem eigenen theoretischen Konzept – Cage versieht auch nie seine Kompositionen mit dem Etikett »Aleatorik«, sondern seine ganze Musik folgt dem Zufallsprinzip, welches sich, wie besonders das letzte Zitat oben zeigt, am buddhistischen Prinzip des universalen, fließenden Zusammenhangs aller entstehenden, vergehenden und wieder neu entstehenden Dinge orientiert, deren Zustand immer aus einem anderen hervorgeht und weitere Zustände bedingt. Cage selbst bezeichnete seine Musik als experimentelle Musik, die, nach amerikanischer Tradition, gern mit den Begriffen »Zufall« *(Chance)* oder »Unbestimmtheit« *(Indeterminacy)* versehen wird.

So reizvoll ich das mich an die Prinzipien der Quantenphysik erinnernde Konzept der aleatorischen Musik als eine weitere Alternative zur festgefahrenen Avantgarde empfinde, so wenig fühle ich mich von ihr klanglich angesprochen. Dies gilt vor allem für die europäische Variante von Boulez und Stockhausen, was auch damit zu tun haben mag, dass beide Komponisten (Stockhausen allerdings nur in seiner Frühphase) schwerpunktmäßig seriell arbeiten. Jedenfalls empfinde ich etwa Boulez' 3. Klaviersonate oder auch Stockhausens Klavierstück XI Nr. 7 beim Hören gerade nicht als zufallsorientiert, sondern im Gegenteil als konstruiert und in einem Schema gefangen. John Cages »Concerto for Prepared Piano and Chamber Orchestra« erlebe ich dagegen als lebendiger, flüssiger und farbiger, was möglicherweise mit Cages Herkunft von der Happening-Bewegung zu erklären ist.

Die Notation aleatorischer Musik erfolgt zumeist als mehrdeutige graphische Darstellung, manchmal auch nur durch rein verbale Beschreibung, wie beispielsweise in Stockhausens intuitiver Musik »Aus den sieben Tagen« für beliebiges Instrumentarium von 1968, oder auch durch eine um Sonderzeichen erweiterte Notenschrift.

Zum Abschluss des Kapitels über Aleatorik muss noch gesagt sein, dass der Einsatz von Zufallsoperationen in der Musikgeschichte nicht erst eine Erfindung der Neuen Musik ist. Bereits im Mittelalter warfen christliche Mönche unterschiedlich gebogene Eisenstäbe nach dem Zufallsprinzip, um eine »schöne Melodie« zu erhalten. Auch das von mir bereits erwähnte, Mozart zugeschriebene musikalische Würfelspiel ging, wenn auch scherzhaft gemeint, nach dem Zufallsprinzip vor und ließ den »Komponisten« Walzertakte mit zwei Würfeln beliebig zusammensetzen.

Je länger ich mit meinem Vater über die zurückliegenden Entwicklungen der Neuen Musik sprach, desto deutlicher wurde mir, dass dies auch für ihn selbst inzwischen weitgehend Vergangenheit geworden war. Er schien seine Zeit in Darmstadt als Interpret und als Lehrer und sogar die ehrenvolle Uraufführung des ihm von René Leibowitz gewidmeten Concertino für Bratsche und Kammerorchester und die europäische Erstaufführung zweier Bratschensonaten von Krenek mehr oder weniger abgestreift zu haben. Er befand sich jetzt als Universitätsprofessor für Deutsche Literatur in einer völlig anderen Situation als damals. Die Kammermusik, die wir jetzt manchmal zusammen spielten, bestand auch ausschließlich aus klassischen und romantischen Werken, und mein Vater hörte auch abends vor dem Schlafengehen nur Musik aus der Zeit der Klassik. Erst später fiel mir ein, dass mein Vater bereits in den 1950er Jahren zwar gern von seinen persönlichen Begegnungen mit den damals führenden Komponisten und Musikwissenschaftlern wie Adorno usw. in Darmstadt berichtet hatte. Ich kann mich jedoch nicht daran erinnern, dass er sich in meiner Gegenwart je darüber geäußert hat, wie er denn eigentlich zu der von ihm selbst gespielten Musik der Avantgarde überhaupt stand, nachdem er in seinem Elternhaus ganz mit der Klassik und Romantik aufgewachsen war und erst unter Pierre Monteux in San Francisco mit expressionistischer französischer und russischer Musik vertraut geworden war. Deshalb fragte ich mich nachträglich, ob sich mein Vater die zeitgenössische Musik der Nachkriegszeit nur für eine Reihe von Jahren vor allem äußerlich und »mit dem Kopf« eher »zugelegt« hatte, statt innerlich mit ihr wirklich zusammenzuwachsen. Angesichts auch meiner eigenen, vor allem von der Klassik und Romantik geprägten musikalischen Sozialisation neige ich eher zu der Vermutung, dass mein Vater nie mit vollem Herzen ein »Moderner« gewesen ist.

Die dritte und vierte Richtung der »Postmoderne« – die neue Einfachheit und erst recht die neue geistliche Musik – schienen meinem Vater kaum geläufig gewesen zu sein. Aber er erwähnte sie mir gegenüber kurz im Zuge unserer Gespräche über die Weiterentwicklung der Musik in den 1960er und 1970er Jahren.

Neue Einfachheit: Arvo Pärt

Bei einem meiner wiederholten Besuche in Litauen seit den späten 1990er Jahren bin ich gelegentlich mit dem dort besonders geachteten Werk des aus Estland stammenden Komponisten Arvo Pärt (geboren 1935) in Berührung gekommen. Ein für mich beeindruckendes Erlebnis war eine Aufführung des zur Zeit des baltischen Unabhängigkeitskampfes fertiggestellten geistlichen »Te Deum« für drei Chöre, präpariertes Klavier, Streichorchester und Tonband in einer Kirche in Vilnius. Dieses Werk prägte sich mir besonders stark ein wegen seiner in vieler Hinsicht bewusst zum Ausdruck gebrachten, bestechenden Schlichtheit. Dazu gehörten die auffallend repetitiven Strukturen mit aneinandergereihten, oft kaum wahrnehmbaren Variationen von Grundmustern, seine stabile tonale Harmonik und die Kontinuität seiner Klangfarben. Aber gerade in seinen leisesten, fast bewegungslos scheinenden Passagen strahlte dieses Werk eine monumentale Kraft und Stabilität aus und war dazu angetan, mich in einen Zustand nachhaltiger, innerer Ruhe zu versetzen und mich über das Ende der Aufführung hinaus weiter darin verharren zu lassen.

Pärts neoklassizistisches Frühwerk war stark von der Musik Schostakowitschs, Prokofjews und auch Bartóks beeinflusst, so dass man sagen könnte, die von Pärt in den 1970er Jahren entwickelte »Neue Einfachheit« hätte letztlich ihre Wurzeln in der stark am einfach Volkstümlichen orientierten Musik des Sozialismus. Pärt hatte allerdings auch recht früh mit der Zwölfton- und der seriellen Musik experimentiert, mit dieser sich jedoch den Unmut der sowjetischen Kulturfunktionäre zugezogen, weil avantgardistische Musik nach deren Ideologie als nicht systemkonform galt. Kompositorisch wegweisend für Pärt war dann in den frühen siebziger Jahren sein Eintritt in die russisch-orthodoxe Kirche und seine Beschäftigung mit der Gregorianik und der klassischen Vokalpolyphonie der Renaissance. Während einer mehrjährigen schöpferischen Pause entwickelte er schließlich seinen persönlichen Stil, in dem die Gefühlswelt in der Musik einer stark asketischen Einfachheit und einer an der Tonalität orientierten Verständlichkeit des musikalischen Ausdrucks wich.

Ich habe entdeckt, dass es genügt, wenn ein einziger Ton schön gespielt wird. Dieser Ton, die Stille, oder das Schweigen beruhigen mich. Ich arbeite mit wenig Material, mit einer Stimme, mit zwei Stimmen. Ich baue aus primitivem Stoff, aus einem Dreiklang, einer bestimmten Tonqualität. Die drei Klänge eines Dreiklangs wirken glockenähnlich. So habe ich es *Tintinnabuli* genannt. *(Artikel Arvo Pärt. In: Harenbergs Komponistenlexikon. Mannheim 2004, S. 691).*

1980 emigrierte Pärt auf Druck der sowjetischen Regierung mit seiner Familie nach Berlin, wo er seitdem lebt. Interessant finde ich, dass das Ende der Sowjetherrschaft sich offenbar überaus befreiend auf Pärts kompositorische Produktivität ausgewirkt hat. Er hat in den zwanzig Jahren nach der Demokratisierung der osteuropäischen Staaten fast mehr als doppelt so viele Werke geschrieben als die ganzen Jahrzehnte zuvor im geistigen Gefängnis der estnischen Sowjetrepublik, welches auch während seines Exils und vor der politischen Wende in ihm nachzuwirken schien. (Er ist auch nach der Unabhängigkeit Estlands nie dorthin zurückgekehrt, verbringt jedoch gern Teile des Jahres in seinem estnischen Landhaus). Pärts Schwerpunkt liegt vor allem seit dem Jahr seiner Emigration in der geistlichen Musik aller Varianten, geschrieben für Chor, Sologesang, Orchester, Kammermusik, Klavier und Orgel. In seinem immer mit den sparsamsten Mitteln arbeitenden Werk verbinden sich umso übergreifender osteuropäisch-orthodoxe, römisch-katholische und protestantische Traditionen und bereichern sich gegenseitig unter ästhetischem, ethischem, religiösem und meditativem Aspekt.

So wie alle sich von dem repräsentativen Strom der Nachkriegs-Avantgarde abhebenden, neueren Stilrichtungen wie die vorhin angeführte »politische Musik« und die »Aleatorik«, so war auch die »Neue Einfachheit« nicht mehr eine »feste Schule«, sondern eine ab den 1970er Jahren arbeitende Stilrichtung oder wenigstens eine bestimmte Haltung vereinzelter Komponisten, zu denen, neben Arvo Pärt, auch teilweise Wolfgang Rihm und neuerdings vielleicht auch der Münchner Komponist Jörg Widmann gezählt werden kann. Der Begriff »Neue Einfachheit« ist mehr eine Kennzeichnung durch Musikwissenschaftler und Musikjournalisten geworden als durch ihre Schöpfer selbst. Sie ist auch verwandt mit der Minimal Music, ebenfalls einer Antithese zur seriellen Musik. Deren Grundcharakterisierung unterscheidet sich zwar nur unwesentlich von der der »Neuen Einfachheit« (weswegen einige Werke von Arvo Pärt auch der minimalistischen Musik zugerechnet werden können). Sie unterliegt jedoch insgesamt noch sehr viel stärker Einflüssen aus der asiatischen (vor allem der indischen und indonesischen) und vor allem aus der Polyrhythmik der afrikanischen Musik. Zu den Vertretern der »Minimal Music« werden dementsprechend gern amerikanische Komponisten wie Steve Reich und Philip Glass und Europäer wie Michael Nyman, Christopher Fox, Wim Mertens und Ludovico Einaudi u. a. gezählt.

Unter all diesen Komponisten nimmt Arvo Pärt eine Sonderstellung ein, nicht zuletzt deshalb, weil sich in seinem Werk die Neue Einfachheit und die »Neue geistliche Musik« eng überschneiden.

Neue geistliche Musik in Ost- und Westeuropa

Nach einer weitgehenden Abstinenz von Komponisten gegenüber ausdrücklich geistlicher Musik im frühen 20. Jahrhundert – von Leonard Bernstein als das »Jahrhundert des Todes« bezeichnet – änderte sich dies deutlich in der Postmoderne der sechziger und siebziger Jahre.

So schafft der schon früh vom katholischen Glauben geprägte französische Komponist, Kompositionslehrer und Organist Olivier Messiaen (1908–1992) bereits seit den 1930er Jahren einige erste, zum Teil unveröffentlichte sakrale Werke. Ungeachtet seiner immer wieder intensiven Beschäftigung mit der seriellen Musik und seiner Lehrtätigkeit in Darmstadt mit Boulez und Stockhausen als seinen Schülern, fühlt Messiaen sich aufgrund der Spuren, die der Zweite Weltkrieg in ihm zurückgelassen hat, seit den sechziger Jahren vermehrt dazu veranlasst, auch religiöse Themen musikalisch umzusetzen. 1975 beginnt er mit der Arbeit an seiner großen und einzigen sakralen Oper »Saint François d'Assise« in 8 Bildern, die das Eingehen der göttlichen Gnade in die Seele Franz von Assisis schildert und die 1983 in Paris uraufgeführt wird. Das fünfstündige Monumentalwerk ist eine Art Meditation des Vorgangs der Heiligung in Opernform. Franz küsst einen Leprakranken, trifft einen musizierenden Engel, spricht mit den Vögeln und empfängt vor seinem Tod die Stigmata. Der bereits einmal zitierte Musikkritiker Alex Ross nennt »Saint François d'Assise« ein »dörfliches Mysterienspiel im wagnerschen Maßstab ... Es ist die Negation der Negation, der Tod des Todes« (a. a. O., S. 520). Dieses vor göttlicher Kraft bebende Werk lässt sich durchaus mit den wortlosen Sechsklängen in Schönbergs »Moses und Aron« vergleichen, welche die Stimmen aus dem brennenden Dornbusch darstellen. »Der Unterschied zwischen Messiaen und Schönberg ist letztlich ein theologischer. Schönberg glaubte, Gott sei nicht darstellbar ... Messiaen meinte, Gott sei überall und in jedem Klang ...« (a. a. O., S. 494).

Angesichts der im 20. Jahrhundert von Diktaturen und Kriegen besonders schwer heimgesuchten osteuropäischen Staaten erscheint es nachvollziehbar, dass die neue geistliche Musik in dieser Region besonders stark beheimatet ist. Wie bereits vermerkt, schuf auch der Este Arvo Pärt im Zusammenhang mit seinem Beitritt zur russisch-orthodoxen Kirche in den frühen siebziger Jahren und besonders im Zuge seiner Emigration aus der Sowjetunion eine schon kaum mehr überschaubare Fülle geistlicher Musik, die in dem für ihn bis heute charakteristischen asketisch-schlichten Ton gehalten ist. Besonders erwähnenswert finde ich seine 1982, also kurz vor dem »Te Deum« geschaffene, höchst eigenwillige »Johannes-Passion«, nach dem lateinischen Text des Johannes-Evangeliums und in einer vom

Wortlaut völlig unabhängigen, archaischen Musiksprache, die fast hypnotisch von tiefer Ruhe und von einer minimalistischen Reduktion beherrscht ist. Auch andere Werke wie das »Stabat Mater« für gemischten Chor und Streichorchester oder das »Salve Regina« für Chor und Orgel sowie das »Magnifikat« für gemischten Chor a cappella lässt den Hörer in eine Welt versinken, die alles andere ist als eine Neuauflage der geistlichen Musik des von christlicher Religiosität geprägten Mittelalters oder Barock. Vielmehr scheint sie mir gerade durch ihre bescheiden demütige, aber umso nachhaltigere Schlichtheit einen gewissen spirituellen Trost zu spenden und insofern eine Art Oase in der Wüste eines sich heute weltweit epidemisch ausbreitenden Sinnvakuums und eines beunruhigenden geistig-moralischen Niedergangs zu sein.

Von dem in Siebenbürgen in Rumänien geborenen Komponisten ungarisch-jüdischer Herkunft György Ligeti (1923–2006), einem der bedeutendsten Erneuerer der Musik des 20. und 21. Jahrhunderts, wäre, angesichts seines doppelt traumatischen Schicksals in zwei Diktaturen bis zu seiner Flucht aus Ungarn 1956 und dazu noch nach seiner antidoktrinär atheistischen Erziehung, die Schaffung geistlicher Werke am allerwenigsten zu erwarten gewesen. Sein im Ersten Weltkrieg hochdekorierter und zum Leutnant beförderter Vater wurde 1944 im Konzentrationslager Bergen-Belsen und sein Bruder im KZ Mauthausen ermordet, und seine Mutter überlebte Auschwitz. Nach dem Krieg schloss Ligeti in Ungarn seine musikalische Ausbildung ab. Über das jede menschliche Regung erstickende geistige Klima im kommunistischen Ungarn in den folgenden Jahren bis zum Ungarnaufstand 1956 mit seiner nachfolgenden Flucht lässt er sich folgendermaßen aus:

So entstand in Budapest eine Kultur des ›geschlossenen Zimmers‹, in der sich die Mehrheit der Künstler für die ›innere Emigration‹ entschied. Offiziell wurde der ›sozialistische Realismus‹ oktroyiert, d. h. eine billige Massenkunst mit vorgeschriebener politischer Propaganda. Moderne Kunst und Literatur wurden pauschal verboten, die reiche Sammlung französischer und ungarischer Impressionisten im Budapester Kunstmuseum beispielsweise hängte man einfach ab … Nicht genehme Bücher verschwanden aus Bibliotheken und Buchgeschäften (unter anderem wurden auch »Don Quijote« und »Winnie the Pooh« eingestampft) … Geschrieben, komponiert, gemalt wurde im Geheimen und in der kaum vorhandenen Freizeit: Für die Schublade zu arbeiten galt als Ehre.

(György Ligeti. Begleittext zu »György Ligeti Works«, Sony Classical 2010)

Ligeti, der früh unter dem Einfluss Béla Bartóks und der ungarischen Folklore gestanden hatte, entwickelte nach seiner Übersiedlung nach Westeuropa – in scharfer Abgrenzung von der seriellen Musik – das Konzept der Klangflächenkomposition (Übereinanderlagerung von Akkorden sowie vertikale und horizontale Tonverbindungen mittels Cluster und Glissandi) sowie das Konzept der Mikropolyphonie mit einer Stimmenverflechtung auf engstem Raum. Er arbeitete in Köln zunächst eng zusammen mit Pionieren der elektronischen Musik wie etwa Karlheinz Stockhausen, wo er mehrere Werke für Instrumental- und Vokalmusik komponierte. Nachdem er sich spätestens 1960 von den Einflüssen seitens der Elektronik gelöst hatte, schrieb er in rascher Abfolge zwei außergewöhnliche sakrale Werke: das mich fast wie eine schwarze Messe anmutende »Requiem« mit streckenweise flüsternden, murmelnden, kreischenden und heulenden Stimmen verlorener Seelen, mit zwei Solostimmen, Doppelchor und Orchester sowie das strahlend leuchtende »Lux aeterna« für 16 Solostimmen mit der sphärisch abgehobenen Darstellung vorbeiziehender Traumlandschaften. Diese Werke sind offenbar das Produkt einer jahrzehntelangen, grundehrlichen und damit umso mehr auch theologisch bestechenden inneren Verarbeitung dunkelster, früher Erlebnisse, die nach langer Zeit diesen besonderen Weg nach außen gefunden haben.

Ähnlich wie Arvo Pärt mit seiner geistlichen Musik herausragend, ist auch der polnische Komponist Krzysztof Penderecki (geb. 1933), der einst führende Kopf der polnischen Avantgarde, der sich später nach eigenen Zeugnissen zum »nachseriellen« oder »spätmodernen« Klassiker wandelte. Inspiriert von den Schrecknissen der Geschichte seines Landes besonders im 20. Jahrhundert, entwickelte Penderecki einen düsteren, von Katastrophen zeugenden Musikstil. 1959 schrieb er »Threnos. Den Opfern von Hiroshima« und 1967 »Dies irae (Auschwitz Oratorium)«. Sein herausragendes geistliches Werk ist jedoch die überaus ausdrucksstarke »Lukas-Passion« von 1966, die trotz avantgardistischer Klänge ein besonderer Publikumserfolg wurde und als ein Schlüsselwerk der Neuen Musik gelten kann. In diesem Zusammenhang verdient schließlich auch Pendereckis »Polnisches Requiem« aus den frühen 1980er Jahren eine besondere Erwähnung.

Ein aus Westeuropa stammendes geistliches Werk, das zwar nicht zum Musikstil der Postmoderne gehört (nicht einmal wirklich zur Moderne), aber in einer anderen später zu erörternden Hinsicht bemerkenswert ist, will ich nicht unerwähnt lassen: nämlich das »War Requiem« von Benjamin Britten (1913–1976), welches mir kürzlich wieder in einer höchst eindrucksvollen Aufnahme vom Sommer 2013 mit den Berliner Philharmonikern unter der Leitung von Brittens Landsmann Sir Simon Rattle begegnet ist. Der erklärte Pazifist Britten war 1939 aus seiner englischen Heimat in die USA emigriert, aber mitten im Krieg 1942 wieder nach England zurückgekehrt. Dort hatte im November 1940 ein deutscher Luftangriff mit dem Codenamen »Unternehmen Mondscheinsonate« die Stadt Coventry mitsamt deren aus dem Mittelalter stammenden Kathedrale zerstört. Im Mai 1962 wurde das neben der Ruine der alten Kathedrale neuerrichtete Bauwerk eingeweiht und dazu Brittens im Vorjahr komponiertes »War Requiem« uraufgeführt. Das oratoriumsartig angelegte, etwa 90 Minuten dauernde Werk verbindet den Text der Totenmesse (»Missa pro defunctis«) mit englischsprachigen Antikriegsgedichten von dem am Ende des Ersten Weltkriegs gefallenen Dichter Wilfred Owen. Durch die Zusammenfügung einer sakralen mit einer politischen Botschaft im poetischen Gewand mit entsprechend unterschiedlichem Sprachausdruck entstand ein zwiespältiges und spannungsvolles Meisterwerk, was dadurch verstärkt wurde, dass in dieser vielleicht wichtigsten Musikschöpfung Brittens die drei Solisten mit zwei Orchestern und zwei Chören zu einem mehrdimensionalen musikalischen Raum zusammenwuchsen. Trotzdem ist das »War Requiem« kein bombastisches Stück, sondern in weiten Teilen ein Werk der stillen Trauer und des Andenkens an die Kriegstoten. Für mich erreicht das Werk seinen Höhepunkt im Teil »Libera me« mit sich geradezu zuspitzenden Gegensätzen zwischen explosiver Dramatik und liedhafter Expressivität. Die das ganze Werk durchziehenden Extreme von Angst und hoffnungsvoller Gläubigkeit sowie von irdischem Inferno und verklärtem Versöhnungswillen werden von Simon Rattle einfühlsam und umsichtig und dann auch wieder voller kämpferischer Leidenschaft als ein in der Tat überzeugendes Bekenntnis gegen jede Art von Krieg und Zerstörung wiedergegeben.

Mit den hier aufgeführten, sehr unterschiedlichen Versuchen

der Postmoderne, aus der Sackgasse der Avantgarde heraus neue Richtungen einzuschlagen, war von vereinzelten, nur wenig miteinander kommunizierenden Musikschaffenden (anstelle von großen »Schulen« wie in Darmstadt) Beachtliches geleistet worden, und es hatten sich damit auch einige vielversprechende Perspektiven der neuesten Musik eröffnet. Doch je tiefer wir jetzt in das 21. Jahrhundert hineinwachsen, desto mehr drängt sich mir die Frage auf, wie lange sich die zum Teil hochkarätigen, aber personell doch sehr dünn vertretenen Richtungen der Postmoderne werden halten können.

Geschaffen wurden die bisher angeführten Werke zwischen den sechziger und achtziger Jahren von im frühen 20. Jahrhundert geborenen Komponisten. Die Entwicklung danach weist eher darauf hin, dass sich jedenfalls die Kompositionen der »Kunstmusik« (sogenannte E-Musik) ungefähr nach 1985 kaum mehr einer bestimmten Richtung zuordnen lassen, weder den überkommenen noch erkennbar neu entstehenden. Das gegenwärtige kompositorische Schaffen unterliegt einer immer größeren Freiheit mit ungefähr so vielen »Konzepten«, Schaffenszielen und Interessenschwerpunkten wie es Komponisten gibt. Dies hätte durchaus auch sein Gutes, wenn diese Komponisten miteinander kooperieren oder wenigstens kommunizieren würden. Anders als seinerzeit beim intensiven Austausch etwa zwischen Haydn und Mozart, zwischen Schumann, Brahms, Mendelssohn und Liszt und später sogar zwischen Schönberg und Mahler oder zwischen Schönberg und dessen Schülern Berg und Webern und mit Zemlinsky sowie zuletzt auch unter den Nachkriegsavantgardisten in Darmstadt, ist dies bei den heutigen jüngeren Komponisten kaum mehr der Fall. Wie bei vielen heutigen Naturwissenschaftlern, die sich mit Ellbogenmentalität voneinander abgrenzen, um für ihre wissenschaftliche Entdeckung immer »der Erste« oder gar »Preisgekrönte« zu sein, scheint es heute wohl auch in der Musik zu sein. Viele Komponisten, so hört man überall, befehden sich gegenseitig oder gehen sich aus dem Weg (wenn man bedenkt, wie sehr im frühen 20. Jahrhundert etwa in der Malerei die »Brückemaler« oder in der Naturwissenschaft die Quantenphysiker bei ihren Entdeckungen sich vielfach gegenseitig inspirierend befruchtet haben!). Wenn das Musikschaffen heute immer weiter auf eine unkommunikative Vereinzelung und dabei oft auch auf eine uninspiriert intellektualistische Verflachung zusteuert, so befürchte ich, dass die gegenwärtige Kunstmusik bald einer allmählichen Selbstauflösung entgegengehen wird, wenn sie sich nicht grundlegend erneuert. Auch was das Streben der Musik nach der Erhellung irgendeines inneren Sinngrundes oder einer Werthaftigkeit des Lebens und des menschlichen Miteinanders betrifft, gibt es heute eine Brandbreite wieder fast so unterschiedlicher Einstellungen wie Komponisten. Auf der einen Seite treffen wir die an, die auf der unbegrenzten Autonomie der Kunst als rein ästhetisches oder klangliches Ausdrucksmittel im Sinn einer geistigen Stimmenthaltung und Vertrauensverweigerung beharren. Andere wieder lassen weder verbal noch in ihrer Musik eine über eine reine Musiksprache hinausgehende Einstellung erkennen oder verdecken sie bewusst. Und schließlich gibt es die, die klarerweise auch in ihrem Musikschaffen den Anspruch auf eine kritische Auseinandersetzung mit unserem individuellen und gesellschaftlichen Dasein erheben und, durch alle Provokationen und zum Ausdruck gebrachten Proteste hindurch, letztlich doch eine mehr oder weniger bejahende Haltung und manchmal sogar eine grundsätzliche Bereitschaft erkennen lassen, auch existentielle Tiefenerfahrungen musikalisch zu verarbeiten.

Charakteristisch für die Entwicklung der Musik ungefähr nach der Mitte der 1980er Jahre ist es auch, dass es für sie bisher keine musikwissenschaftlich allgemeingültige Bezeichnung mehr gibt außer dem eher lächerlich klingenden und daher kaum ernsthaft verwendeten Begriff der »Postpostmoderne«. Ich neige deshalb dazu, die von den achtziger Jahren bis in die Gegenwart hineinreichende, bisher noch etwas fraglich bleibende Phase des kompositorischen Schaffens vorerst auch der »Postmoderne«, sozusagen als deren Nachklang, zuzurechnen.

Ein möglicherweise für die Zukunft vielversprechendes oder zumindest hoffnungsvolles und immer mehr kompositorische Versuche bestimmendes Merkmal taucht in den nach 1980 komponierten und individuell noch so unterschiedlichen Musikwerken auf. Es sind für das heutige Zusammenwachsen der Kulturen typische und eigentlich auch naheliegende, aber bisher weitgehend auf individueller Ebene unternommene Versuche, verschiedene Musikgenres oder -stile miteinander zu einem neuen Ganzen zusammenzufügen. Der erste Schritt dürfte darin bestehen (und besteht paradigmatisch in Einzelbeispielen), in das eine Genre (Kunstmusik, Pop, Rock oder Jazz) Elemente eines jeweils anderen so zu integrieren, dass das eine das andere beeinflusst und so ansatzweise eine neues Ganzes entsteht. Ich habe deshalb vorhin bewusst Benjamin Brittens schon etwas älteres »War Requiem« angeführt wegen des dortigen kühnen Versuchs, Textteile höchst unterschiedlicher Provenienz zu einem Libretto zu verschmelzen, was klarerweise dann auch auf dessen musikalische Umsetzung abgefärbt hat. Diese Art von Synthese-Ansätzen ist ein frühes und partikulares Beispiel für Kreuzungsversuche (»Crossover«) in der Musik, welche sozusagen als Gegenlauf zur heutigen individualistischen Vereinzelung und zunehmenden intellektualistischen Verdünnung der Kunstmusik mehr und mehr realisiert werden. Diesen neuen Tendenzen, seien es versuchte Verbindungen zwischen der Musik verschiedener Kulturen, verschiedener Religionen oder zwischen Kunstmusik und sogenannter U-Musik, werde ich im Folgenden nachgehen.

Relevant ist diese Frage natürlich nur für den, der, allen Unkenrufen einer bevorstehenden Auflösung der heute angeblich ausgereizten Kunstmusik zum Trotz, sich nicht borniert-elitär an dieser »reinen Kunstmusik« festklammert, sondern den Mut und die Bereitschaft aufbringt, ganz neue Wege zu gehen und im heutigen Zeitalter der Globalisierung der Vision eines langsamen Zusammenwachsens grundverschiedener Musikstile zu folgen. So oder so wird sich Musik generell nie ins Nichts auflösen, solange es Menschen gibt. Musik gehört zum Leben wie das Sonnenlicht. Die Frage bleibt nur, was für eine Musik unsere Zukunft bestimmen wird. Und es ist klar, dass sich auf die Dauer nur Musikformen werden durchsetzen können, die dem Menschen guttun, sie in irgendeiner Form in eine »bess're Welt« versetzen, die letztlich mehr sein dürfte als ein rein ästhetischer Genuss.

Als Nächstes will ich paradigmatisch ein vor kaum zwei Jahren in München uraufgeführtes Musikwerk als ein meiner Meinung nach besonders gelungenes Beispiel für eine sogar mehrfache Synthese in der Musik anführen. Dieses könnte ein möglicher Typus für zukünftiges musikalisches Schaffen sein.

Zukunft in Sicht?

Beispiel: die fünfsprachige Oper »Der fliegende Teppich 2013 Odyssee«

Die an der Münchner Hochschule für Musik und Theater lehrende griechische Dirigentin und Komponistin Konstantia Gourzi beauftragte vor wenigen Jahren drei Komponisten aus der Türkei, Israel und Griechenland mit der Komposition von einer jeweils halbstündigen Oper in türkischer, hebräischer, arabischer, englischer und altgriechischer Sprache. Als Aufführungsapparat vorgegeben waren vier Gesangssolisten, ein Kinderchor und das von der Ideenträgerin und Initiatorin 2007 gegründete freie Netzwerk aus internationalen Musikern »opus21musikplus«. Das allen drei Opern gemeinsame, gegenwärtig hochaktuelle Thema war Heimatlosigkeit und Heimatsuche auf der Grundlage der antiken Odysseus-Sage als Spannungsbogen über das ganze Projekt. Der wichtigste persönliche Grund für die Wahl aller drei Komponisten aus dem östlichen Mittelmeerraum durch die ebenfalls aus diesem Kulturkreis stammende Musikerin Konstantia Gourzi war die Tatsache, dass die dortigen sozialen und politischen Konflikte die Menschen aktuell vermehrt dazu bewegen, sich mit der Odysseus-Thematik auseinanderzusetzen. Den drei Komponisten wurde je ein

Thema vorgegeben, welches jeweils einen zentralen Aspekt des Gesamtthemas behandelte und welches sie in jeweils ihrer Sprache frei in eine Handlung und in Musik umsetzen sollten.

Von der Einstudierung des Opernprojekts erfuhr ich im Sommer 2013 durch die Münchner Opernregisseurin Martina Veh, mit der zusammen ich ein Jahr vorher gemeinsam ein anderes Musiktheaterprojekt erarbeitet hatte und die jetzt als Regisseurin für die neue Produktion verpflichtet worden war. Nach den wichtigsten Vorinformationen interessierte mich dieses Projekt so sehr, dass ich gerne die Einstudierung in einem etwas fortgeschreitenen Stadium der Bühnenproben mitverfolgen wollte. Bei den ersten Proben mit den vier Solisten und mit Klavier u. a. in Münchens »Reaktorhalle« wirkte bereits der aus etwa 35 Sängern bestehende Kinderchor der Bayerischen Staatsoper mit, dessen Mitglieder zwischen zehn und siebzehn Jahre alt sind.

Das erste der drei Werke, das ich kennenlernte, war »Die Lotus-Insel«, in dem die achtundzwanzigjährige Sinem Altan aus der Türkei das Thema Migration/Integration behandelt. Drei Fremde, eine Mutter und ihre zwei Kinder, besuchen die besagte Insel, um aus den dortigen Blumen den heilenden Lotussaft für die Mutter zu gewinnen. Entgegen der Warnungen seitens der anfangs misstrauischen (hauptsächlich vom Kinderchor dargestellten) Inselbewohner vor dem krankhaften Zustand der Blumen, begeben sich die drei in deren Nähe, und die Mutter und der ältere Sohn verfallen in einen Rauschzustand und dann in einen Tiefschlaf. Als die Jüngste das magische Lied »Liebe« singt, werden die Blumen geheilt, und zur besonderen Freude aller kann aus ihnen der gewünschte heilende Saft gewonnen werden. Den drei Besuchern stellt sich nun – ganz im Sinne von Odysseus' Konflikt zwischen Gehen und Bleiben – die Frage, ob sie in ihre Heimat zurückkehren oder auf der Insel bleiben wollen. Die Einbeziehung eines Kinderchors in diese Kurzoper begründet die Komponistin mit einem Bezug zu ihrer eigenen Kindheit: »Liebe«, das zentrale Lied der Kurzoper, mit dem das Mädchen die Lotusblumen wieder lebendig machen kann, ist die Bearbeitung eines Liedes, welches Sinem im Alter von zehn auf ein Gedicht ihrer Mutter komponiert hatte.

Auch ohne Bühnenbild und ohne Orchesterinstrumente waren für mich in jenen ersten Proben die märchenhafte Stimmung und die in der »Lotus-Insel« enthaltene farbenreiche, musikalische Ausdruckskraft, aber auch die konflikthafte Zerrissenheit der drei anfangs von den Insulanern argwöhnisch betrachteten, fremden Einwanderer deutlich spürbar. In den späteren Orchesterproben kam mit dem Einsatz der volkstümlichen Instrumente wie Baglama oder Duduk die Gesamtatmosphäre noch viel stärker zur Geltung, und auch die Verbindungen zwischen »Klassik« und folkloristischen Elementen mit Ansätzen zur Popmusik wurde noch evidenter als während der vorangegangenen Klavierproben.

Einen völlig anderen Charakter hatte, sowohl inhaltlich als auch musikalisch, die Oper »Journey Home« von Amos Elkana aus Israel mit den Themen Sieg, Übermut, Demut. Erzählt wird die 1920 beginnende Geschichte von dem eben volljährig gewordenen palästinensischen Jungen Ali aus Nablus, der gegen den Wunsch seiner Eltern die Heimat verlässt und nach Jerusalem zieht. Dort ist Ali so sehr vom jüdischen Brauchtum und von den Menschen fasziniert, dass er – mit dem neuen Namen Avraham – zum Judentum konvertiert. Bald lernt er die junge Jüdin Yehudit kennen. Sie verlieben sich, heiraten und gründen eine Familie. Das Einzige, was ihrem Glück entgegensteht, ist der unüberwindliche Hass von Yehudits Mutter auf Avraham wegen dessen arabischer Herkunft. Sie beschimpft und beleidigt ihn in einem fort, bis er es nicht mehr erträgt und das Haus verlässt. Ein britischer Polizist greift den verzweifelt irgendwo wie betrunken in einer Straße Liegenden ohne Ausweispapiere auf und nimmt ihn als »Spion« in Gewahrsam. Die Eltern in Nablus erwirken schließlich die Freilassung ihres Sohnes und nehmen diesen, jetzt wieder als Ali, zu sich nach Hause mit. Später, im Jahr des Kriegsausbruchs 1948, werden die Grenzen geschlossen und Ali alias Avraham kann nicht mehr nach Jerusalem zurückkehren. Er lernt bald eine muslimische Frau kennen, die er ebenfalls heiratet und mit ihr eine neue Familie gründet. Wieder zwanzig Jahre später, nach dem 1967er Krieg, schreibt Ali, inzwischen schwer krank, einen Brief an seine jüdische Familie und bittet darum, sie noch einmal sehen zu dürfen. Doch bevor es zu diesem Treffen kommt, stirbt Ali. Zu seiner Beerdigung erscheinen alle, Juden wie Araber.

Für mich stand dieses Werk von Anfang an im Zentrum des »Fliegenden Teppichs«. Das von einer unmöglichen Liebe zwischen einem Araber und einer Jüdin handelnde Libretto mit seinen gleißend scharfen, geradezu dokumentarfilmischen Schlaglichtern war nach einer wahren Begebenheit geschrieben. Dessen Geschichte in Zeiten von realem Krieg, nackter Gewalt und Verfolgung ist daher besonders verbindlich auf der Ebene einer Parabel zu verstehen. Entsprechend ereignisdicht und spannungsvoll vorwärtsdrängend wirkt auch die musikalische Umsetzung des Librettos. Der einheitlich atonale Stil der markant dramatischen und sich auf einer breiten Gefühlsskala zwischen Liebe, Traurigkeit und Hass bewegenden Musik wirkt durchgehend klangvoll und von kraftvoller Authentizität. An wenigen Stellen erfolgen bewusst situationsspezifische, folkloristische Einlagen wie etwa Klezmer-Musik zum Tanz bei Avrahams jüdischer Hochzeit und dann wieder arabische Musik bei Alis Rückkehr nach Nablus.

Der Kinderchor kommentiert das Geschehen aus dem Hintergrund als im klassischen Sinn griechischer Chor. Dessen mahnende Worte wurden entnommen aus dem Gedicht »Ithaka« des aus Ägypten stammenden Griechen Konstantinos Kavafis.

Die dritte Kurzoper »Omiros-Orimos« von Giorgos Koumentakis gerät in die engste Nähe zu Homers Epos. Die von Heimkehr und Reifung des Ichs handelnde Oper besteht aus vier Szenen der Wiedererkennung des heimkehrenden und durch seine Reise stark veränderten Odysseus. Sein Sohn und seine Frau haben Schwierigkeiten, ihn zu erkennen. Nur seiner Amme und seinem Hund gelingt dies auf Anhieb, und der Hund kann danach endlich sterben. Odysseus muss jedoch geduldig auf das Wiedererkennungsvermögen seiner Vertrauten warten. Damit hat die an sich beendete Irrfahrt des Odysseus eine Art psychologische Fortsetzung gefunden, in der Odysseus, so wie alle anderen auch, auf einer Reise zum eigenen Ich sich selber finden muss. Der Komponist betrachtet diese Handlung als Spiegelbild und Symbol für die Bevölkerung seiner griechischen Heimat, die zur Hälfte aus Migranten, Flüchtlingen und Exilanten mit vergleichbaren Identitätsproblemen besteht. Die Mitwirkung von Kindern in seiner Oper, schwerpunktmäßig tanzend und summend und nur sehr eingeschränkt Texte singend, begründet er eher dramaturgisch als musikalisch. Denn die Kinder sind diejenigen, die als Vertreter der nächsten Generation die aufgewühlte Stimmung der Akteure mehr mit Handlungen als mit Worten mittragen und sie in die Zukunft weitertragen können.

Das etwas abstrakt psychologisierend wirkende Libretto wird mit Hilfe stimmungsvoller *Soundscapes* mit zusätzlichem Leben erfüllt. Auf diese Weise vermag die Oper als Ganzes die von menschlichem Unvermögen und menschlicher Tragik gezeichneten zwischenmenschlichen Beziehungen in ein noch feinsinniger und differenzierter erscheinendes Licht zu rücken, als dies mit der Sprache allein möglich gewesen wäre.

Besonders interessant fand ich einen Hinweis der Dirigentin Konstantia Gourzi während ihrer etwa einstündigen thematischen Einführung in das Werk vor Beginn der Uraufführung am Abend des 4. Oktober 2013. Er betraf die jungen Mitglieder des Kinderchors, die das Erlernen der Texte in fünf Sprachen und dann erst recht die überwiegend atonalen Chorgesangspartien in verblüffend kurzer Zeit bravourös gemeistert hatten. Sie sagte, sie sei überrascht gewesen, wie schnell und wie selbstverständlich die Kinder die atonale Struktur der Musik rezipiert hätten, deutlich rascher als die überwiegend von klassischer und romantischer Musik vorgeprägten Erwachsenen.

Die Uraufführung gelang dank der musikalisch und schauspielerisch glänzenden Gesangsdarbietungen aller vier Solisten, des hochqualifizierten und überaus erfrischenden Kinderchors und des filigranen Klangs und der kammermusikalischen Zurückhaltung des Instrumentalensembles hervorragend. Der symbolträchtigen und vor Lebendigkeit sprühenden Regie gelang es gleichzeitig, den gemeinsamen Rahmen herauszuarbeiten, der die drei nur sehr teilweise homogenen Kurzopern miteinander verbindet, ohne jedoch deren spezifische Charakteristika aus den Augen zu verlieren.

»Der fliegende Teppich 2013 Odyssee« besteht keinesfalls aus »absoluter Musik« und schon gar nicht aus einer seelenlos experimentierenden oder selbstverliebt Klangblasen produzierenden Musik. Der gemeinsame inhaltliche Nenner aller drei Opern ist das im jetzigen Zeitalter der Globalisierung immer brennender und aktueller werdende Thema von Heimat und Identität, in unserer Zeit zunehmend auch im Sinn von Heimat*wechsel* und Identitätswechsel infolge von Migration. In der ersten Kurzoper

»Die Lotus-Insel« wird dies vor allem in poetischer, in »Journey Home« in dramatischer und in »Omiros-Orimos« in psychologischer Form dargestellt. Alle drei Opern zielen parabolisch auf handlungsorientierten Erkenntniszuwachs hin. In diesem Sinn sind sie beispielhaft das, was Kunst und insbesondere Musik in allen musikgeschichtlichen Epochen, neben allen ästhetischen Momenten, auch sein sollte: bewusstseinserweiternd und zu kritischer Auseinandersetzung und Verantwortung für sich und für andere aufrufend, vor dem Hintergrund welcher Weltsicht auch immer. Dazu kommt, dass dieses Opernprojekt auch das zu seinem Gegenstand macht, was die Identität des heutigen Menschen besonders prägt: die Vielfalt aufgrund des immer engeren Zusammenwachsens der Menschen. Es ist die Vielfalt von Sprachen, Kulturen und Religionen und zunehmend auch die Vielfalt von unterschiedlicher und oft wechselnder heimatlicher Zugehörigkeit. Dies wird in den drei Kurzopern sowohl in der Handlung ausgedrückt als auch in der Musik. In Anbetracht der gegenwärtig zunehmenden Nivellierung nationaler Identitäten scheinen mir in allen drei Opern die landestypischen Unterschiede (Türkei, Israel und Griechenland) nicht immer leicht erkennbar, solange nicht, wie besonders in den beiden ersten Kurzopern, Elemente landeseigener Folklore und Popmusik mit einbezogen wurden. In dieser sich heute immer mehr als eigenes Stilelement herauskristallisierenden Verbindung zwischen Klassik und Pop, Rock und Jazz, zusätzlich zu der zwischen Nationen, Sprachen und Religionen, sehe ich ein die Musik besonders bereicherndes Merkmal und eine kulturell zukunftsweisende Chance für die gegenwärtige und zukünftige Musikentwicklung.

Nach diesem herausragenden, neuesten Beispiel will ich als Nächstes die musikgeschichtlichen Hintergründe dieser Art von Verbindungen in der Musik, die gern als *Crossover* bezeichnet werden, und die in den vergangenen Jahrzehnten aufscheinenden Tendenzen dazu etwas näher beleuchten. Dabei möchte ich als Erstes darauf hinweisen, dass heute die landläufige Unterscheidung zwischen E-Musik (Klassik) und U-Musik (Jazz, Pop, Rock, Schlager, Volksmusik) eher als überholt gelten kann und daher auch jede scharfe Trennung zwischen Kunst- und Unterhaltungsmusik künstlich ist. Denn zum einen gibt es in der sogenannten Klassik viele Stücke von eher unterhaltendem Charakter (ich werde in diesem Sinn gleich auf die »Feuerwerksmusik«, die »Kleine Nachtmusik« und die »Ungarischen Tänze« usw. zurückkommen). Zum anderen rangiert besonders in emotional fordernden Stücken des (ebenfalls noch zu erörternden) modernen Jazz der Kunstanspruch vor dem Unterhaltungsaspekt, so dass diese Stücke keiner der beiden Sphären eindeutig zugeordnet werden können. Musikprogramme in »Klassik Radio« sowie »Klassik à la carte« scheinen dieser Entwicklung Rechnung zu tragen, wenn dort in der jeweils gleichen Sendung immer selbstverständlicher »eigentliche« Kunstmusik mit zumindest klanglich-ästhetisch anspruchsvoller Filmmusik kombiniert wird.

»CROSSOVER«: MULTIKULTURELL SOWIE ZWISCHEN »KLASSIK« UND POP, ROCK UND JAZZ

Ein Hintergrund meines Interesses an dem im Oktober 2013 uraufgeführten internationalen Opernprojekt war das einige Jahre vorher von mir zusammen mit einem russisch-litauischen Jazzmusiker auf den Weg gebrachte, ebenfalls multikulturelle, multiepochale und multimediale Projekt »Flood« (»Sintflut«).

Ein spektakuläres Hochsommergewitter auf der litauischen

Kurischen Nehrung im Juli 2007 brachte mich auf die Idee, für den russisch-litauischen Schlagzeuger, Jazzmusiker und Komponisten Vladimir Tarasov ein Libretto zum Thema Sintflut (»Flood«) zu schreiben, in dem die biblische Erzählung, ergänzt durch Texte aus dem Koran, dem Talmud und dem Midrasch, verbunden wird mit Al Gores alarmierender Bild- und Filmdokumentation von 2006 zur drohenden globalen Klimakatastrophe durch die Erderwärmung: »An Inconvenient Truth« (Eine unbequeme Wahrheit). Tarasov hatte meine Idee, das mit Al Gores Dokumentation aktualisierte Sintflut-Thema mit Jazzmusik und Schlagzeug zum Erklingen zu bringen, auf Anhieb mit Begeisterung aufgenommen. Denn er meinte, dass sich eine Sintflut akustisch besonders passend mit dem »Aufeinanderschlagen von Steinen« wiedergeben ließe.

Bis zur Fertigstellung meines Librettos ein knappes Jahr später trafen wir uns noch zweimal kurz und besprachen den Text. Als ich ihm schließlich das fertige Libretto übersandte, begann er gleich mit der Vertonung. Dann hörte ich fast ein weiteres Jahr nichts, bis er mir gegenüber plötzlich die Uraufführung des inzwischen fertigen Werks mit Solisten, Chor, einem Instrumentalensemble und Lichtprojektionen in drei Monaten im »Museum für Moderne Kunst« in Litauens Hauptstadt Vilnius ankündigte. Diese Uraufführung sollte ein Teil eines Kulturprogramms in der für 2009 als Kulturhauptstadt Europas ausgewählten litauischen Metropole sein. Tarasov bat mich, mich drei Tage vorher zu den Endproben einzufinden. Mehr als skeptisch, ja ungläubig, reiste ich vereinbarungsgemäß am Vorabend der ersten Endprobe nach Vilnius und übernachtete in dem für mich vorreservierten Hotel. Am folgenden Vormittag wurde ich von einem Dienstwagen abgeholt, in dem mich sogleich eine mir bis dahin unbekannte Dame in amerikanischem

Englisch mit den Worten »Hallo, ich bin der Engel« begrüßte. Der die Sintflut verkündende und Anweisungen an die Menschen gebende Engel war eine der Hauptrollen in unserem Gemeinschaftswerk. Wir fuhren zum »Museum für Moderne Kunst«, vor dem bereits große Plakate hingen, und betraten das Gebäude, wo mich Vladimir Tarasov empfing. Zu meiner Überraschung war die große Bühne mit gleich vier Schlagzeugbatterien und kompletter Lichttechnik versehen, und alle Gesangssolisten, der Chor und die Instrumentalisten standen bereit. Wenig später begann die Probe, als Erstes mit einem vollständigen Durchlauf des offenbar praktisch fertiggeprobten Multimediawerks mit Gesang, Instrumenten und Lichtprojektionen. Vorn wurden Motive aus dem Alten Testament und aus Al Gores Dokumentation auf eine Leinwand projiziert, und seitlich an den hohen Wänden des Aufführungsraums waren die Abbildungen von Kirchen, Synagogen, Moscheen und Tempel zu sehen, die dann am Ende des Dramas beim Einsetzen der Sintflut alle bildhaft in den langsam hochsteigenden Fluten mit versanken. Ich war von der Musik auf Anhieb begeistert. Und vor allem war ich erstaunt, dass Tarasov, allerdings ohne mich je daran teilhaben zu lassen, eine so hervorragende und zu meinen Texten so gut passende Musik geschrieben hatte. Sie war, zusätzlich zur thematischen Verbindung zwischen biblischer Geschichte, »gegenwärtiger« Sintflut und den drei monotheistischen Religionen, auch dem Musik-Genre nach eine höchst ansprechende Mischung aus Klassik, Moderne und überwiegend Jazz mit streckenweise massivem Schlagzeug. Dazu kam, dass hinter einem Vorhang ein zusätzlicher Chor der russisch-orthodoxen Kirche in Vilnius Gesänge aus der Liturgie, vor allem deren Credo, in die Musik hineinflocht.

Im ersten Augenblick war ich erstaunt, dann doch auch etwas

enttäuscht, dass Vladimir Tarasov nicht nur ohne mein Wissen die Musik bis zum letzten Ton fertigkomponiert, sondern auch seit mehreren Monaten mit dem vollständigen Ensemble an mehreren Orten das Werk geprobt, die Bildprojektionen vorbereitet und die ganze Regie und Einstudierung des Multimediaprojekts allein gemeistert und auch dessen Minimalfinanzierung sichergestellt hatte. Er hatte in der Tat Überwältigendes geleistet und sich allein die ganzen Vorbereitungen aufgebürdet, zu denen ich durchaus auch meinen Teil hätte betragen können und sollen. Letztlich zählte das Resultat. Und dieses bestand darin, dass Generalprobe und Aufführung von »Flood« mit jeweils vollem Saal ein sehr schöner und bewegender Erfolg wurden.

Natürlich war ich als angehender Musiker und seit meiner Kindheit zwischen den Kontinenten und Kulturen pendelnder Zeitgenosse schon immer an den Versuchen der abendländischen Musik interessiert gewesen, auch fremde Kulturen mit entsprechend exotischem Musikkolorit mit einzubeziehen. Dieser Fokus war auch ein Grund dafür gewesen, das epochen-, kultur- und religionsübergreifende Libretto »Flood« zu verfassen und dieses von einem ebenfalls interkulturell orientierten Komponisten vertonen zu lassen, der als Jazzmusiker auch mit unterschiedlichen anderen Musikstilen vertraut war.

Diese Erfahrung brachte mich der mir bisher nur wenig bekannten Jazz-, Rock- und Popmusik um ein weiteres Stück näher und veranlasste mich darüber hinaus, auch über neue Verbindungsmöglichkeiten zwischen »ernster« Klassik und »gehobener leichter« bzw. Unterhaltungsmusik nachzudenken, zumal beides in unserer Musikgeschichte durchaus enger zusammengehört hat, als mir dies vor meiner Begegnung mit Vladimir Tarasov geläufig gewesen war.

Im kirchlich-religiös geprägten Mittelalter, im deutschen Barock und vor allem in der italienischen Renaissance wurde vor allem noch unterschieden zwischen »geistlicher« und »weltlicher« Musik. Nach dem mittelalterlichen Minnesang der Troubadours und entsprechenden anderen Vorläufern verschob sich, besonders in Italien und Frankreich im frühen 18. Jahrhundert mit dem »galanten Stil« und dessen Frühform in der weltlichen Vokalmusik etwa des Frankoitalieners Jean-Baptiste Lully, der Schwerpunkt allmählich zur »weltlichen« Musik hin. Diese wurde europaweit von der höfischen Aristokratie bis tief in das 18. Jahrhundert hinein gefördert. Im Schaffen der großen Klassiker im 18. und 19. Jahrhundert war »schwere« und »leichte« Musik nie scharf voneinander zu unterscheiden. Man denke etwa an Händels »Feuerwerksmusik«, an Mozarts »Kleine Nachtmusik« und an Brahms' »Ungarische Tänze«. Besonders Mozart nahm in viele seiner Werke volkstümliche Elemente auf, wie etwa die berühmten Papageno- und Papagena-Arien in der »Zauberflöte« oder die hochkünstlerische Verarbeitung des Volksliedes »Komm lieber Mai und mache« im Schlusssatz des Klavierkonzerts in B-Dur KV 595.

Eine deutlichere Trennung zwischen Kunst- und Unterhaltungsmusik vollzog sich erst im 19. Jahrhundert im Zuge des wachsenden Geniekults. Bei den Meistern der Romantik erfolgte eine Integration von Volksmusik in ihr Schaffen seltener und weniger unbekümmert, bei Mahler sogar bis zu einem gewissen Grad verfremdet. Umso stärker verbreiteten sich gleichzeitig, völlig losgelöst von der anspruchsvollen Kunstmusik, schon früher bekannte Formen der Unterhaltungsmusik wie Gassenhauer, Bänkellieder, Moritaten oder auch Operetten, Tänze und Potpourris usw. bis zur Hochblüte der leichten Muse, vor allem repräsentiert durch den Wiener Walzerkönig Johann Strauß und die vielen anderen zeitgenössischen Operettenkomponisten.

Hand in Hand mit der Verwendung von Volksmusik bei der Komposition »ernster« Klassik geht auch die Verbindung zwischen »heimischer« und fremdländischer Musik einher. Auch für diese Art von interkulturellem »Crossover« erweist sich der weltmännisch viel reisende *Mozart* als bahnbrechend. Kurz nachdem er 1782 als freier Komponist in Wien seinen Wohnsitz genommen hatte, wurde seine Oper »Die Entführung aus dem Serail« im Burgtheater uraufgeführt. Darin sind, besonders in der Ouvertüre, deutliche Anklänge »türkischer Musik« enthalten, jedenfalls so, wie man sich im 18. Jahrhundert in Europa diese Musik vorstellte. Die Erweiterung des Orchesters der Wiener Klassik um Instrumente wie Becken, Große Trommel (»Türkische Trommel«), Piccoloflöte und Triangel entsprach dem Instrumentarium der Janitscharenmusik. Mozart hatte Aspekte seiner türkischen Musik bereits in früheren Werken eingesetzt, zum Beispiel im »Türkischen Marsch« (Allegretto in Rondoform, »Alla Turca«), im 3. Satz der Klaviersonate Nr. 11 A-Dur KV 331 wie auch im Konzert für Violine und Orchester Nr. 5, A-Dur KV 219, 3. Satz, Rondeau (Tempo di Minuetto, Allegro). Schon während der Niederschrift der Ouvertüre zur »Entführung« hatte Mozart seinen Vater darüber brieflich auf dem Laufenden gehalten.

Die ist ganz kurz – wechselt immer mit forte und piano ab, wobey beym forte allzeit die türkische musick einfällt – modulirt so durch die Töne fort – und ich glaube man wird dabey nicht schlafen können, und sollte man eine ganze Nacht auch nichts geschlafen haben.

(Brief an Leopold Mozart vom 26.9.1781)

Als im 20. Jahrhundert der Jazz den europäischen Kontinent erreichte, bekam die Mischung verschiedener Stile eine neue Qualität. Da der Jazz seine Wurzeln in den Spirituals der afrikanischen Sklaven hatte und damit aus einer Kultur stammte, die nicht zum Abendland gehörte, sind, historisch betrachtet, die neueren »Crossover« zwischen Klassik und U-Musik letztlich eine Form interkultureller Musik und haben ihren Ursprung in derselben.

In dieser Weise verwob bereits Claude Debussy in dem Stück »Golliwogg's Cakewalk« (»Hampelmanns Tanz«) in seiner 1908 uraufgeführten Klavierkomposition »Children's Corner« ein ragtimeartiges Thema raffiniert mit einem Tristan-Zitat. Ganz ähnlich verband später Maurice Ravel in seinem Klavierkonzert in G-Dur von 1932 unerschrocken (und sehr virtuos) Jazz, baskische Volksmusik und klassische Klavierkunst miteinander. Von Ernst Krenek wurde 1927 seine von den aufkommenden Nazis scharf bekämpfte und nach deren Machtübernahme als »entartet« bezeichnete Jazzoper »Jonny spielt auf« op. 45 uraufgeführt. In diesem Werk, welches aus Kreneks sonst ganz und gar der Moderne verpflichteten Schaffen herausfällt, besteht nicht nur in der Musik eine enge Verbindung zwischen Klassik, Musical, Operette und Jazz, sondern auch in der Handlung der Oper, insbesondere in der spannungsvollen Beziehung zwischen den beiden Hauptpersonen, dem Jazzer Jonny und dem Komponisten Max, welche beide die Musik-»Antipoden« Kunst- und Unterhaltungsmusik repräsentieren.

Bemerkenswert gelungene, ganzheitlich runde Verbindungen zwischen Kunstmusik und Jazz wurden durch die beiden fast gleichaltrigen Musikschaffenden, dem Broadway-Komponisten *George Gershwin* (1898–1937) und *Kurt Weill* (1900–1950), verkörpert. Von Gershwin sind in die Musikgeschichte eingegangen sein berühmtes Frühwerk »Rhapsody in Blue«, eine Verbindung zwischen Jazz und konzertanter Symphonik, und seine späte Oper »Porgy and Bess«, eine Folk-Oper, die nach dem Buch von DuBose Heyward über das afroamerikanische Leben entstand und berühmte Nummern wie »Summertime«, »I Got Plenty o' Nothin'« und »It Ain't Necessarily So« enthält. »Porgy and Bess« ist die erste eigenständige Oper Nordamerikas. Kurt Weill, ein sich selber als amerikanischen Komponisten bezeichnender deutsch-jüdischer Emigrant, schrieb seine bekanntesten Werke, die Schauspielmusik »Dreigroschenoper« und seine Oper »Aufstieg und Fall der Stadt Mahagonny«, beides Vertonungen von Brecht-Libretti, noch kurz vor seiner Emigration 1933 aus Deutschland, und beide wurden von den aufstrebenden Nazis fanatisch boykottiert. Weill spricht eine kontrastreiche Musiksprache, in der er meisterhaft Avantgarde und den am Popsong (z. B. »Die Moritat von Mackie Messer«) orientierten amerikanischen Musikstil miteinander zu verbinden versteht. Insofern trifft Weills Selbstbezeichnung als amerikanischer Komponist im Grunde schon für die letzten Jahre vor seiner Emigration zu. Beide Komponisten, Weill und Gershwin, sind die wohl bekanntesten »Klassiker« einer ersten übergreifenden Verbindung zwischen Kunstmusik und »leichter Muse« im frühen 20. Jahrhundert. Als dritten in dieser Reihe würde ich auch noch Leonard Bernstein (1918–1990) nennen, vor allem wegen seines Musicals »West Side Story«.

Im Unterschied zu der von den amerikanischen Komponisten (einschließlich Weill) eingeschlagenen Richtung scheint die fast gleichzeitig im deutschsprachigen Raum entstehende Neue Musik der Moderne und dann erst recht die der Nachkriegs-Avantgarde für eine solche Verbindung nicht offen gewesen zu sein (abgesehen von der erstaunlichen »Ausnahme« von Kreneks Jazzoper »Jonny spielt auf«). Insgesamt kann man wohl sagen, dass in den angloamerikanischen Ländern die Barrieren zwischen Kunst- und Unterhaltungsmusik niedriger waren als in Deutschland, vor allem ab den 1930er Jahren. Dem denkbar größten Abstand zwischen den beiden Musikrichtungen begegnen wir in den Werken der nur wenigen intellektuellen Insidern zugänglichen Wiener Schule Schönbergs und dann noch eindeutiger in der breiten Strömung der Avantgarde in den fünfziger und sechziger Jahren in Darmstadt und Donaueschingen. Karlheinz Stockhausen, der sich anfangs noch sehr auf die serielle Musik konzentriert und sich auch früh der Elektronik zugewandt hatte, zeigte sich wieder etwas später an religiösen und mystischen Themen auch aus dem fernöstlichen Bereich interessiert. Er sprach sich in diesem Sinn erst 1970, fast als Einzelgänger im Bereich der deutschen Kunstmusik, besonders für interkulturelle Verbindungen oder gar »Symbiosen« einer Musik aus, die er, wie bereits im Kapitel über die Postmoderne angedeutet, auch praktisch in seiner Musik vollzog.

Der krasse Dualismus zwischen ›alt‹ und ›neu‹, ›traditionell‹ und ›modern‹, ›primitiver Musik‹ und ›Kunst-Musik‹ – ja, auch ›asiatischer‹ und ›europäischer‹ Musik ist aufgelöst worden. Was heute der beherrschende Ton der Musikkritik ist und die Meinung der meisten Komponistenkollegen ablehnt (mit jenem bedauerndem Unterton: Er ließ sich von irrationalen, fernöstlichen, japanischen, indischen Ideen beeinflussen …), wird sich als eines der wichtigsten Ereignisse herausstellen: der Beginn einer wirklichen ›Symbiose‹ europäischer, asiatischer, afrikanischer und südamerikanischer Musik
(Karlheinz Stockhausen 1970, zit. nach Peter Michael Hamel: Durch Musik zum Selbst. München 1980, S. 35)

Im Gegensatz zur Kunstmusik der Moderne und Avantgarde und letztlich auch der Postmoderne gehen im späteren 20. Jahrhundert seitens der wichtigsten Vertreter von Pop, Rock und Jazz beachtliche Initiativen zu einem Crossover zwischen Kunst- und »leichter« Musik aus, bei denen es allerdings entschieden zu differenzieren gilt. Ich persönlich würde etwa 95 % von dem, was bis heute als »Crossover« zwischen Popmusik und Klassik vermarktet wurde, als künstlerisch mehr oder weniger wertlos ansehen, wobei ich allerdings die neuesten Strömungen nicht kenne. Bei Verbindungen von Jazz – der eine Minderheitenmusik ist – dürfte es etwas günstiger aussehen, da dort vordergründige kommerzielle Beweggründe eine geringere Rolle spielen. Rock/Pop, Jazz und Klassik setzen unterschiedliche Schwerpunkte und haben in diesem Sinn unterschiedliche »Stärken«. Die Stärke der Klassik bzw. Kunstmusik ist deren Tiefgang, deren Komplexität und deren differenzierte Ausarbeitung, diejenige des Jazz die hohe Kunst der Improvisation bis zu über 30 Minuten in einem einzigen Werk, und im Rock ist es umgekehrt die Konzentration auf möglichst kurze, musikalisch dicht gefüllte Zeiteinheiten. Im schlechtesten Fall kommt bei den Verbindungen keine dieser Stärken zum Tragen, und das Resultat ist kitschig, unglaubwürdig und unecht. Dies gilt für beide beteiligten Richtungen: Klassik-Stars verstehen Rock/Pop oft genauso wenig wie umgekehrt. Erschwerend kommt hinzu, dass in der Rockmusik Liedtexte, anders als in der Klassik, kaum Gedichte sind, sondern eher brillanten Tagebuchtexten oder Reportagen ähneln. Das ändert jedoch nichts daran, dass es auch einige äußerst gelungene und faszinierende Beispiele für ein »Crossover« zwischen den verschiedenen Bereichen gibt. Aber diese Versuche finden wir sehr viel häufiger und zupackender im Pop-, Rock- und Jazz-Sektor an als in der sich leider häufig etwas schmalbrüstig, müde und weiterhin auch einseitig intellektuell gebenden Kunstmusik bis ins 21. Jahrhundert hinein.

Eine ganz besondere Rolle im Popbereich hat die inzwischen »klassische« Gruppe The Beatles gespielt. Mitte der sechziger Jahre begannen sie stilistische Zitate aus der Klassik in ihre Songs einzubauen. So sah Paul McCartney zufällig im Fernsehen eine Aufführung von Bachs Brandenburgischem Konzert Nr. 2, als er gerade dabei war, seine Kindheitserinnerungen in Liverpool in seinem Song »Penny Lane« zu verarbeiten. Daraufhin ließ er den Trompeter der betreffenden Fernsehaufführung ins Studio kommen und bat ihn, in der Mitte des Songs ein Bach stilistisch nachempfundenes Solo auf der Bach-Trompete zu spielen. Zudem war der Produzent der Beatles, George Martin, klassisch ausgebildet, und es gelang ihm, bestimmte Elemente der Klassik dosiert und geschmackvoll in einige der Songs zu integrieren. Im Gegensatz zu den bei der Rockmusik ursprünglich eher verpönten Streichinstrumenten machen sich – etwa beim Evergreen der Beatles »Yesterday« – Streicharrangements in Kammermusikbesetzung gut. Außerdem haben die Beatles an elektronische Experimente von Stockhausen angeknüpft (rückwärts abgespielte Bänder etc.), ohne dabei an Eingängigkeit einzubüßen.

Was gelungene »Crossover« zwischen Pop und Klassik gerade bei den Beatles betrifft, so möchte ich mir zwei beispielhaft erscheinende Songs herausgreifen.

»All You Need Is Love« ist vielleicht der Song, der 1967 am stärksten die Botschaft vom »Summer of Love« verkörperte. Auf dem Hintergrund des Vietnamkrieges und anderer Krisen wird Liebe als Lösung gesehen. Insofern enthält »All You Need Is Love« eine spirituelle Botschaft und ist hintergründig ein Protestsong. Dieser wurde am 25. Juni 1967 live bei der ersten weltweiten Fernsehsendung unter der Rubrik »Our World« per Satellit in 26 Länder ausgestrahlt. Die Beatles waren zu diesem Anlass als Vertreter Englands um ein einfaches Lied gebeten worden, welches Menschen auf der ganze Welt verstehen können. Komponist und Hauptsänger war John Lennon, der auch später, nach der Zeit der Beatles, weitere wichtige politische Songs wie »Give Peace A Chance« oder »Power To The People« schrieb. Um die Internationalität und das Übergreifende zu unterstreichen, beginnt »All You Need Is Love« mit der »Marseillaise« und klingt aus mit Zitaten von Glenn Millers »In The Mood« (Jazz), Bachs Brandenburgischem Konzert Nr. 2 (Klassik), »Greensleeves« (Volksmusik) sowie dem eigenen Pop-Hit »She Loves You«.

»Within You Without You«. In einer späteren Phase begannen die Beatles noch eindeutiger nach einem spirituellen Sinn zu suchen, vor allem bei dem indischen Guru und Begründer der transzendentalen Meditation Maharishi Mahesh Yogi. Der indische Musik mit westlicher Popmusik verschmelzende Song stammt von George Harrison, dem Leadgitarristen der Beatles. In dem auch von der indischen Philosophie beeinflussten Text geht es darum, dass wir alle eins sind, und er versteht sich als eine Art innere Revolution gegen den Materialismus. Der Lacher von George Harrison am Ende des Songs soll als eine Art »Göttliches Gelächter« etwas von der Bedeutungsschwere des Ganzen nehmen. Der Song gilt als eines der ersten Beispiele der als »Weltmusik« apostrophierten Mischform aus westlicher Populärmusik und traditionellen, nichtwestlichen Musikformen und ist in diesem Sinne auch ein Symbol für den Trend, Spiritualität in östlichen Religionen zu suchen.

Wirklich gelungene Symbiosen von Rock und Klassik sind mir fast keine bekannt. Eine besondere Ausnahme ist der amerikanische Komponist und Musiker Frank Zappa (1940–1993), der als erster Rockmusiker der Geschichte eine vollständige Orchesterpartitur geschrieben hat. Schon als Kind war Frank Zappa gleichermaßen von dem in Frankreich um die Jahrhundertwende herum wirkenden Edgar Varèse sowie vom Schönberg-Schüler Anton Webern beeindruckt sowie auch von den populären Stilrichtungen des Blues, Country und Pop. Schon in Zappas Frühwerk sind Einflüsse von Igor Strawinski erkennbar. Einige der Werke Zappas basieren auf einer anspruchsvollen Symbiose von Rock und Klassik. Ich habe vor kurzem in der Bayerischen Staatsoper in München eine beeindruckende Uraufführung des Balletts »Der gelbe Klang« mit der Musik von Frank Zappa miterlebt, eine faszinierende musikalische Bearbeitung von Wassily Kandinskys gleichnamigem Stück vom Zusammenwirken und Interagieren von Klang und Farbe.

Erwähnenswert erscheinen mir noch der Rockmusiker Jimi Hendrix und der jamaikanische Reggae-Musiker Bob Marley aufgrund ihrer engagierten politischen Protestsongs. Der von Hendrix beim Woodstock Festival von 1969 auf seiner elektrischen Gitarre (mittels kontrollierter Rückkoppelung, Tremolo-Hebel, Wah-Wah-Pedal usw.) erzeugte kunstfertig schrille Sound zu »Star-Spangled Banner«, eine regelrechte musikalische Zerfetzung der amerikanischen Nationalhymne, kann als künstlerisch ähnlich relevantes Statement angesehen werden wie politisch motivierte Werke von Hans Werner Henze oder Luigi Nono. Und die erste international anerkannte Rock-Ikone aus einem Entwicklungsland, der jamaikanische Sänger, Gitarrist und Songwriter Bob Marley, thematisiert mit seinem Protestsong »Get Up, Stand Up« ebenfalls politische Missstände mit einer schlichten, aber einprägsamen Struktur und mit einer Botschaft, die jedermann (etwa bei Demonstrationen) leicht nachsingen kann.

Dass ein »Crossover« zwischen Pop/Rock und Klassik eingängiger zu sein scheint als zwischen Jazz und Klassik, liegt möglicherweise auch am bereits angedeuteten Grundunterschied zwischen Rock/Pop und Jazz. Während die Stärken von Rockmusikern eher in der Kurzform liegen – wenn es etwa darum geht, ein Lebensgefühl intensiv auf drei Minuten zu verdichten –, haben Jazzer eine Affinität zu längeren Formen. Das liegt daran, dass Improvisation das vielleicht wichtigste Element im Jazz ist. Gute Jazzer improvisieren nicht nur technisch brillant und ausdrucksstark, sondern auch musikalisch in sich logisch und schlüssig.

Ich möchte im Folgenden drei Highlights aus dem Jazz herausgreifen, die so weit künstlerischen Ansprüchen genügen, dass sie aus der Sphäre der sogenannten U-Musik deutlich herausragen und zu den Klassikern des 20. Jahrhunderts gezählt werden können.

»Strange Fruit« ist eines der erschütterndsten Protestlieder bzw. ein stiller, weit über den US-amerikanischen Kontinent hinaus wirkender Protestschrei aus den späten dreißiger Jahren.

Southern trees bear strange fruit,
blood on the leaves and blood at the root,
black body swinging in the Southern breeze,
strange fruit hanging from the poplar trees.

Bäume im Süden tragen eine sonderbare Frucht
Blut auf den Blättern und Blut an der Wurzel
Schwarzer Körper schaukelt in der Brise des Südens
Sonderbare Frucht hängt von den Pappeln

Der 1937 vom US-amerikanischen Songwriter und Schriftsteller Abel Meeropol unter dem Eindruck von kursierenden Fotos von Lynchmorden in den amerikanischen Südstaaten verfasste Text ist eine künstlerische Aussage gegen diese Art von Verbrechen und ein früher Ausdruck der US-amerikanischen Bürgerrechtsbewegung. Geschrieben hat ihn der Autor für die afroamerikanische Sängerin Billie Holiday, neben Ella Fitzgerald die wohl größte Jazz-Vokalistin aller Zeiten. Der von ihr 1939 im Café Society in New York vorgetragene Song soll dazu geführt haben, dass wichtige Printmedien damit begannen, Afroamerikaner überhaupt abzubilden.

John Coltrane ist neben Miles Davis vielleicht der wichtigste Musiker des gesamten Jazz. Wenn er auch mit seinem hellen, durchdringenden, aber überaus melodischen Ton auf dem Tenor- und Alt-Saxophon wie ein Klassiker des Jazz wirken mag, geht er doch als Revolutionär in die Geschichte des Jazz ein. Sein wichtigstes Werk, »A Love Supreme« (1965), ist Gott gewidmet, wobei Coltrane dazu selber einen umfangreichen Booklet-Text verfasst hat, in dem er auch auf sein eigenes »spirituelles Erwachen« 1957 nach heftigen Drogenproblemen anspielt. Die zum letzten Abschnitt gehörende »Pursuance« (»Part 3«) ist wild und voller berstender Energie. Coltrane und seine Band loten musikalische Grenzen aus, die er ein Jahr später zum sogenannten »Free Jazz« erweitern sollte, dem extremsten Stil des Jazz. In »Psalm« (»Part 4«) improvisiert Coltrane mit großer Inbrunst das musikalische Gebet eines Jazz-Avantgardisten, persistierend eingängig und meditativ verinnerlicht. Aber hier ist die Freiheit sozusagen gebunden. Man kann so während der ganzen sieben Minuten des Songs auf dem Klavier einen offenen C-Akkord (ohne die Terz dazwischen) unterlegen, so dass es wie ein das ganze Lied durchziehender, versteckter Orgelpunkt klingt. Die Musik ist trotz aller Freiheit in gewisser Weise tonal, allerdings weniger wie in der westlichen Kunstmusik funktionsharmonisch, sondern eher vergleichbar mit einem Raga der indischen

Kunstmusik (also ein »Modaler Jazz«). In der Tat hat sich Coltrane von indischer und arabischer Musik beeinflussen lassen. Gerade der »Psalm« wirkt auf mich zutiefst spirituell. »A Love Supreme« wurde von revolutionären Afroamerikanern und pazifistischen Hippies gleichermaßen verehrt. 1967 starb Coltrane im Alter von nur 40 Jahren, manche meinen, der Ausdruck »verglüht« würde es besser treffen.

Keith Jarretts *The Köln Concert* schließlich von 1975 gilt als die populärste Soloklavier-Aufnahme des Jazz. Weit über den elitären Kreis von Modern-Jazz-Hörern hinaus begeistern sich viele von Pop- bis zu Klassikfreunden dafür. Wegen der ungünstigen klaviertechnischen Bedingungen bei jenem Konzert beschränkte sich Jarrett bei seinen Improvisationen auf relativ einfache musikalische Formeln und spielte nur wenig im Diskant. Trotzdem ist sein Spiel von einer glutvollen, stellenweise ekstatischen Stimmung erfüllt. In gewisser Weise überführt er Coltranes Spiritualität in neue Gefilde, um breitere Schichten von Musikfreunden zu erreichen. Keith Jarrett ist übrigens ein klassisch ausgebildeter Pianist und hat auch ernstzunehmende Einspielungen u. a. von Bach vorgelegt.

Nach meinem Empfinden geht von mehr oder weniger allen den eben erwähnten Versuchen einer Verbindung zwischen dem Ernst einer Kunstmusik und der Vitalität eines Pop, Rock und Jazz eine besondere Kraft, eine tiefgreifende Lebendigkeit und ein leidenschaftliches, religiös humanistisches und politisches Engagement aus. So stark begegnet uns diese »revolutionäre« Seite der Musik allenfalls beim jungen Beethoven und dann erst wieder in den in einem früheren Kapitel als »Nationalromantik« bezeichneten Werken des späteren 19. Jahrhunderts. Ansätze finden sich in einigen spätromantischen Werken (Mahler) und, wieder anders, in Strawinskis »Sacre du printemps«. Ähnlich gelagert sind einige der in der Postmoderne entstandenen, ebenfalls angeführten kraftvollen, geistlichen Werke vor allem aus Osteuropa. Natürlich gibt es, wie ich dies vorhin am Beispiel von »Der fliegende Teppich 2013 Odyssee«, besonders in der großartigen Kurzoper »Journey Home« aus Israel von Amos Elkana, aufzuzeigen versuchte, im Bereich neuester Kunstmusik immer wieder Werke von Komponisten aus unterschiedlichen Ländern, in denen kulturelle, politische und religiöse Ideale zum Tragen kommen, und wir treffen auch zunehmende Tendenzen an, in diese Musik Elemente von Pop, Rock und Jazz zu integrieren. Umso wichtiger erscheint es mir, diese Art der Zusammenfügung heterogener Elemente zu einem neuen Ganzen zu intensivieren, um so in die trotz allem von des Gedankens Blässe etwas angekränkelte heutige »Klassik« oder Kunstmusik frischen Wind zu bringen.

Freilich wäre es gut, diese bisher etwas pauschale Empfehlung eines »Crossover« zwischen Klassik und Pop, Rock und Jazz ein wenig zu spezifizieren, ohne dabei die vielfachen anderen Möglichkeiten aus dem Blick zu verlieren.

In diesem Sinn finde ich ein in den neunziger Jahren im Ruhrgebiet uraufgeführtes Werk erwähnenswert, mit dem ich in Berührung gekommen bin und welches ein besonderes Modell sein könnte für ein die heutige Musik belebendes »Crossover« zwischen Kunstmusik, Rock und Jazz. Es ist eine mit sehr kleinem spieltechnischem Aufwand wiederzugebende und trotzdem archaisch klingende Tonschöpfung für nur wenige Streicher und eine Trommel mit dem Namen »Bracelli« von dem US-amerikanischen Komponisten Louis Thomas Hardin (1916–1999), der, seit seiner Kindheit durch einen Unfall erblindet und seiner Erscheinung und seinem Verhalten nach äußerst skurril wirkend, sich selber nach einem seiner Blindenhunde *Moondog* genannt hat. Die dunklen, monotonen und sich ständig wiederholenden Rhythmen erinnern sowohl an Minimal Music als auch teilweise an Jazz, teilweise an Rock. Die Einfachheit, die Monotonie und die ständige Wiederkehr gleicher und ähnlicher Rhythmen lässt beim Hören das Gefühl von Unendlichkeit oder von etwas Allumfassendem entstehen.

Vielleicht ist es zu weit gegriffen. Aber ich könnte mir vorstellen, dass besonders diese Synthese zwischen Jazz, Rock und Minimal Music eine überzeugende und zukunftsweisende musikalische Konstellation sein könnte, die der Überwindung eines gewissen Defizits in der Musik der Gegenwart dient. In dieser Synthese würde von der einen Seite, dem Jazz (oder dem Rock), das urgründig kraftvoll belebende Element einfließen. Die asketisch schlichte, aber umso nachhaltiger in unser Inneres eindringende andere Seite, die Minimal Music, würde uns meditativ innehalten lassen und uns so etwas leichter zu unserer eigenen »Mitte« führen können. Beides zusammen ergäbe eine stabilisierende Verbindung von äußerer und innerer Kraft. Möglicherweise wäre dies auch ein »therapeutischer« Ansatz und ein gewisser Ausgleich zum heutigen in chronischer Überhitzung lebenden, hypertechnisierten und geistig orientierungsarmen und deshalb sich auch permanent selbst bedrohenden homo oeconomicus (oder auch homo mobilis), zu dem sich der einstige homo sapiens im 20. Jahrhundert selber gemacht hat.

Was die künstliche Trennung zwischen sogenannter E- und U-Musik anbelangt, so möchte ich abschließend darauf hinweisen, dass aus musikpsychologischen Untersuchungen hervorgeht, dass das Hörverhalten nicht unbedingt mit Musikstilen korrespondiert. Dafür lassen sich konkrete Beispiele anführen. So weiß ich, dass Musiker und besonders Produzenten in Tonstudios anscheinend noch so banale Rock- und Popmusik so weit unter analytischen Gesichtspunkten rezipieren, dass ihnen selbst winzige Änderungen des Sounds nicht entgehen. Umgekehrt ist mir eine Musikhörerin bekannt, die an die Neue Musik von György Ligeti extrem emotional herangeht. Wieder ein anderer Hörer von Musik des 20. Jahrhunderts, die weit über Strawinskis »Le sacre du printemps« hinausgeht, nimmt diese in Form intensiver körperlicher Spannungs- und Entspannungszustände auf und berichtet dementsprechend, dass er im Konzertsaal manchmal am liebsten aufspringen und mittanzen würde. Auch die Frage, ob man Musik im Hintergrund laufen lässt oder ihr bewusst zuhört, ist im heutigen Medienzeitalter immer weniger vom Musikstil abhängig. Trotzdem wird manche Musik eher bewusst mit dem ganzen Ich aufgenommen als andere. Ich glaube allerdings, dass das Kriterium dafür nicht immer der Musikstil ist, sondern die Qualität eines Musikstücks. In diesem Sinn würde ich sagen, dass ich trotz meiner allgemeinen Bevorzugung der Musik der Klassik und Romantik Strawinskis »Le sacre du printemps« und sogar bestimmte Stücke der Beatles immer noch lieber höre als Werke von Antonio Salieri oder Ignaz Moscheles oder anderen seinerzeit berühmten, aber heute weitgehend vergessenen Komponisten. Dies alles scheint weiter das zu bestätigen, was Konstantia Gourzi über die musikalisch noch weitgehend »unverbildeten« jüngsten Mitglieder des Kinderchors während ihrer musikalischen Einstudierung von »Der fliegende Teppich 2013 Odyssee« berichtete, nämlich dass diese Kleinsten so rasch und so selbstverständlich in der Lage waren, künstlerisch hochwertige, zeitgenössische Musik zu rezipieren und zu memorieren wie unsere Generation seinerzeit die große »Klassik«.

Ich erinnere mich, dass sich unser Sohn Stefan in den frühen achtziger Jahren als knapp Vierzehnjähriger intensiv mit der mir

persönlich damals völlig fremden Musik von György Ligeti beschäftigte, und wir Eltern empfanden es als ein unverzeihliches
Sakrileg unseres »dummen Jungen«, dass er im selben Zug
Mozart als »langweilig« beurteilte. Erst kürzlich bestätigte mir
eine Musikerin, wie vorsichtig man mit einer solchen Reaktion
umgehen sollte. Sie berichtete von sich aus, dass es ihr sogar im
Erwachsenenalter, als sie sich ebenfalls mit Ligeti beschäftigte,
genauso ergangen war, und nannte als Beispiel für sie gleichzeitig
langweilende Musik »zufällig« genau denselben Mozart. Ich bin
trotzdem davon überzeugt, dass dies ein wenngleich grundsätzlich nachvollziehbarer, aber doch etwas zu schneller und pau-
schaler Sprung in der Musikrezeption ist. Denn von einem noch
so eingeschworenen Ligeti-Fan erwarte ich zwar möglicherweise
ein distanziertes Verhältnis zu Mozart. Aber ich bin davon überzeugt, dass bestimmte, besonders unter die Haut gehende, vielleicht noch so kurze Passagen in Mozarts Werken an ihm nicht
spurlos vorbeigehen dürften.

Musik ganz allgemein ist nicht das einzige uns in eine »bess're
Welt« entrückende Medium innerhalb der Kunst, und erst recht
nicht innerhalb der Vielfalt unserer Kultur (beispielsweise auch
der Wissenschaft). Aber es ist, ganz allgemein gesprochen, eine
zentrale Metapher im Zentrum unseres Lebens, insofern sie auf
etwas Transzendentes, eine zentrale Ordnung, einen inneren
Sinn hinweist bzw. in uns als Metapher die Erfahrung eines
solchen inneren Sinns wecken kann und uns darin bestärkt, die
Frage nach unserem Ursprung, nach unserer Identität und nach
unserer Bestimmung zu stellen.

Nach meinem bisherigen Fokus auf die Entwicklung der Musik durch die Jahrhunderte und Jahrtausende vor allem unter
kompositorischem Aspekt möchte ich im letzten Kapitel dieses

Buchs kurz einige praktische Aspekte der Vermittlung von Musik als einer solchen Metapher anführen, sowohl auf der Hörerseite als auch auf der Seite vor allem der heute nachrückenden Generation ausübender Musiker.

Musik als Metapher

»Es« spielt und nicht man selbst

Seit über einem Jahrzehnt habe ich mit dem Geiger Vesselin Paraschkevov etliche öffentliche Rezitationskonzerte durchgeführt, mit unterschiedlichen, von mir vorgetragenen und von ihm musikalisch mit gestalteten Texten. Die wechselseitige Abfolge von Textlesung und dem Vortrag von dazu passenden klassischen und zeitgenössischen Musikstücken endete meistens, als wundervolle Abrundung unserer Veranstaltungen, mit Paraschkevovs Wiedergabe der *Ciaccona* aus der d-Moll-Partita Nr. 2 für Violine Solo von Johann Sebastian Bach BWV 1004.

Auf meine Frage, wie er, Paraschkevov, es fertigbrächte, dieses von ihm so oft gespielte Werk jedes Mal von neuem so eindrucksvoll inspiriert wiederzugeben, als wäre es das erste Mal, meinte er, dass man als Künstler immer bereit sein müsse für das, was beim Spielen geschehe, und dass es deshalb umso wichtiger sei, zu üben und an seiner Kunst zu arbeiten. Wirklich gut würde diese Wiedergabe allerdings erst dann werden, wenn »es« spielt und nicht man selbst. Nach meinem schließlich von Paraschkevov bestätigten Verständnis heißt das, dass eine höhere Kraft durch einen spielt, wobei eine entsprechende meditative Konzentration auf das gespielte Werk ein solches Ereignis fördern kann. Dies erinnerte mich an die Aussage Mozarts, er suche die Töne, die sich lieben. Es geht hier also um eine die raumzeitlichen Dimensionen transzendierende Erkenntnis, bei der sich dem Künstler etwas Wesentliches immer wieder neu »enthüllt«.

Dieser Antwort auf meine Frage fügte Vesselin Paraschkevov im Lauf eines längeren Gesprächs einige ergänzende Erläuterungen seiner Aussage (»es« spielt, aber nicht man selbst) hinzu. Es handelt sich vor allem um Aspekte einer Musikwiedergabe und weniger der Musikrezeption. Ich habe versucht, diese Aussagen zu einer Reihe von Punkten zusammenzufassen, in denen die Voraussetzungen für eine verinnerlichte Musikwiedergabe zur Sprache kommen und die deutlich machen können, inwiefern Musik auch eine Metapher für das ist, was Musik in uns bewirkt und wozu sie uns zu bewegen vermag.

1. In der Musik liegt eine schöpferische Kraft, inneres Feuer, Muse, inneres Wissen, Schwung bzw. Ch'i, alles Namen des Gleichen. Musik weist auf die Existenz solch tiefer Gegebenheiten hin. Die Identifikation des Musikausübenden mit der schöpferischen Kraft der Musik während der zunehmenden, selbstvergessenen Vertiefung in dieselbe kann so sehr überhandnehmen, dass der Spielende sich gelegentlich mit dieser Kraft gleichzusetzen meint, obwohl dies natürlich objektiv nicht der Fall ist. Diese Identifikation kann nichtsdestoweniger ein Ansporn dazu sein, mit der besagten schöpferischen Kraft der Musik neue Wege in unserem Leben zu ebnen. »Es« spielt und nicht man selbst.

2. Um die schöpferische Kraft der Musik voll zu ihrer Geltung kommen zu lassen, muss der Interpret sich Zeit nehmen. Die Kunst beginnt mit dem Rubato, formuliert Paraschkevov. Das

ist, so wie ich es verstanden habe, so etwas wie ein Innehalten und verharrend nach innen Horchen, bevor der Fluss weitergeht.

3. Sosehr wir für die Wiedergabe von Musik auch unsere ganze Intelligenz einsetzen müssen, so gibt es doch noch einen Bereich in unserer Wahrnehmung und in unserem Fühlen, der mindestens eine so zentrale Rolle spielt wie die Intelligenz. Es ist die ganzheitliche Inspiration oder Intuition. Intelligenzleistungen werden uns antrainiert, die mit der Intelligenz verbundenen Gebote und Verbote werden uns eingetrichtert. Intelligenz sorgt dafür, dass die Töne rechtens gespielt werden. Inspiration hingegen stellt sich »von selbst« ein oder nicht ein. Sie vermittelt sowohl dem Musikausübenden als auch dem Hörenden so weit umfassende und tiefe Verstehenszusammenhänge, dass beide ähnlich fühlen, »in der Musik angekommen zu sein«. Aber auch umgekehrt kann Musik zu inspirierter und intuitiver Wachheit anregen und anleiten.

4. Auch wenn die Inspiration oder Intuition das Wichtigste ist, so ist vor allem für eine Wiedergabe von Musik das Üben von Disziplin unabdingbar notwendig, auch wenn diese Disziplin nicht in Überkontrolle oder gar in quälende Selbstzüchtigung ausarten darf. Diese Art intensive Beschäftigung mit Musik ist auch eine große Chance für eine allgemeinmenschliche Disziplinierung des Künstlers. Voraussetzung dafür wiederum ist, eine innere Haltung von Geduld zu entwickeln.

5. Für das Üben von Disziplin und für die Wahl der richtigen Zeitdauer für die Wiedergabe eines Musikwerks gibt es keine allgemeingültigen Regeln. Das gleiche Werk wird von jedem Künstler als individuell höchst unterschiedlicher Zugang zu

Klängen und zur Struktur der Musik, deren Melodik, Harmonik und Rhythmik erlebt und verarbeitet. Eine einer früheren Wiedergabe noch so ähnlich scheinende neue Wiedergabe desselben Interpreten kann auf den Hörer sehr unterschiedlich wirken und ihm auch als unterschiedlich gelungen erscheinen. Erst recht sind zwei wie vollkommen erklingende Musikwiedergaben durch unterschiedliche Interpreten miteinander genauso wenig vergleichbar wie etwa Zentimeter und Sekunde. Das wichtigste Qualitäts-Kriterium jedoch bleibt immer: Wieweit führt die erklingende Musik gleichsam metaphorisch die Zuhörenden an das Göttliche oder nicht? *Musica colludium aeternitatis.*

6. Die alten Chinesen haben zu den Elementen nicht nur Feuer, Wasser, Luft und Erde gezählt, sondern als fünftes Element die Mitte. Bei jeder Musikwiedergabe ist es das innere Feuer, welches dem Ganzen einen inneren Sinn gibt. Ohne dieses innere Feuer bleibt Musik eine hohle Ansammlung von Tönen. Der Ausdruck des Sinns der Musik zeigt die Unausweichlichkeit, eine Mitte als eines der Grundelemente der Musikwiedergabe anzunehmen.

7. Eine weitere unverzichtbare Feststellung ist somit, dass jede erklingende Musik einen tiefen inneren Sinn aufweist und so gesehen Musik eine Metapher eben für diesen Sinn ist. Dieser tiefere Sinn ist jedoch nie vorgegeben oder vorbestimmt. Er ist für den Musikausübenden zwar aufgrund von dessen Vorerfahrungen erahnbar. Aber ihn erst richtig erkennen als eine Gewissheit, wie diese Musik genau zu erklingen hat, kann der Ausübende erst in dem Augenblick, in dem er mit dessen konkreter Wiedergabe beginnt. Man kann es auch so ausdrücken: Man soll die Töne so spielen, wie sie gespielt werden wollen. Deshalb sollte der innere Sinn eines Musikwerks nicht im Bekannten gesucht

werden, sondern im Neuen, Zukünftigen. Und wichtig ist, dass diese Suche nach Neuem nicht in Anspannung und unter Leistungsdruck erfolgt, sondern in einem Zustand der Entspannung und der Öffnung für das Überraschend-Neue.

Über die hier zusammengefassten Grundgedanken von Vesselin Paraschkevov hinaus gab dieser aus der Praxis seines Geigenunterrichts an der Musikhochschule ein Fallbeispiel wieder. Ein etwa siebenjähriger Junge spielte ihm auf der Geige sein »Hänschen klein« mit einem tapferen Rundstrich seines Bogens vor. Bisher hatte Paraschkevov noch nie einem so jungen Geigenspieler den Naturklang beigebracht. Jetzt demonstrierte er ihm den Klang mit besonderem Hinweis auf die Klangfarbe, deren Erzeugung mühelos, ganz wie von selbst zu erfolgen habe. Der Junge lachte, nahm die Geige hoch und – der Klang war auf Anhieb da. Aber es war nicht nur der Klang. Auch der Bogen bewegte sich jetzt schnurgerade, auf seinem Kontaktpunkt haftend. Paraschkevov war völlig überrascht. Der Junge hatte dies um etliches schneller gelernt als die meisten seiner viel älteren Geigenstudenten. Ein kleiner nachvollziehbarer Hinweis, zusammen mit der körperlichen Leichtigkeit und dem wachen Gehör des Jungen hatte das vollbracht, was mit Beteuerungen und Dressur allein niemals möglich ist.

Und von einer vierjährigen Koreanerin gab Paraschkevov die überzeugend authentisch klingende Aussage wieder: »Ich fühle die Musik.«

Am Ende seiner Ausführungen erklärte Paraschkevov, er sehe die von ihm genannten Chiffren schöpferische Kraft, inneres Feuer, Muse, inneres Wissen, Sinn, Mitte, ganzheitliche Intuition alle als letztlich zentriert auf das im chinesischen Daoismus wurzelnde Qi oder Ch'i, was er mit »Schwung« übersetzte. Es ist ein außerhalb von uns liegendes Lebens- und Existenzzentrum, welches, entsprechend allen auch »materiell« ineinanderschwingenden quantenphysikalischen Energiefeldern als der Gesamtheit aller untereinander in Beziehung stehenden Möglichkeiten, unser Weltall pulsierend erfüllt. Man kann in diesem Ch'i auch eine umfassende göttliche Kraft sehen, die unser Leben, insbesondere auch unser musikalisches Spiel beherrscht: »Es« spielt und nicht man selbst. Mit disziplinierter Konzentration könnten wir auf unserem Instrument (oder auch mit unserer Gesangsstimme) einen als Befreiung erlebten »subjektiven Schwung« produzieren, meinte er. Aber dieser könne, sosehr wir dies auch versuchen und uns wünschen, nie deckungsgleich werden mit dem alles durchdringenden, »objektiven« Schwung. Auch eine Wiederholung unseres subjektiven Schwungs könne zwar zu dessen erheblichen Verbesserung führen, nie aber zur Vollkommenheit des objektiven Schwungs.

Nach Vesselin Paraschkevovs jahrzentelangen musikpädagogischen Erfahrungen im Hochschulbereich reduziert sich das Verhältnis zwischen Lehrer und Studierendem leider oft auf eine einseitig technische, ja mechanische Ebene. Zum einen hofft der Lehrende, der Studierende werde die erworbenen technischen Fähigkeiten von allein dafür nutzen, das in seiner Seele Singende mit seinem Instrument zum Erklingen zu bringen. Dass es sich jedoch gerade bei Letzterem um die höchste Kunst handelt, wird leider allzu häufig ausgeblendet. Die höchste Kunst wird (fast) gleichgestellt mit perfekter Technik, meistens verbunden mit etwas Dynamik, und mehr nicht. Im Lauf des Unterrichts verstricken sich Lehrer und Schüler immer mehr in technische Probleme, so dass keine Zeit mehr übrig bleibt, um sich der Musik als Medium für eine Entwicklung des Spirituellen im Sinne einer Grundausrichtung auf das Ch'i zu widmen.

Mit diesen in unserem Gespräch von Paraschkevov benannten Tiefendimensionen der Musik lässt sich auch, unabhängig von den wechselnden Epochen der Musikgeschichte und deren gesellschaftlichen Hintergründen, ganz allgemein und übergreifend auf phänomenologischer Ebene darlegen, worin die »bess're Welt« besteht, in die die Musik sowohl Musikausübende als auch Hörer »entrücken« kann. Es sind ebendiese angenommenen Gegebenheiten wie schöpferische Kraft, inneres Wissen, Sinn, Mitte, Gott, ganzheitliche Intuition oder eben zentral zusammengefasst als Schwung im Sinne von Ch'i. Alle diese genannten Bezeichnungen sind in diesem Zusammenhang Metaphern für tiefe und zentrale und zugleich weit über uns hinausweisende menschliche Erfahrungsdimensionen, in die Musik uns hineinführen kann.

MEDITATIVE UND THERAPEUTISCHE IMPULSE

Vesselin Paraschkevov und ich sprachen anschließend auch darüber, wie sich diese Möglichkeit und Chance für Musiker wie Nichtmusiker noch um einen zusätzlichen Schritt erweitern und vertiefen lässt. Hier geht es jetzt vor allem um Musikrezeption sowohl auf der Hörerseite als auch der des Musikers als Voraussetzung für sein Spiel. So vermögen viele Achtsamkeits- und Konzentrationsübungen der in vielen Religionen und Kulturen verankerten spirituellen Praxis der Meditation mit Hilfe klassischer oder »leichter« Musik zusätzlich konzentrationsfördernd und bewusstseinserweiternd zu wirken. Die bei solchen Meditationen angestrebte seelische Verfassung wird, je nach Tradition, mit Begriffen beschrieben wie »Stille«, »Leere«, »Einssein«, »im Hier und Jetzt sein« und »frei von Gedanken sein«. Viele Meditationsschulen verwenden gern besondere rhythmische Klänge, um die Meditation und das Erleben von Musik zu intensivieren. In der christlichen Tradition öffnen, wie ich dies am Anfang dieses Buches aus meiner späteren Kindheit bereits angeführt habe, besonders Choräle aus der Gregorianik sowie andere repetitive Gebetsformen Wege in die Meditation. Dies gilt auch für das christliche Rosenkranzgebet oder für das Ruhegebet im Hinduismus und Buddhismus mit seinen lautlos, leise oder als Gesang rezitierten, gebetshaltigen Mantren. Selbst die durch Trance und Ekstasetechniken wie etwa im holotropen Atmen hervorgerufenen spirituell bedeutsamen Bewusstseinszustände, die sich vom klaren Wachzustand »normaler« Meditation unterscheiden, können durch zusätzlichen Einsatz von Musik intensiviert werden. Dabei ist in jedem Fall die Wahl passender Musik wichtig. Da das beruhigende Moment am Anfang jeder Meditation steht, sollte vorzugsweise sanfte und ruhige Musik erklingen und möglichst nicht herzfrequenzsteigernde Musik. Oft entstammt die im Hintergrund ertönende Musik mit geheimnisvoll fremdem Klang einer anderen Kultur. Besonders beliebt dafür ist indische, indianische oder japanische Musik. Ein unsere archaischen Tiefenbereiche besonders ansprechender, die Kunstmusik zumindest ergänzender Klang sind Trommelrhythmen oder auch Naturgeräusche wie die Stimmen des Waldes, Meeresrauschen, ein Sommergewitter oder sphärische Klänge.

Musik enthält jedoch noch ein weiteres Potential. Meditation bewegt sich oft im Grenzbereich zwischen Bewusstseinserweiterung und Psychotherapie. Musik als Meditationshilfe kann auch zu psychotherapeutischen Zwecken eingesetzt werden. Man spricht dann von eigentlicher Musiktherapie. Hier sind die Ziele weniger weitgreifend als bei der Meditation »gesunder« Menschen. Sie beschränken sich in der Regel auf eine heilsame

Veränderung spezifischer Einschränkungen oder Störungen im Leben eines Menschen.

Zu der für die kunsttherapeutische Arbeit mit krebskranken Kindern und Jugendlichen am Universitätsklinikum Münster zuständigen Arbeitsgruppe, in der ich in den frühen neunziger Jahren als Medizinpsychologe durch Textarbeit mit Kindern mitwirkte, gehörte auch ein Musiktherapeut. Dieser improvisierte ein- bis zweimal wöchentlich gemeinsam mit betroffenen Kindern und Jugendlichen auf verschiedenen Musikinstrumenten. Gelegentlich arbeitete er mit ihnen an deren Sprechgesängen beispielsweise im Rap-Stil und schrieb diese zusammen mit ihnen auf. Gerade für die von lebensbedrohlicher Krankheit belasteten und tapfer gegen sie ankämpfenden Kinder schien es ihm wichtig, ihnen mit seinen musiktherapeutischen Angeboten in möglichst freier und unsystematischer Form dazu zu verhelfen, die inneren Spannungen in Musik und Sprache zu fassen und die Betroffenen damit kurzzeitig in eine »bess're Welt« im Sinne einer Linderung und einer gewissen Entspannung zu versetzen.

Für Kinder mit anderen Krankheitsbildern erscheinen verschiedene Formen einer systematischeren Musiktherapie passender. Grundsätzlich unterscheidet man dabei zwischen einer eher klassischen, rezeptiven, sich auf verarbeitendes Hören beschränkten, passiven Musiktherapie, die sich in der Nähe von Meditation mit Musik bewegt, und einer vom Patienten aktiv mitgestalteten, »schöpferischen«, aktiven Musiktherapie. Ein mich besonders überzeugendes Verfahren aus der aktiven Richtung ist von dem amerikanischen Pianisten und Komponisten Paul Nordoff zusammen mit dem englischen Heil- und Sonderpädagogen Clive Robbins entwickelt worden: die sogenannte Nordoff/Robbins Musiktherapie. Ich habe diese einmal in den späten 1980er oder frühen 1990er Jahren zusammen mit einer Gruppe

von Medizinstudenten am anthroposophischen Gemeinschafts-
krankenhaus Herdecke in einer besonders eindrucksvollen Weise
kennenlernen können.

Besonders erinnerlich ist mir bei unserem Besuch in der musiktherapeutischen Abteilung dieses Krankenhauses die Tondokumentation einer Reihe musiktherapeutischer Sitzungen mit
einem kleinen, autistischen Jungen namens Edward. Die Haupt-
methode bestand in einer improvisierten musikalischen Interaktion zwischen Therapeut und Patient. Der Therapeut sang, mit
entsprechender Klavierbegleitung, eine kurze Passage und wartete auf die spontane, kommunikative »Antwort« des Patienten. In
der ersten Sitzung erfolgten sehr wohl »Antworten« des Kleinen,
aber sie bestanden durchgehend in einem chaotischen Geschrei
als Ausdruck einer aggressiven Abwehrhaltung, manchmal auch
mitten in die musikalischen Phrasen des Therapeuten hinein. Im
Kontrast dazu wurde auf der Tonaufnahme die letzte Sitzung am
Ende einer längeren Reihe solcher Zusammenkünfte demon-
striert. In dieser entspann sich gleich von Anfang an ein orga-
nischer Dialog zwischen den beiden. Auf die kurze klangliche
Vorgabe des Therapeuten folgte prompt eine geradezu echoartig
wirkende, ähnlich kurze und ähnlich melodische Antwort wie in
einem feinen, wachen und gelegentlich sogar humorvollen Zusammenspiel zwischen dem Therapeuten und seinem kleinen
Patienten. Es war deutlich, dass der Junge inzwischen nicht nur
aufmerksam auf die Vorgabe zu hören gelernt hatte, sondern auf
diese auch mit spielerischer Freude und bewusst kommunikativ
mit einer musikalisch kreativen Tonfigur zu antworten vermoch-
te. Es war im Vergleich zur Anfangssitzung wie Tag und Nacht.
Ich verstand rasch, dass es in diesem Therapiekonzept um ein
musik- und zugleich auch patientenzentriertes Verfahren mit

einem Gegenwartsbezug der musikalischen Interaktion ging. In dieses ist der Patient ohne musikalische Vorkenntnisse von Anfang an als aktiv mitgestaltende Persönlichkeit in einen sich kreativ entwickelnden Kommunikationsprozess mit einbezogen, in dem er in mehreren kleinen Schritten ein angemessenes zwischenmenschliches Interaktionsverhalten erlernt. Uns Besuchern wurde nach dem Anhören dieser Tondokumentation erklärt, dass diese in erster Linie nicht Defizite beseitigende, sondern positive kommunikative Kompetenzen aufbauende Therapieform in höchst unterschiedlichen Arbeitsfeldern zur Anwendung gelangt wie etwa in der Sonder- und Heilpädagogik, der Psychiatrie und Neurologie, in Behindertenstätten und in Altenpflegeheimen sowie in der Gerontopsychiatrie und auch an Musikschulen.

Vesselin Paraschkevov und ich waren uns, nachdem ich ihm abschließend von meinen Erfahrungen mit jenem Musiktherapiekonzept berichtet hatte, darüber einig, dass auch die zwischenmenschliche Kommunikation und damit generell das menschliche Miteinander als hauptsächliches Lernziel der aktiven Musiktherapie ein weiterer wichtiger Bereich einer »bess'ren Welt« ist, in die Musik uns Menschen führen kann. Insofern kann Musik ebenfalls als eine Metapher für ein Miteinanderwirken bzw. »Zusammenspiel« *(colludium)* gesehen werden.

Abschließend möchte ich über verschiedene neuartige, gelungene Versuche sprechen, mittels Musik nicht nur in der Dyade, sondern auch in größeren Vereinigungen mehrerer Musizierender einen vorbildhaften zwischenmenschlichen Zusammenhalt aufzubauen.

Ein knappes Jahr vor der Okkupation der Tschechoslowakei im März 1939 durch die deutsche Wehrmacht vertonte der tschechisch-deutsche Komponist Hans Krása in Prag das Libretto von Adolf Hoffmeister zu seiner berühmten Kinderoper »Brundibár«. Erzählt wird dort eine Geschichte der Solidarität, die im Kampf gegen das Böse siegt. Die beiden Geschwister Pepíček und Aninka wollen für ihre kranke Mutter Milch besorgen und sich das nötige Geld als Sänger auf dem Marktplatz verdienen. Aber der böse Drehorgelspieler Brundibár verjagt die Kinder vom Platz. Gemeinsam mit Kindern aus der Nachbarschaft und einigen befreundeten Tieren gelingt es den Geschwistern schließlich, Brundibár vom Marktplatz zu vertreiben. Als die beiden erneut ihr Lieblingslied singen, kommt genügend Geld für die Milch zusammen. Brundibár, der nach einer späteren Deutung des Werks Hitler darstellen sollte, unternimmt einen Versuch, das Geld zu stehlen, hat jedoch gegen die Überzahl von Kindern und Tieren keine Chance. Das Finale der Oper besteht in einem triumphalen Marsch, der an das bedingungslose Zusammenhalten von Freunden appelliert.

Der Text der etwa 35 Minuten dauernden Kinderoper orientiert sich an der Grundthematik der wichtigsten Lehrstücke von Bertolt Brecht. Die Musik enthält subtile Anklänge an Sergej Prokofjews »Peter und der Wolf« und an Engelbert Humperdincks »Hänsel und Gretel« in Verbindung mit angedeuteten Elementen von Volksmusik und Jazz. Angesichts der das Werk beherrschenden Gemeinschaftsthematik spielt der Kinderchor in »Brundibár« eine zentrale Rolle.

Aufgrund der jüdischen Wurzeln Krásas konnte diese Oper im besetzten Prag nur heimlich gespielt werden. Die Uraufführung fand 1941 in einem jüdischen Waisenhaus Prags statt. Der Komponist konnte ihr nicht mehr beiwohnen, weil er kurz davor ins Konzentrationslager Theresienstadt deportiert worden war. Dort schrieb er »Brundibár« aus dem Gedächtnis auf, und im Sommer 1943 gelang es ihm, im Lager die Oper mit inhaftierten Kindern und einer stark reduzierten Instrumentierung zu proben und sie bereits am 23. September 1943 zur Premiere zu bringen. Die Oper wurde über fünfzigmal in Theresienstadt gespielt. Für die betreffenden Kinder war dies ein besonderes Ereignis, welches ihnen Freude, Abwechslung und neue Hoffnung schenkte und sie an ihr normales Leben erinnerte, so dass sie sich von ihrem andauernd bedrohten und von Angst besetzten Leben und von ihrem auch sonst weitgehend elenden Alltag jeweils für einige Zeit abgelenkt fühlen konnten. Allerdings musste »Brundibár« immer wieder umbesetzt werden, weil viele der jungen Darsteller in die Vernichtungslager deportiert wurden.

Eine besondere Aufführung fand am 23. Juni 1944 statt, als Vertreter der Kommission des Internationalen Roten Kreuzes das Lager inspizierten. Dieser Besuch wurde von der Lagerleitung komplett durchinszeniert, um einen möglichst guten Eindruck zu hinterlassen. So wurden, um die Überbelegung des Lagers zu kaschieren, rechtzeitig vorher zahlreiche Lagerinsassen nach Auschwitz deportiert. Ein weiteres Mal missbrauchten die Nationalsozialisten die Oper für ihren Propagandafilm »*Theresienstadt. Ein Dokumentarfilm aus dem jüdischen Siedlungsgebiet*« (heute bekannt unter dem nicht autorisierten Titel »*Der Führer schenkt den Juden eine Stadt*«). Die von der Lagerleitung erzwungene Regie führte der bekannte jüdische Schauspieler und Regisseur Kurt Gerron, der zusammen mit seiner Familie und seinem Ensemble nach Theresienstadt deportiert worden war. Dieser wurde nach Abschluss der Dreharbeiten zusammen mit allen am Film Beteiligten einschließlich des Komponisten Hans Krása im Oktober 1944 nach Auschwitz deportiert und dort ermordet. Der im August und September 1944 gedrehte, aber nie vollendete Propagandafilm zeigte unter anderem auch Auszüge aus einer »Brundibár«-Aufführung und stilisierte Theresienstadt und das Leben im Konzentrationslager mit kaum überbietbarem Zynismus zu einer Idylle, die der deutschen Bevölkerung das Schmarotzerleben der jüdischen »Umsiedler« vorgaukeln sollte.

Für die wenigen überlebenden Teilnehmer an den damaligen Proben und Aufführungen von »Brundibár« im Kindesalter, die zum Teil noch im hohen Alter Gelegenheit hatten, eine Aufführung dieses Werkes zu erleben, ist diese Erfahrung trotz allem bis heute ein mit positiven Erinnerungen verbundenes Symbol für die Kraft des gemeinsamen Zusammenhalts geblieben.

Ganz unterschiedlich, aber doch auch mit gewissen Parallelen mutet ein anderes, heute gut zehn Jahre zurückliegendes Gemeinschaftsprojekt an, welches ich in diesem Buch bereits besprochen habe. Es ist das in Berlin von Sir Simon Rattle und Royston Maldoom realisierte Tanztheaterprojekt »Rhythm is it« zur Musik von Igor Strawinskis Ballett »Le sacre du printemps«. Die 250 Jungtänzer aus Berliner Grund- und Oberschulen gehörten überwiegend einer sozial unterprivilegierten Schicht an. Viele der ausländischen Kinder und Jugendlichen waren Flüchtlinge oder Kriegswaisen aus der Dritten Welt. Ein Hauptziel dieses Projekts war es, mit den Tanzübungen während der sechswöchigen Einstudierung bei den von Ausgrenzung und vielfach auch von den Grauen des Krieges heimgesuchten Menschen ihre zum Teil verlorengegangene Selbstakzeptanz, ihren fehlenden Bezug zu ihrem eigenen Körper und ihr mangelndes Bewusstsein für eigene Gefühle und für ein Recht darauf sukzessive auszugleichen.

Wie bereits geschildert (S. 219 ff.), erbrachte das Projekt einen fulminanten Erfolg, der die euphorisch stolzen, jungen Tänzer vielfach äußern ließ, dass sie durch dieses wunderbare Projekt gelernt hätten, sich selbst und alles um sie herum sehr viel intensiver wahrzunehmen, und dass sie deshalb auch unbedingt ihre neuen Tanzerfahrungen weiter ausbauen möchten.

Wieder ein anderes, besonderes Beispiel für einen Zusammenschluss von Musikern, diesmal gegensätzlichster Herkunft, zu einem großen, segensreich wirkenden Orchesterensemble ist das West-Eastern Divan Orchestra. Es wurde 1999 von dem argentinisch-israelischen Dirigenten und Pianisten Daniel Barenboim und dem in Palästina geborenen und 2003 verstorbenen amerikanischen Literaturwissenschaftler Edward Said in der Goethe-Stadt Weimar gegründet, die damals europäische Kulturhauptstadt war. Das Besondere an dieser Orchestervereinigung ist, dass sie etwa zur Hälfte aus arabischen und israelischen Jungmusikern besteht, Menschen also, die aus zwei benachbarten, aber aus religiösem und politischem Grund tödlich verfeindeten Regionen stammen. Der Name des Orchesters leitet sich ab von Goethes Gedichtsammlung »West-östlicher Divan«, zu der Goethe sich von dem persischen Dichter Hafis und dessen »Diwan« (Gedichtsammlung) inspirieren ließ. Nach ersten Arbeitstreffen des Orchesters bis 2001 in Weimar und in Chicago wurde 2002 als fester Sitz Sevilla in Andalusien gewählt, in dessen Provinz Grenada vor vielen Jahrhunderten Juden, Muslime und Christen über lange Zeit friedlich zusammenlebten und sich kulturell gegenseitig bereicherten. Dort kommen die Musiker jeden Sommer zusammen, zusätzlich zu den Orchesterproben auch zu Workshops mit Vorträgen zu verschiedenen historischen, politischen und philosophischen Themen, Lesungen und Diskussionen. An diese schließt sich eine internationale Konzerttournee durch die meisten europäischen Länder, Nord- und Südamerika und Nahost an. Im Rahmen einer Konzertreihe in Südkorea fand im August 2011 an der Grenze zum kommunistischen Nordkorea ein Friedenskonzert mit Beethovens 9. Symphonie statt.

Die andauernden Spannungen besonders in Gaza seit den vergangenen Jahren hat die arabischen und israelischen Orchestermitglieder, nach mehrfachen Zerreißproben in den Anfangsjahren, immer näher zusammenrücken lassen, so dass sich das Bild des West-Eastern Divan Orchesters als engagierter Botschafter des friedlichen Zusammenlebens inzwischen gefestigt hat. Je irrsinniger und unlösbarer sich die politische Situation in Nahost weiter entwickelt, desto intensiver und überzeugender scheint sich innerhalb des Ensembles und damit auch nach außen hin die Idee zu bewähren, dass Konflikte und Interessengegensätze nicht mit Krieg, sondern nur mit dem Bemühen um gegenseitiges Kennenlernen und Verständnis zu lösen sind. Der Mitbegründer des Orchesters, Edward Said, bringt diesen Gedanken auf folgenden Nenner:

> Was auch immer passiert, sie werden anders denken als früher, denke ich, nicht nur über Musik, sondern auch sonst. In diesem Sinn ist Musik subversiv.

Und ein Orchestermitglied, der Pianist und Palästinenser Karim aus Jordanien äußerte 2004:

> 1999 war ich hier der Jüngste. Und mit 10 Jahren war ich noch ziemlich naiv. Israelis waren für mich noch nicht mal Menschen. So habe ich das als kleiner Junge gesehen: Mit denen befasst man sich nicht, die müssen ausgeschlossen werden. Alles, was wir von denen wahrnahmen, war das Töten, sogar Massaker und äußerste Brutalität. Das war alles, was ich in den Israelis sah. Und hier (im Orchester) traf ich auf Israelis, die dieselben Interessen haben und

ein ähnliches Leben führen wie ich. Das veränderte beinahe meine Vorstellung davon, was einen Menschen ausmacht.

(Text in einem Konzertflyer dieses Orchesters, zit. in: Frido Mann: Das Versagen der Religion. Betrachtungen eines Gläubigen. München 2013, S. 163).

In ihrem eindrucksvollen Buchbericht über das West-Eastern Divan Orchestra bezeichnet die amerikanisch-israelische Cellistin Elena Cheah, selbst ein langjähriges Mitglied dieses Orchesters, dieses als eine »Gemeinschaft von Menschen, die fest in ihren kulturellen ›Heimatländern‹ verwurzelt waren, aber dennoch ihr Bestes gaben, um einem größeren Ganzen anzugehören, das weit über die Grenzen ihrer kleinen, Not leidenden Länder hinausreichte«. Mit ihrer jeweils eigenen Geschichte und eigenen kulturellen Zugehörigkeit sind die entsprechend unterschiedlichen Orchestermitglieder »damit beschäftigt, die Vorstellungen von ›wir‹ versus ›die anderen‹ abzuschütteln … Sie hatten einen Ort, den sie Heimat nennen konnten, und dennoch besaßen sie den Mut, die Schutzsphäre ihrer nationalen Identität zu verlassen, selbst wenn es für einige ihrer Familienangehörigen einem Verrat gleichkam«. Dieser Prozess wiederum spielt sich nicht nur während der intensiven musikalischen und interdisziplinären Zusammenarbeit ab, sondern auch während der vielen, auch mit einer großen Portion von gemeinsamem Humor und Spaß ausgefüllten Freizeit und vor allem auf den entspannten gemeinsamen Konzertreisen. (Elena Cheah: Die Kraft der Musik. Das West-Eastern Divan Orchestra. Mit einem Vorwort von Daniel Barenboim. München 2009, S. 329 f.)

Zwei weitere Varianten eines individuell und gesellschaftlich fruchtbaren musikalischen »Miteinanders«, beide aus dem südamerikanischen Kontinent, verdienen eine besondere Erwähnung.

Zum einen denke ich an das staatliche Jugendsymphonieorchester von Venezuela, die »Sinfónica de la Juventud Venezolana Simón Bolívar«, welche 1999 von dem damals achtzehnjährigen, ebenfalls in Venezuela beheimateten Dirigenten Gustavo Dudamel übernommen wurde. Dieser ist inzwischen zur »Symbolfigur einer einzigartigen Klassikbegeisterung in seinem Land« geworden (Frankfurter Allgemeine Sonntagszeitung, 22. August 2007), und er vertritt die Musik seines Landes sowohl mit dem genannten Jugendorchester als auch als Gastdirigent zahlreicher erstklassiger Orchester auf der ganzen Welt. Benannt ist das Jugendorchester nach dem südamerikanischen Freiheitskämpfer Simón Bolívar und wurde 1975 von dem venezolanischen Wirtschaftswissenschaftler und Musiker José Antonio Abreu gegründet. Dieses Jugendorchester ist das führende von mittlerweile dreißig professionellen Orchestern im Lande, die zur *Fundación del Estado para el Sistema Nacional de las Orquestas Juveniles e Infantiles de Venezuela* (FESNOJIV) gehören. Das Orchester tritt mittlerweile weltweit in den bedeutendsten Konzertsälen auf und musiziert auch zu Hause in Venezuela regelmäßig mit Dirigenten wie Claudio Abbado, Zubin Mehta und dem eindeutig größten Fan des Orchesters, Sir Simon Rattle. Alle drei pflegen mindestens einmal pro Jahr voller Begeisterung mit der *Sinfónica de la Juventud* zu proben und Konzerte zu geben.

Das erklärte Ziel des staatlich geförderten Gesamtprogramms der *Fundación del Estado* ist es, besonders Kindern und Jugendlichen aus schlechten sozialen Verhältnissen eine fundierte musikalische Ausbildung zu ermöglichen, um ihnen auf diese Weise Musik als neue Lebenschance zu schenken. So erhalten 350 000 Teilnehmer in 180 Zentren von der »El sistema« genannten Musikbewegung für Kinder und Jugendliche unter anderem kostenlos Leihmusikinstrumente. Trotz der primär pädagogi schen und sozialen Ausrichtung hat das *Sistema* auch mehrere andere Orchester und zahlreiche Musiker von außerordentlicher Qualität hervorgebracht.

Eine Besonderheit unter diesen musikalischen Nachwuchsvereinigungen in Venezuela ist auch das heute von Gustavo Dudamel mitbetreute *Orquesta Nacional infantil de Venezuela*, welches ausschließlich aus Kindern zwischen acht und dreizehn Jahren besteht. Ich habe meinen Ohren und Augen nicht getraut, als ich mir einmal die Aufzeichnung des Konzerts mit diesem Orchester bei den Salzburger Festspielen 2013 ansah. Dort führten die kleinen Spieler, alle mit Schärpen in den venezolanischen Nationalfarben umhängt, mit einem sich auch körperlich ausdrückenden, urmusikantisch schwungvollen Temperament und mit gleichzeitig verblüffender Präzision unter der Leitung von Sir Simon Rattle zuerst die »Cuban Ouverture« von George Gershwin auf. Es folgten, von dem knapp achtzehnjährigen venezolanischen Wunderkind Jesús Parra dirigiert, Tänze aus einer Ballettkomposition des argentinischen Komponisten Alberto Ginastera. Der sich daran anschließende Hauptteil des Konzerts bestand in der höchstbeachtlichen Wiedergabe der – sage und schreibe – ganzen 1. Symphonie von Gustav Mahler, wieder unter Sir Simon Rattle.

Die andere Musikvereinigung, die ich abschließend kurz anführen möchte, ist der *Bloco AfroBrazil* mit seinen verschiedenen dazugehörigen Gruppen in Salvador da Bahia in Nordostbrasilien. Auch hier sind Kinder und Jugendliche mit einbezogen. Wie bei den in unseren ersten drei Beispielen zusammenwirkenden Musikvereinigungen stehen auch in diesem Fall soziale und politische Aspekte im Vordergrund.

Während meiner wiederholten Aufenthalte in Brasiliens ältester Hauptstadt Salvador da Bahia bin ich mindestens einmal einem Umzug dieser Musikgruppe mit etwa sechzig selbstbewusst und kraftvoll auftretenden, zum Teil noch halbwüchsigen Perkussionisten begegnet, die in grellbunter Kleidung und afrikanischem Schmuck mit martialischen Trommelschlägen und anfeuernden Samba-Reggae-Klängen über Salvadors Hauptplatz, den Pelourinho, und dann durch die benachbarten Straßen zogen und dort, wie ich eben noch hören konnte, mit einer Wiedergabe von Ritualen des afrobrasilianischen Candomblé-Kultes und des Ijexá-Rhythmus der Öffentlichkeit ein eindrucksvolles rhythmisches, musikalisches und ästhetisches Schauspiel boten.

Das offensive Auftreten dieser afrikanischen Folkloregruppe im Land ihrer ehemaligen Sklavenhalter hat eine längere Vorgeschichte. Ende des 19. Jahrhunderts organisierte in Salvador eine afrobrasilianische Gruppe, die mit der afrikanischen Yoruba-Kultur verbunden war, den ersten Afoxé Brasiliens, das heißt, die nach einer Gefäßrassel benannte, einen speziellen Rhythmus spielende Tanz- und Musikformation für Karnevalsumzüge, der sie den Namen »Embaixada Africana« (Afrikanische Botschaft) gab. Um die Jahrhundertwende wurde dann, ebenfalls von Schwarzen, ein zweiter Afoxé mit dem Namen »Pândegos da Africa« (Schelme Afrikas) gegründet. Die Gruppen, welche die Häuser der religiösen Kulte afrikanischen Ursprungs repräsentierten, gingen auf die Straße, sangen und rezitierten zu ihrem Kult gehörige Lieder und Texte, auch aus Protest gegen Sklaverei und Rassismus in Brasilien. Die Afoxés traten während der Karnevalszeit in vor allem von Schwarzen bewohnten Stadtteilen Salvadors in Erscheinung, während die großen Vereine der weißen Herren ihre Umzüge in vornehmen Gegenden veranstalteten. Diese Afoxés verschwanden nach einiger Zeit wieder, weil Versammlungen und Umzüge von Schwarzen während des Karnevals offiziell verboten waren. Erst Ende der vierziger Jahre im 20. Jahrhundert tauchten mit der Gründung von »Filhos de Gandhi« (Söhne Gandhis) zum ersten Mal wieder Afoxés auf. Bis zur Entstehung des ersten eigentlichen Bloco Afro (»Bloco Afro Ilê Aiyê«) in den siebziger Jahren liefen die interkulturellen und sozialen Spannungen und der rassische Konflikt zwischen den Weißen und den untergeordneten Schwarzen meist unterschwellig ab. Seit der Gründung des *Bloco Afro* verfolgen dessen überwiegend aus afrikanischen Nachkommen bestehende einzelne Gruppen das klar definierte Ziel der Stärkung ihrer eigenen Identität und ihres Selbstwertgefühls mit Hilfe ihrer symbolstarken Kleidung, ihrer Trommeln und ihrer durch die afrikanischen Traditionen inspirierten Musik.

Die Kraft der Musik ist an sich Grund genug dafür, dass sich Menschen zu gemeinsamem Musizieren zusammenfinden. Alle zuletzt genannten Ensembles haben jedoch darüber hinaus das Bestreben, ihren eigenen Mitgliedern und anderen Menschen in bestimmten schwierigen Situationen oder im Hinblick auf die Realisierung bestimmter Ideale zusätzliche Kraft zu geben.

Coda

Ich gehöre zu den Musikrezipienten, für die Musik unbedingt mehr ist als reiner Selbstzweck im Sinn von klanglicher, melodischer und rhythmischer Ästhetik oder gar psychophysischer Wellness. Die abendländische Musik, von der in diesem Buch schwerpunktmäßig die Rede ist, hat nach meiner Überzeugung in ihren verschiedenen Epochen, jedenfalls nach der Intention ihrer Schöpfer, im Ganzen, über alle rein ästhetischen Gesichtspunkte hinaus, immer irgendeine Sinn-, eine Werteorientierung, eine bestimmte geistige Ausrichtung erkennen lassen. Die recht breite Auswahl an herausragenden Musikwerken, die ich im Fokus hatte, enthält in der Regel irgendein persönliches, oft leidenschaftliches und aus dem tiefsten Inneren des Komponisten kommendes Bekenntnis: »Von Herzen – Möge es wieder – zu Herzen gehen!«, trug Beethoven auf die erste Partiturseite seiner »Missa solemnis« ein. Das mit diesen Worten Gesagte trifft nach meiner Einschätzung auf alle großen, bekannten Werke der abendländischen Musik, weit vor Beethoven und auch weit nach ihm bis hin zu Penderecki, Ligeti oder Amos Elkana, in irgendeiner Form zu.

Über überschaubare Gruppen und Gemeinschaften hinaus ist, so wie ich sie zuletzt als positives Beispiel anführte, die Wirkung von Musik natürlich begrenzt. Sosehr Musik, wie auch die anderen Künste, seit dem Bestehen der Menschheit ganz allgemein zur kulturellen und geistigen Entwicklung unserer Spezies beigetragen hat und damit ein Bestandteil unserer Evolution bleibt, haben die verschiedenen Epochen der abendländischen Musik sicherlich, wenn überhaupt, nur wenig Einfluss auf das gesellschaftliche Leben ihrer Zeit gehabt und sind eher umgekehrt ein Produkt und ein Spiegel jener Epoche gewesen.

Unbestritten dagegen bleibt die Wirkkraft der Musik auf den menschlichen Mikrokosmos einzelner Individuen, menschlicher Zweierbeziehungen und auch auf größere Gruppen und Gemeinschaften, wo sie sogar das Leben einzelner Menschen verändern kann und in diesem Sinn ein unschätzbares Geschenk ist. »Wenn ich an etwas glaube und eine Religion habe, dann die, dass Musik für alle da ist.«

Hans Rudolf Vaget
Seelenzauber
Thomas Mann und die Musik
Band 17085

Keine andere Kunstform hat Thomas Mann so sehr bewegt und bestimmt wie die Musik, angefangen bei Opernbesuchen in der Kindheit bis hin zu Begegnungen mit großen Persönlichkeiten wie Bruno Walter oder Arnold Schönberg.

Aus Thomas Manns Sicht nimmt die Musik eine Schlüsselrolle ein im Verständnis der deutschen Katastrophe des 20. Jahrhunderts. Die Studie von Hans Rudolf Vaget folgt diesem Ansatz und widmet sich in einzelnen Kapiteln den Gattungen des Kunstlieds und des Musikdramas sowie den maßgebenden Komponisten, Dirigenten und Publizisten. Vaget bündelt mentalitätsgeschichtliche Zusammenhänge und erschließt immer wieder neue Gänge durch das Werk Thomas Manns.

Fischer Taschenbuch Verlag

Frido Mann
Mein Nidden
Auf der Kurischen Nehrung
Band 19718

Das Porträt einer Landschaft und ein Stück
Familiengeschichte.

Im Sommer 1930 bezogen Frido Manns Großeltern,
Thomas und Katia Mann, ihr Ferienhaus in Nidden. Jahrzehnte später spürt er selbst die Sehnsuchtslandschaft der
Kurischen Nehrung auf, erzählt die Geschichte dieses besonderen Landstrichs und kümmert sich um die Zukunft
des ehemaligen Sommerhauses. Frido Mann entdeckt sein
Nidden und stellt es uns in einem persönlichen und eindrucksvollen Buch vor.

Das gesamte Programm gibt es unter
www.fischerverlage.de